今だからこそ「子ども発」の学びを

バーチャルからリアルに

行田稔彦・船越勝 編著

新評論

はじめに

編集委員会代表　行田稔彦

新型コロナと学校と子どもの生活

二〇二〇年、新型コロナウイルス（COVID-19）の世界的な感染の広がりが人類の生活を脅かしている。日本では、国内感染の広がりが懸念されるなかで突然出された安倍晋三首相の全国一律の幼・小・中・高校への「休校」要請（二〇二〇年二月二六日発表・三月二日から春休みまで）、それに引き続き発出された緊急事態宣言（二〇二〇年四月七日）による休校継続は、子どもと保護者はもちろんのこと、社会全体に甚大な影響をもたらしている。

休校によって発生した子どもと家庭の混乱は、「学校が子どもの生活」になくてはならない「あって当たり前」の存在であることを私たち国民に気付かせてくれた。そして現在、その当たり前の生活が新型コロナによって奪われている。

休校が続くなかで教師たちは奔走している。家庭学習の課題を配布、ＩＴ環境が整っていないなかにあって、オンラインによる朝の会、遅れを取り戻す授業、教科書を先に進める授業が試みられている。日本では、ネット環境（双方向のオンライン授業）が小・中・高校全体の五パーセントしか整っていないと言われているから、地域・学校による格差はかなり大きいものとなっている。

学校という行き場を失った子どもを引き受ける家庭の基盤は脆弱である。とりわけ、共稼ぎ家庭、ひとり親家庭では、子どもの一日の生活をどのように保障するかと苦心してる。学力格差の広がりに対する不安もあるし、閉じ込められた環境のなかで親子のストレスが高じているほか、児童虐待も増加しているという。言うまでもなく、子どもの心理的なケアも必要になってきている。

「STAY・HOME!　SAVE・LIFE!」という呼び掛けにこたえて、公園も遊園地も閉じられている。もし、近隣の広場で子どもたちが遊ぶと、地域の大人たちから「うるさい！」といった苦情の電話が学校に寄せられることになる。こうなると、子どもたちを取り締まるために学区域パトロールに教師は駆り出されることになる。

「コロナ禍」の渦中にあって学校は、どのような目標をもって何をなすべきなのだろうか。子どもと親は、いったい何を望んでいるのだろうか。そして、教科書進度の遅れ対策と課題提起に駆り立てられ、近隣からのクレーム対応に翻弄されているような学校でいいのだろうか。

二〇二〇年の状況と同じく、「学校の存在がかけがえのないものである」ことが国民的に共有されたのは、二〇一一年三月一一日に発生した東日本大震災であった。一〇〇〇年に一度と言われた地震と津波、さらに原発事故によって生活基盤が根本的に破壊されたとき、人々に希望をもたらしたのは「地域の復興なくして学校の再建なし」（本著第4章4を参照）という学校再生の取り組みであった。それは、現代の「学力テスト体制」に組み込まれた学校観、学力観、子ども観の転換による「人と人がつながることによって希望を紡ぐ復興教育」の創造であった。

東日本大震災後、「喉元過ぎれば熱さを忘れる」かのようにその教訓は薄められ、学校は「正常化」の名のもとに「学力テスト体制」に一層強く組み込まれていった。昨今、教師たちから「学校が息苦しい」という声が上がっているが、その根源は、点数競争で学校・教師・管理職、ひいては地方教育行政までもが国によって評価・管理されている「学力テスト体制」にある。二〇一九年五月三〇日に放映された『ＮＨＫスペシャル』では、不登校の中学生がその予備軍を含めると四四万人おり、もはや日本の学校は崩壊状態にあると報道していた。まさに「息苦しい学校」の象徴的な現象である。今回の休校で、ほっとしている子どもが四四万人ほどいるという見方もできるのではないだろうか。また、新型コロナよりも、学校から押し付けられる宿題・課題が怖いと言って困っている子どもはいないだろうか。「そんなに急いでどこへ行くの」ではないが、長いスパンで子どもの発達と成長を見て、点数競争から離れた「今だからできる価値ある学び」を子どもと一緒に考えていくことが必要ではないだろうか。もちろん、切羽詰まった状況に置かれている受験生に対しては、実情に合わせた国の対策が取られることが必須の課題となる。

子どもにとってなくてはならない「学校」とは何であろうか。私たち執筆者は、このコロナ禍の渦中において、子どもたちの深層にある「学びの要求」を可視化していく必要があると考えている。

子どもの「学びの要求」は何か

そもそも「総合学習」の提言は、暗記した知識の量で人間を差別・選別するという能力主義教育を克服するための、民間側からの教育改革提言（『日本の教育改革を求めて』〔教育制度検討委員会著・梅根悟編、勁草書房、一九七四年〕と『教育課程改革試案』〔中央教育課程検討委員会、勁草書房、一九七六年〕）であった。残念ながら、その後、日本の教育が偏差値教育へと邁進するなかで、この構想が「大多数」の学校に広がることはなかった。

しかし、一九八〇年代に入り、不登校・登校拒否、いじめ、自殺が増加するなど、国も「病理現象」という言葉で公言せざるを得ない状況となり、「総合学習を含む教育改革構想」の意義が多くの人に理解される時代に入った。旧文部省の生活科新設（一九八九年）は、そのような時代に行われたものである。そして、一〇年後の一九九八～一九九九年の学習指導要領改訂において「総合的な学習の時間」が新設されることになった。

国による一連の「上からの改革」、いつの時代もそうだが、その押し付けは現場を混乱させることになった。しかし、詰め込み教育を排し、教育の自由を進めると謳った一九八九年の学習指導要領は、自主的な実践の可能性を秘めていたことを思い出して欲しい。

現場で働く教師たちは、子どもたちの苦悩を反映する「教育問題」の根源に、生活と教育の結び付きがまったく失われている「学びの喪失」があるととらえた（『21世紀の教育改革をともに考える』フォーラムA、二〇〇〇年、七五ページ）。そして、子どもたちは豊かな学びに飢えている、「子どもの学びの要求」に応えて学校は変わらなければならないとして、下から（現場から）の「総合学習の創造と発展」に取り組むことになったわけである。

本著は、そんな熱い思いで取り組んだ日本各地の教師たちによる教育実践で構成されている。そして、子どもにとっての学校は、驚きと発見の喜びがあり、遊びをはじめとする仲間との自然なかかわりのなかで、競い合いや対立もあろうが人間関係を結び、共に成長する喜びを実感していく場であることを示している。

生活科・総合学習の時間は、学習指導要領に設定されてから三〇年が経つが、学校の教育課程上の位置づけにおいては研究途上にあると言える。ここで、本著の立場を述べておくことにしたい。

「生活科」と「総合的な学習の時間」は、諸科学の内容を系統的に学ぶ教科教育とは性格を異にしている。学習指導要領では、生活科は教科教育となっているが、教育史においては「総合学習」の系譜に位置づくものである。したがって、本著では、「生活科・総合学習」または「総合学習」と記述している。

総合学習の思想は、近代教育史のなかでの、画一化した「教科学校」に代わる「生活学校」を主張する国際的な学校改革運動の過程においてとらえることができる。詳しく知りたい方には、『総合学習の探究』（梅根悟、勁草書房、一九七七年）をおすすめしたい。日本における「大正自由教育」や戦後の「コア・カリキュラム運動」は、この系譜に位置づいていることが分かる。

コロナ禍に置かれた子どもたちの今は、近代教育史のなかにおいても経験したことのない未曽有の局面にあると言っても過言ではないだろう。「生活が陶冶する」とは生活教育の根本（第6章の行田論文参照）だが、まさに今、生活が奪われているなかでの学校のあり方が問われているのだ。原初的な体験（原体験）のなかで育つ「選び」、「結び」、「ものをつくり替える」力は「人間性の特質」であり、これらの能力は長い人類進化のなかで形成され、種の存続のために次世代に受け継がれることが求められている（第6章の行田論文参照）が、新型コロナは、まさに人間性における特質の育ちを奪っていると言える。

子どもの学びの要求に応える学校

本著は、目次のとおり6章の構成となっており、「子どもたちの学びの要求に応える実践」を子どもの事実を通して記述している。生活科・総合学習がはじまって三〇年、現場教師の積み上げてきた実践は、旧来の「教育観」、「学校観」、「子ども観」を転換する「新しい教育への挑戦」でもある。

ところで、二〇一七年改訂の学習指導要領の目玉は、「主体的・対話的で深い学び」である。文言は子ども主体を語っているわけだが、学校では形式的なパターンが押し付けられている。本著では、「主体的」、「対話的」、「深い学び」を大人（教師）の側から語るのではなく、子どものなか（内面）に生じ、発展する学びの事実をとらえて語っている。したがって、「バーチャルからリアルに」をサブタイトルとした。

本著が、子どもの学びの要求に応える総合学習の豊かな発展と、未来を拓く学校づくりの前進に少しでも寄与することができるとしたら幸いである。

もくじ

第1章　学校って楽しいね——子どもは学びの主人公　15

第2章　人とつながり希望をつむぐ——地域は学びの宝庫

第3章 事実から出発する深い学び――知的リアリティーの追求を 159

第4章 地域とつながる学校――子どもが主体となる教育課程 221

第5章 子どもは未来に生きる主人公――問題解決を自分事とする学びを

第6章 総合学習が拓いた「深い学び」と今日的課題 355

今だからこそ「子ども発」の学びを——バーチャルからリアルに

第1章

学校って楽しいね

——子どもは学びの主人公

スイートポテト。やはり自分でつくるとおいしい！（写真：片岡眞治）

子どもたちに自然な学びを

藤原共子（山口県岩国市立愛宕小学校元教諭）

「教えられる学び」ではなく、子どもが「学びたいこと」は

入学式の日、座っている子どもの前に新しい教科書が積まれている。いつの頃からか、「教えられることの前に座らされている」と感じるようになった。

教師は教科書の内容を教えようと熱心になればなるほど、子どもの心が学習から離れていく様子を経験することが多い。「将来」のためにテストや評価の力を借りて教師は従わせようとするが、学校以外の多様な文化に囲まれ、年齢が進むほど退屈な学びから逃避しようとする子どもが増えていく。文化的変化のスピードが加速するなかで、教師の「教え」と子どもの「学び」との関係についての解明は、公教育制度の誕生以来、教育学の根源的な課題となっている。[1]

近代教育制度が確立し、カリキュラムは、諸科学の成果をより効率よく、系統的に伝えられるように組み立てられてきた。それは、誰もが科学や文化を手に入れたいという国民の願いから生まれたものであった。そこで教師は、「伝えるべきもの」を「教える」という使命をもつことになった。ところが、そのカリキュラムの定式化が進むと、子どもたちは寄り道をすることが許されなくなった。すでに認められた「正しい」文化が、入学式の日、教科書となって子どもの目の前に「教えられる」こととして積まれているのだ。

教師が「教えたい」ことを追求することも大切だが、実際に子どもが「学びたい」ことは何なのだろうか。私たち教師にとって大切なことは、それを見つけることであろう。私は、ふとした子どもの言葉や自由な表現からうかがえる「学びのきっかけ」を探し出し、それを学級通信「ひとみ」に載せることにした。

クラスのつながりが豊かな表現への関心を生み出す

交流がたのしい

入学式を終えてすぐ、スケッチブックを生活ノートにして、学校の様子や校庭の生き物などを自由に表現させた。その際、「見つけたもの、面白かったことを書いてきてね」と呼びかけた。

朝の始業前、私の机の周りでは、スケッチブックをのぞき込んでの話が弾んでいる。

---

(1)　パウロ・フレイレの『伝達か対話か――関係変革の教育学』（里見実訳、亜紀書房、一九八二年）、『被抑圧者の教育学』（三砂ちづる訳、）亜紀書房、二〇一八年）参照。

「えっとね、あそこでね」

「どこ？」

「きのこみたいなのがはえとった」

「あさがおのところじゃろ」

キノコが生えていたと言うだけで、水やりをしている子どもには、アサガオのところだと分かる。

「おかあさんがねえ、ごはんのときおみそしるこぼして、そいでね、おにいちゃんがおちゃこぼした」

「たのしいね、それ」

こぼしたことがあるのだろう。きっとどの子どもにも同じような経験があって、周りにいた子どももシンクロするようにかかわってくる。おふざけではなく、同じことが楽しいのだ。なんでもないことだが、みんなでキャッキャと笑って一日がはじまる。それがいい。

こんなおしゃべりを私が書き取り、見つけたものを「ひとみ」に載せると、保護者から、「『ひとみ』を『読んで』と見せに来ました。自分のも友達のも載っていてとても嬉しかったようです。『ひとみ』でたくさんの話ができて、学校の様子が目に浮かびます」と書かれた連絡帳が届くようになった。家庭も巻き込んで、子どもの「見つけて書く」ことは拡がっていった。

伝えたい

「ぼくのれんらくちょうがなくなりました。だれかさがしてください」

ひできは、自分の一番知りたいことを書いた。「ひとみ」を交流の場として捉えていることに私は驚いたのだが、同時に彼は、「わかったこと」を載せるという私の考えを吹き飛ばすことになった。これ以後、私は、「優れているから載せるんじゃない、子ども自身が伝えたいから載せるんだ」と自らに言い聞かせた。

ある日、なつみが「カミキリムシのえさはなんなのです？　だれかおしえて」と書いてきた。すると、ほかの子どもも次々に「おたずね」を書いてくるようになった。さらに、なつみの問いに刺激され、まるで返事をするように、カミキリムシの餌や住みかなどを調べて書いてくる子どもが六人も出てきた。こうして学級通信「ひとみ」は、伝えたいことを交流する掲示板になっていった。

言葉が生まれる

暖かくなって、子どもも虫も陽気に誘われる五月のことである。ゆうたが次のように書いてきた。

> きょう、てんとうむしのようちゅうがさなぎになりました。やった。
> おしりをぴくぴくしていておもしろかったです。
> ぴくぴく。

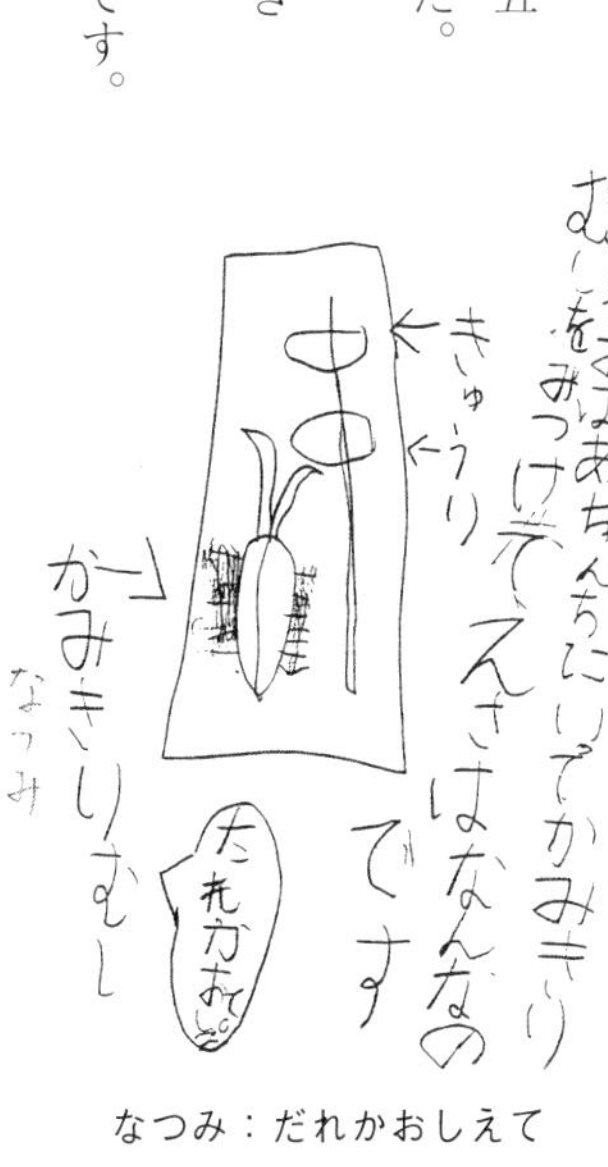

なつみ：だれかおしえて

みんなに読むと、「ぴくぴく」という表現をとても喜んだ。何回もせがまれるうちに、私も楽しくなって、動きが感じられるように、またその様子が見えるようにと読んだ。すると、「くちゅくちゅ」とか「にょこにょこ」といった言葉がほかの子どもたちの表現にも出てくるようになった。五感をくすぐる言葉は、子どもが描く絵を生き生きとさせ、それを受け取る子どもの実感を刺激する。そう、言葉が絵のイメージを拡げていくのだ。

子どもの興味の拡がりと関心の深まり

興味の複合[2]が研究のエネルギーを生む

ゆうたはテントウ虫のことをよく書いた。時には、みんなの前で糸を張り、逆さになって這っていくテントウ虫のサーカスを演じたりして、大きな拍手が沸いたこともある。のちに気が付いたことだが、ゆうたは五月から七月にかけ、テントウ虫のことを八回も書いていた。本人の興味もさることながら、友達の拍手や歓声が彼の研究エネルギーを生み出したのだろう。

このようなゆうたの興味はクラスにも広がり、彼を中心に、生き物に関する交流が約二か月の間に二二回もあった。生き物を実際に持ち込むと、当然のように教室が湧く。まるで演劇が行われている劇場のように観客の輝く瞳と歓声が渦巻き、その感動がバネとなってさらに拡がっていく。それがどんなに大切なことなのか、考えもしなかった。ただ、このときは、一緒に見たり驚いたりするのが私にとっても楽しかった。

一方、ゆうたの発表の時には観客であった子どもたちも、次々にホタル、ツバメ、カタツムリ、ダンゴムシといったテーマを生み出して、教室を自分の「発表の場」にしていった。

関心の深まりが論争を生む

そして、五月も終わりに近づいたころ、さちこが「きのうぴいぴいまめがくろくなったのが、まめがはじけました」と書いてきた。このときには何の反応もなかったのだが、一週間も経っ

（2）　フレネ教育では、教師が定めた教材へ子どもを引き付けるのではなく、子どもたちの生活のなかから湧き出た「興味」を大切にし、そこから学びを組み立てることが多い。子どもたち個々の興味は、多様な形で表現され、クラス内で検討され、ほかの子どもたちの関心事へと広がる。

ゆうた：てんとうむしのサーカス

て、かずきが、「あれ、ピーピーまめじゃないよ。れんげよ」と言いながら、実物をスケッチブックに張り付けて持ってきた。よく見ると、レンゲがはじけていく順に並べてあり、番号もついている。

「すごいねえ！」とみんなで驚いた。さちこは、そのときは黙っていたが、しばらくしてから実物を持って来ると、「かずきくんが言っていたれんげとはちがいます」と反論した。これがきっかけとなり、ほかの子どももいろいろな所からさまざまな黒い豆を持ち込んでくるようになった。論争のはじまりである。

「なにかようわからん」という声がたくさん上がるなか、さちこが図鑑を持ってきた。私も、子どもたちに押されるようにして解明するための時間をとり、カラスノエンドウとレンゲを図鑑で見比べることにした。すると、確かに「ぴいぴいまめ（カラスノエンドウ）」だった。この経緯を「ひとみ」に載せて落着したわけだが、このころから子どもたちは、「本物」とか「本当のこと」を強調するように

かずき：あれはれんげよ

さちこ：ぴいぴいまめがはじけた

なった。

最近、大人になったさちこに会う機会があったので、二七年前となるこの当時のことを尋ねてみた。後日、彼女から手紙が届き、それには次のように書かれていた。

休日の午後、庭でパチパチなるピーピー豆を母が発見、音を立てて弾けているのに私も興味をもった。誰も知らないだろうと魅力を感じ、「ひとみ」に載せてもらえるかもしれないと期待した。

その後、かずき君の反論があって、親子でピーピー豆に興味をもち、自分の発見をみんなに納得させたいと、父親に図鑑を買ってもらった。改めて気付いたのは、親子で興味をもったが、親が興味を押し付けるようなことがなかったこと。

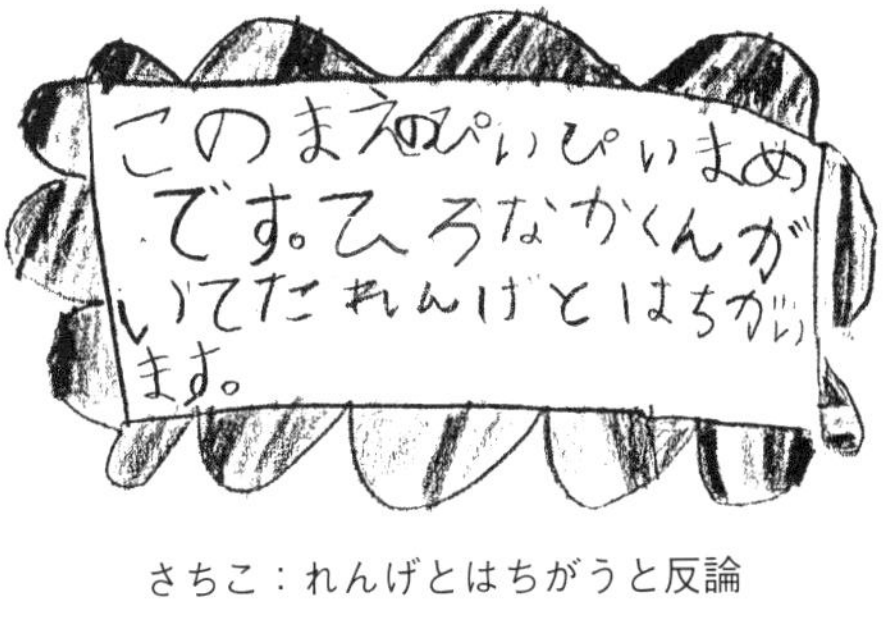

さちこ：れんげとはちがうと反論

どうやら、さちこは母親と話しながら思い出したようだ。手紙には、当時の「ひとみ」のファイルも添えられ、さちこが載った部分が赤で囲まれていた。入学して間もない初夏、学びの原風景がこの親子の姿から改めてうかがえ、感慨深いものがあった。

それにしても、「反論」という形で友達の反応があったことは刺激的である。これによって、明らかにみんなが知的な解決方法を求めることになっていった。もちろん、この論争は教師が誘導したものではない。カラスノエンドウだと私は思っていたが、目の前に登場した「黒い豆」で熱くなっている子どもたちに、私一人が「正解」として「下す」ことはしたくなかった。むしろ、ファシリテーターとして子どもたちのやり取りを交通整理し、子どもの学びに寄り添っていきたいと考えていた。

紙面から対面へ

子どもたちの表現方法は広がったのだが、さすがに「まとめる」ということが難しい子もいた。そこで、表現を紙面から対面に変えることにした。すると、すぐに質問をすることができるし、そのやり取りがまた面白かった。人気のある発表には、みんなから「つくりかたおしえて」という声が上がり、たとえば「ぼんぼんだいこのつくりかた」は翌日の「ひとみ」の紙面を飾ることになった。

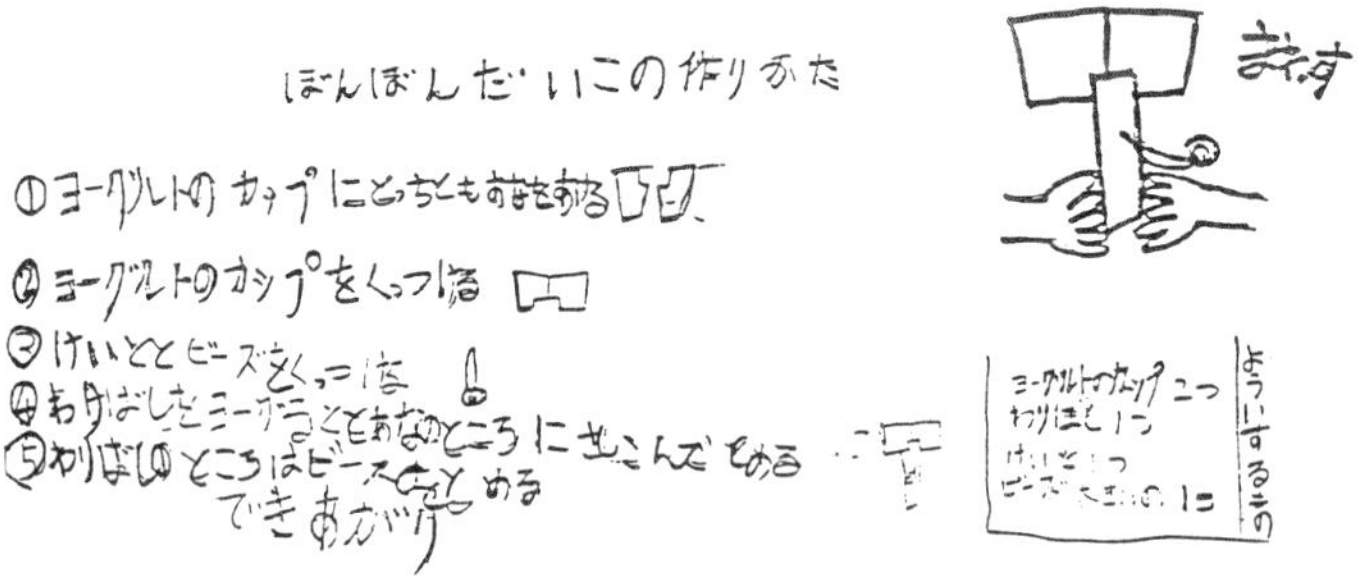

みんなのリクエストにこたえて

何も言わない発表が現れた

ある日、顔の真ん中にカマキリをつけて朝の発表に登場した子どもがいた。それだけで、クラス中が大騒ぎになった。いつどこで、どうやって捕ったのか、というような質問は、知りたいと思えば聞き手から出る。当の本人は、「聞きたければ質問して。興味ある？」とでも言いたげで、自分からはあまり説明をしなかった。

この光景をみんなが体感したのだろう。これ以後、誰もが自らの「表現」を持ち込みやすくなった。とはいえ、やはり「受ける発表」には大きな歓声が上がり、子どもの気持ちを昂ぶらせるが、それほど「受けない発表」もあって、私には聞き手が場の主導権をもつように見えた。教室で「何が受けたのか」を注意深く見ていくと、子どもの興味関心や、彼らが生きる世界での価値が見えてくる。

発表から授業へ

それぞれの発表を聞き、子どもたちが書いてきたさまざまなつくり方を「ひとみ」に載せることはしていたが、「いっしょにやりたい！」と言う子どもたちの要求に応えるため、時には朝の時間以外に授業時間をとることにした。ある日、ゴムで動くおもちゃの「ローリングソニック」をつくりたいとみんなが言うので、発表した子どもが先生になった。早速、準備するものをみんなで連絡帳に写した。用具が揃うかと心配そうだったが、奇跡的にほとんど忘れ物がなかった。

当日、小さな先生の説明が聞こえにくいと、「おおきなこえで」とか「せんせいみたいにこくばんに」

といった声が飛ぶ。すると、教える声にも迫力が出てきて、「もういい？」とか「みんなできた？」と小さな先生は繰り返していた。

予定していた時間は過ぎたが、みんなの「ローリングソニック」ができあがると、クラス中で床を這いずり回っていた。みんなが楽しく遊ぶ様子を見て、一番満足していたのは小さな先生であった。

静かな交流

時には、重たく苦しい悩みも出された。もちろん、それは歓声ではなく、静かな深い表情で受け入れられることになった。簡単には言葉にできない、「沈黙」というクラスの表情があった。そんな一例を紹介しよう。

きょうはたのしいことじゃありませんけどきいてください。このまえからちかんくんとよばれています。そうよばれるのがものすごくいやです。ちかんということばのいみはよくわからないけど、とてもいやなことばのようなきがします。

「だれがいったのか」と聞かれても、本人は口を閉ざしていた。すると、「なにもいわんかったらわたしたちはなにもできない」と、いつもと違う行き場のない感情がクラスに漂いはじめた。

翌日、言ったほうの本人がようやく気持ちを明かしてくれた。さぞ勇気のいることだと感じた私は、苦しい思いを打ち明けてくれた二人へと、みんなの思いを綴ってもらった。

「わるぎでいったわけじゃない」、「なかよしとおもっていたのにびっくりした」、「わるいひととはおもえない」という友達の言葉があったが、そのあと、「でもそのやさしいおともだちをわたしはなくしそうになりました」（部分）と書いた本人の言葉を読み上げると、けんじが上気してつぶやいた。

「ぼくたち、テレビみたい！」

この一言で、重苦しい出来事をみんなでくぐり抜けることができ、クラスにさわやかな表情を取り戻すことができた。

子ども同士のトラブルをめぐっては道徳的な指導が求められることが多いが、子どもの関係づくりにおいてもっとも大切なことは本音を出し合うことだ。それによって、子どもの人間理解は深まり、温かい関係をつくる。私は、そんな場面を子どもたちの「静かな交流」に見た。

大人のカリキュラムと生成的カリキュラム

生活科という教科が設置されたのは一九八九年で、教科書が使用されはじめたのは一九九二年からである。当初、生活科は教科書のない教科であった。そのため私は、「生活科の教科書は子どもたちがつくる」ものだと考えている。問題は、子どもたちだけに任せてよいかということだが、ここで紹介した実践のとおり、朝の発表からだけでもかなりの部分が捉えられているように思える。参考までに記しておくが、子どもたちが教室に運んできた教材は以下のとおりである。

・自然（つくし、氷、さまざまな虫、鳥、動物、落ち葉など）
・遊び（ゴムでっぽう、ねん土レストラン、石の人形など）
・つながり（兄弟げんか、一緒の遊び、家族の様子、いやなことなど）
・楽しく学んだもの（ハーモニカ、音読、工作、観察など）

子どもたちは、何かを捕まえたら図鑑を引っ張り出し、何かをつくろうと思ったら図工の本を出してくる。教師からもらった教科書は材料の一つでしかないない。しかし、振り返ってみると、生活科の教科書に載っているようなことは、量的にもほぼカバーしていた。もし、必要とされる部分を感じたら、教師が提案することもできる。

そんなことよりも、私の本当の驚きは「学びの誕生」だった。そもそも、入学して間もない子どもたちが、拙い言葉や絵で何かを表し、ほかの子どももそれにピンときて課題を共有し、疑問を抱けば問い直すという「流れるような自然な学び」の数々に私は驚いてしまった。

ある子どもが「ジャム」と言えば、その子どもが飼っている犬だと分かり、ヘビを見つけたところという簡単な絵を見て、「ああ、あそこ」と分かるのは、知識や賢さではない。同じ時代に、同じ地域で生きる友達だからだ。生活実感を共有する学級は、知らない人の集まりではなく、家庭から続く学びのベースキャンプなのだ。

私や子どもにとって朝の発表は気楽なやり取りだから、「正答しないとダメ」という考え方は元々ない。分からなければ尋ねればいいのだが、友達の反応がないときはやはり不安だった。それだけ、子どもたちは「受け」を期待していたということである。自分と対立する意見が出るという状況は結構な楽しみであり、事実、生き生きと反論もしていた。子どもにとって大切なことは、学級という小さな社会で何かの価値を感じてもらうことである。

子どもたちの「発表」は共感に支えられることで深化していく。子どもたちは、本を音読したり、ハーモニカを吹いたり、粘土で餃子をつくったりしたわけだが、「お勉強らしい」ことでも、よくやっているなあと思うことがあった。本来ならかなりの練習を必要とすることなのに、子どもたちは難なくやり遂げていた。それは、他教科で学んだことだった。きっと、楽しいからだろう。そんな様子を見ていると、教師の授業も試されていると思った。

発表がはじまって気付いたことは、遊びの時間が豊かになったことだ。絵を描く、粘土で何かをつくる、しる遊びをする、虫を探す、折り紙をする、あやとりをする、新聞をつくるといったことにまで拡がっていった。彼らの文化的な表現は、その時代の影響を受けながら、学校のみならず、家庭、商業、地域といった各文化から、本当に自分たちが共感（受ける＝受け入れられる）できるものを模索しているようにも思える。子どもたちがお互いに響き合って学びが深まったとき、私は思わず、「あっ、これこそが彼らの文化の獲得なんだ」と叫びたくなった。

教師は、学校という枠の中で彼らを「形成」しようとしていないだろうか。外界の要求に沿うことに慣れてしまうと、子どもたちが内面から発している要求は見えなくなってしまう。教師に寄り添うことを前提にして組まれたカリキュラム、既存の「大人のカリキュラム」だけでは、生活実感に根ざした能動的な学びが子どもたちから出てくることはない。

当たり前のことだが、教師は「教えたい」というカリキュラムをもちつつも、子どもたちに寄り添う必要がある。そして、教師の「教えたいこと」と子どもの「学びたいこと」の「対話」によって生じてくる「生成的カリキュラム（新しい文化や価値が生成する）」のなかで、新しい時代を生きていく子どもを育てなければならない。

私はこの実践記録を通して、「子どもたちの生活のなかから新しい文化と価値が生じる」ことについて書いてきた。「ピンと来る」といった実感の響き合いこそが子どもたちにとっては「自然な学び」であり、「本物」や「本当のこと」を追求するためのエネルギーを生成する源（みなもと）になると私は確信している。

自然を楽しみながら学ぶ生活科（一年）

片岡眞治（京都府城陽市立富野小学校元教諭）

見つけたものを持ち寄り、話したり描いたりして紹介し合う

京都府の南部、城陽市の南西部に富野小学校は位置している。三重県を源流とし、市の西部を流れる木津川は、蛇行部分が氾濫しやすく、人々は、古来より洪水に苦しめられてきた。現在でも学校のすぐ南側には田畑が拡がっており、一〇分ほど歩くと木津川堤防の「桜堤富野緑地」があり、桜のシーズンには多くの人が訪れている。

学校の北側は住宅街や商店などが並び、北東部にある木津川運動公園からは天井川である長谷川が国道をまたぎ、木津川に流れ込んでいる。この公園は、山砂利採取の跡地を緑化して造られたものである。この公園を含め南北約一キロ、東西約三キロという地域が校区となっており、全校児童は約五〇〇名となっている。

入学式の前日に学校周辺や運動場を歩き、採ってきたナズナやスイバ、タンポポ、ハコベ、カラスノエンドウなどを教卓の花瓶に飾っておいた。明日から三クラス八三名の新一年生が、希望とちょっぴりの不安をもって学校生活をはじめる。どんな子どもたちとの出会いになるのだろうか。私だけでなく、保護者にとってももっとも重要な日となる。

「学校って面白いな」、「ぼくにもできた」、「わたしにもわかった」、「そうやったんや、いいこと教えてもらった」、「自分の話を聞いてもらえた」、「認めてもらった」など、どの子どもにもこんな状況をたくさんつくり出していきたい。

入学式の当日、教室で子どもたちと保護者に、「これ何か知ってるかな」と尋ねた。みんなの眼が集中する一瞬である。「タンポポや」、「見た」、「綿毛を飛ばした」、「ぺんぺん草」、「ピーピーマメや」などと声が上がる。「おお、すごい、よく知っているね」と褒めたあと、「ここにある草、全部食べれるんだよ。ぺんぺん草の本当の名前は『ナズナ』って言うんだよ。ピーピーマメも『カラスノエンドウ』って言うんだよ。ピーピー鳴らせるかな」と話すと、「鳴らしたことある」と答える子どもがいたので、「今度、聞かせてくれるかな」と言うと、「聞かせてあげるよ」と答える子どもの声に微笑む保護者も見られた。

「身の周りにある、いろいろな草花や生き物を見つけてきてね」と話し、保護者にも、子どもたちと一緒に実物をしっかり見てほしいこと、そして「なぜ」、「不思議」、「初めて見つけた」などを大事にしてほしいと話したところ、うなずく保護者も見られた。

科学的なものの見方や考え方は、事実をしっかりと見つめることを通して培われる。子どもたちの自然離れが危惧されて久しいわけだが、そんな状況をふまえて、幼少期から自然の不思議さや多様性にじっくり触れることが求められている。自然の中でさまざまなモノを見つけ、個別の事実を五感を通してつかみ、多様な活動を通して共有し合い、科学的な認識の土台につなげたいものである。

運動場でカラスノエンドウやスズメノエンドウを見つけたときのことである。「蔓みたいなのが出ている」、「花がピンクできれいや」、「もうピーピーマメがついている」、「まだマメが太ってないので鳴らないのかな」などと話しながら教室に持ち帰ってきて、「葉っぱが丸くて羽みたいについている」と葉のつき方にも気を付けてカードに描いていた。

「似ているけど葉っぱが違う」、「スズメのほうが小さい」、「カラスが食べるほうがカラスのエンドウかな」などと話す子どもたちに、「よく違いが分かったね。さやがカラスのように黒くなるから『カラスノエンドウ』という名前で、それより小さいから『スズメノエンドウ』と名前がつけられたんだよ。やわらかいものは、煮物やてんぷらで食べられるよ」と話した。

こんな話を聞いたせいだろうか、母親が漢方に詳しいという穂香が、「お庭の草を持ってきました。これ、ドクダミです」と白い花を見せた。子どもたちは、「ドクがあるのか」、「いや、薬になるんやろ」、「ほんまや、薬のにおいがす

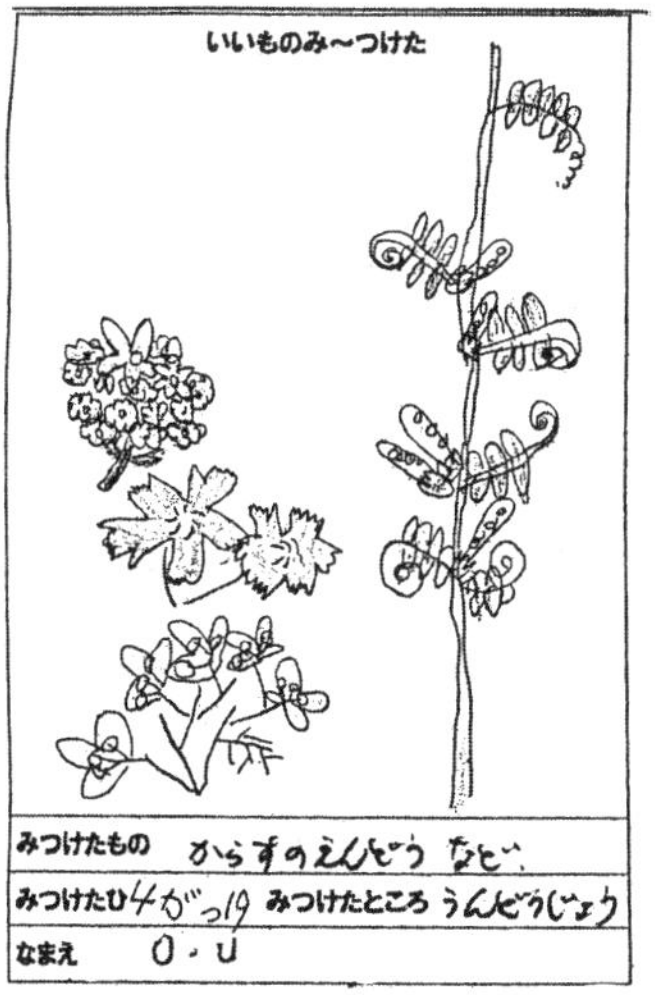

カラスノエンドウみーつけた

る」、「なんか臭いな」、「怪我したときつけてみようか」などと言いながら匂いを確かめていた。

穂香は、家で、ドクダミでお茶をつくっていることも話した。「ドクダミ茶を飲んでるから元気なんだね。体の毒を出してくれるし、昔からよく使われていた薬草の一つ。お茶は昔から薬だった」と説明すると、「そうやったん。俺、お茶好きや」と話好きな拓海がすぐさま声を上げた。

畑から採ってきたノビルを紹介したときのことである。「ネギみたいや」、「ニンニクみたい」、「食べれるのかな……」という声が上がったので、「ネギの代わりに食べることができる。お味噌をつけて食べる人もいる」と話すと、「お味噌はいらんけど食べてみたい」と言う。そこで、持ってきた玉の部分を薄く切って、全員に配った。

なかには、手のひらに乗せたまま迷っている子ども、歯と歯の間でかんだままの子ども、「うわー、ノビルって辛い」と手のひらに吐き出す子どももいた。それでもみんな、恐る恐る確かめていた。「これは味噌汁とか、すき焼きに入れると辛味が抜けてくる。タマネギもそう」と話したあと、「おうちの人は知らないかも」と付け加えておいた。

ある日、生き物好きな翔太が、「堤防で赤っぽい葉っぱがたくさんついた草を見つけた」と長いスイバを持ってきたとき、「これ、食べたことあるぞ」と言って、少し茎を折って皮をむいて食べてみせた。「やっぱりすっぱいな。すっぱいからスイバや」と子どもたちに話すと、安心したのか、全員がスイバの皮をむいて味を確かめていた。堤防へ探検に行くときも「スイバ、スイバ」と言いながら見つけていた。子どもたち自身がもつ知的好奇心は、子どもたちが持ち込むものによって増幅されていくことがよく分かる。

「家の前に生えていた」と、引っ込み思案の彩子がヨモギを持ってきたことがある。子どもたち全員に葉を渡し、色、形、匂いなど確かめた。「ギザギザや」、「白い筋がある」、「葉っぱの裏が白い」、「薬のにおいがする」、「けがに効くんやなあ」、「お風呂にも入れるで」、「味は苦い」というようなさまざまな声が出たので、「みんなでヨモギだんごをつくろう」と話し、学年全員で堤防までヨモギ摘みに行くことにした。

日当たりのよい堤防の斜面は、教師があらかじめ探しておいた場所である。子どもたちは、「これや、においも同じや」とか「こっちにもあるで」など言いながら、あちこちで摘んでビニール袋に入れていった。そういえば、早く摘み終えた拓海や翔太が、「テントウムシがいた。ミミズも見つけた」と虫探しにも夢中になっていた。

持ち帰ったヨモギの葉のやわらかい部分をもう一度より分け、大鍋で茹でると、水の色が黄緑色に変わり、匂いが漂ってきた。茹でた葉をミキサーにかけ、緑色の汁と餅粉を混ぜる。子どもたちは、「ヨモギのにおいがする」、「柔らかいな」、「ちょっと色が薄いな」などと言いな

ヨモギ団子おいしかったよ

がら丸め、団子をつくっていった。茹でてきな粉をかけて食べると、口々に「おいしい！　またつくろう！」ということになった。

気付いたことや思ったことを出し合って言葉を並べる

「メダカが卵を産んだ。孵ったら持ってくるし」と、人懐っこい祐子が話しかけてきた。祐子の家は地下水を活用した花卉栽培農家である。紫色の花弁が美しいショウブ田の水路で、メダカを見つけたと話していた。

数日後、母親と一緒に、虫眼鏡や餌とともに孵ったばかりのメダカを大切に教室へ持ってきた。母親は、教室の様子を祐子からもよく聞いており、学級通信も楽しみだと話していた。メダカを、子どもたちにもよく見て欲しいと思っていたのだ。

子どもたちは水槽をのぞき込み、「どこにいるの」とか「いたいた、こんな小さいの」と驚きながら虫眼鏡で姿を見る。四ミリぐらいの透き通った体の腹には栄養が詰まった小さな袋がついている。「生まれても二日間ぐらいは栄養の袋で生きていけるようになっている」と話すと、「ふーん、すごいなあ」と言って、止まっては泳ぐメダカの赤ちゃんを見ている。

メダカ。ちっこかった！　かわいかった！

命が生まれ、その成長の個別の事実を実際に見ることは非常に意味の深いことである。子どもたちがやがて生き物としての自分自身の命と向き合うことにつながると考えるからである。きっと、祐子の母親にもそんな思いがあったのだろう。我が子とともに、クラス全員の成長への願いに感謝するばかりである。

ところで、小学一年生といえば、「話し言葉」から「書き言葉」へとつなぐ時期となる。画用紙を短冊に切り、そこに子どもたちから出た言葉を書き、黒板に貼った。子どもたちと重複する短冊を抜いたり、言葉を付け加えたり、短冊を並べ替えたりしながら以下の「詩」のような表現に仕上げ、みんなで読み合っている。

めだか

すーい　すーいと　およいでた　はやかった　あっちこっちに　およいでた
たまごもあった　ちっこかった　かわいかった　こゆびよりもちいさかった
ごはん　あんまりたべなかった　おすかな　めすかな　なんねんいきるのかな

また、付近ではあまり見られなくなったイモリを、遠くにある山際の田んぼで手に入れたこともある。持ち帰って、班ごとに一匹ずつ水槽に入れて観察したほか、全員が手に乗せてみた。

「何を食べるのかな」という声に、拓海が「ザリガニにミミズやっているで。ミミズ捕ってくる」と言って教室から飛び出し、運動場の隅でミミズを三匹見つけてきた。「うわー、ミミズやったらすぐ食べた」とか「飲み込んだ」という声に、周りにいた子どもたちも、「イモリって、はじめは怖いと思ったけど、触ったらかわいかった」と話しはじめた。そのときにつくった「詩」が以下のものである。

いもり

おなかがあかい　おなかのしたに　たまがついていた
せなかは　ざらざら　ぷにゅぷにゅしていた
さわると　こしょばかった　きもちよかった　かわいかった
のどが　かえるみたいにうごいていた　しっぽが　たてにぺっちゃんこだった

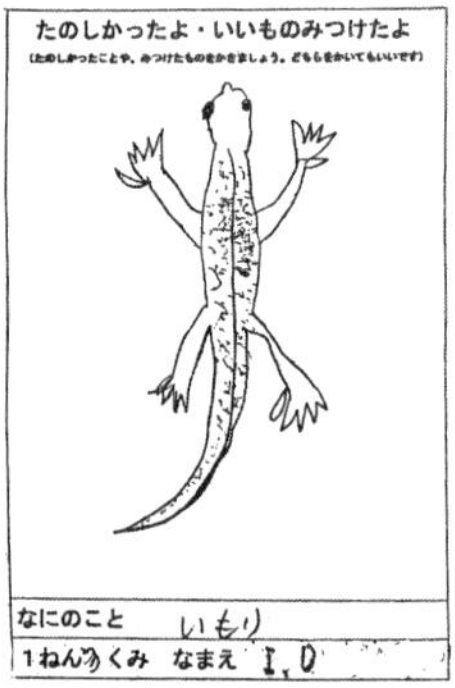

たのしかったよ・いいものみつけたよ
(たのしかったことや、みつけたものをかきましょう。どちらをかいてもいいです)
なにのこと　いもり
1ねん3くみ　なまえ　I.D

イモリ。よーくみてかいた

六月の中旬、梅雨のシーズンになると、近くの田んぼに発生するカブトエビ捕りに子どもたちは夢中になる。手に手にカップなどを持って捕りに出掛けるのだが、すくい捕ることがうまい拓海が周りの子どもたちに捕り方を教えている様子がほほ笑ましい。入学してから二か月以上となるので、子どもたちの連帯感も強くなっているように思える。そのときの「詩」も紹介しておこう。

かぶとえび

はじめてとった　こんなひげがある　しっぽがわかれている
あかいいろ
おなかのしたはみどり　めがくっついている　せなかがかぶと
むしみたい
あしはたくさんある　なにたべるのかな　あしをうごかしてお
よいでいる

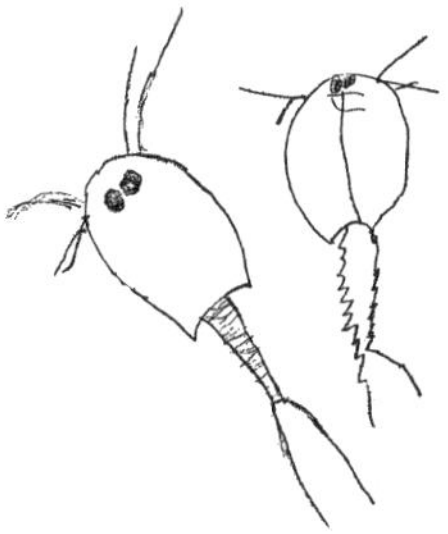

カブトエビとったよ

ある日、虫好きの翔太が「お母さんが行っているお茶畑の木についていた」と言いながらオオカマキリの卵のうを持ってきた。数日後、赤ちゃんが生まれ、天井まで這い上がっていた。子どもたちの、「大変や」、「脱皮している」、「どこ行くのかな」などの声に、「生まれてすぐ自分で生きていく。だけど、敵に食べられることも多い」と話したが、以下のように子どもたちの好奇心はすごかった。

かまきりのあかちゃん

ちっちゃかった　ちいさなかまがあった　かわいかった　きいろかった
めっちゃたくさんいた　へやじゅう　あばれまわっていた
てんじょうにくっついていた　なんでのぼれるのかな　えさをさがしにいくのかな

このように、春から夏の教室には、子どもたちによってザリガニ・サワガニ・カブトムシ・クワガタムシ・カナブン・シャクトリムシ・カタツムリ・ダンゴムシなどが持ち込まれた。さらに、プールでの虫捕りでは、ヤゴ、アメンボ、マツモムシなどを捕ってきた。

普段あまり話さない晴人が、「アゲハの幼虫が家のユズの木にいた。葉っぱも持ってきた。もうすぐサナギになりそう」と言いながら大切そうに持ち込んできた。しばらくの間、サナギになっていく様子や蝶になって窓から飛び立っていく様子をみんなで見守ったこともある。

学校の周りに広がる環境が理由であろう。教室の窓からは、オオスカシバ、ツマグロヒョウモン、クロアゲハなども飛び込んでくる。それらを図鑑で確かめたり、自然に関する絵本の読み聞かせも継続して行ってきた。たくさんの自然の「不思議」に触れつつ、疑問を膨らませていく。それによって生きていることの事実に触れ、それらを共有し、共感し合い、生き物への関心を深めていった。

干し柿づくり

城陽市は、青谷のウメをはじめとして、カキ、モモ、イチジク、サツマイモ、花卉などを特産物としている。カキ渋生産や干し柿のための渋柿も多く栽培されていたが、近年、人手不足、収入減などで放置され、赤い実を残したままの木が目立つようになった。そこで、経験したことのない「干し柿づくり」を一年生全員で取り組むことにした。知り合いの農家に頼み、畑にある二〇〇個あまりの渋柿を取らせてもらい、冷蔵庫に入れておいた。

一一月五日、「城陽市でよく見る果物はなにかな」と尋ねると、「いちじくや」（学校周辺の田んぼによく見られる）とか「カキもよくあるで」という答えが返ってきた。

「学校にも一本だけ柿の木があるのを知ってるかな？　中庭や、あそこ。その柿を取ってきたけど、みんなで食べてみようか。『富有柿』という種類だよ」と話し、皮をむいて配った。「甘い」、「おいしい」、「もっとほしい」という声が多かったので、「今度はこっちの柿もむいてあげよう」と、「鶴の子」という渋柿をむいて全員に食べさせたところ、子どもたちから、「渋い」、「まずい」、「口がしびれる」という叫び声が上がった。そして、みんな廊下の手洗いに飛び出し、口をすすぎに行った。

こうして「甘い」、「渋い」の味を確かめたあと、絵本『干し柿』（文・写真西村豊、あかね書房、二〇〇六年）の読み聞かせをした。すると、自分たちも干し柿をつくりたいと言い出したので、皮むき器を使って皮をむき、紐を結ぶ練習をしておくようにと話した。

二日後、給食室からお盆を借り、その上で柿を一人二個ずつ配り、皮をむかせた。「皮が固くて、つるつる滑る、結構難しい」、「こうかな。こう向きがいい」、「手も一緒にむきそうで怖い、でも、早く食べたい」など言いながら皮をむいていった。よく練習してきた陽介が「むけた！」と最初に声を上げ、「こうやったらいいぞ」と、力の入れ方などを教えて回っていた。その後、紐を結ぶのに苦労をしている子どもも見られたが、ようやく全員が紐の両端に柿を結びつけることができた。

二階の風通しのよい渡り廊下で、吊るすのには好都合と思われる鉄パイプが通っているところを事前に見つけておいた。この場所に、私が脚立に上って一つずつ吊るしていった。その様子を見る子どもたちに、「一か月ほどしたらでき上がる」と話しておいた。

一二月上旬になると、「白いものがついている」、「早く食べようよ」、「腐っていないの」と、毎日子どもたちが干し柿の変化を気にするようになった。吊した場所を見ていると、他学年の子どもたちや先生方も気にしているような様子であった。

そして、一二月一一日、いよいよ干し柿の完成である。一個は自分が味わい、もう一個は、お家の人へのメッセージを書いた袋に入れておみやげとした。

子どもたちは、「うわー、甘い」と驚きながら味わった。その翌日、「家族で分け合って食べた」、「初めて食べた」、「家でもつくってみたい」といった感想が聞かれ、たった一個の柿で家族団らんが生まれたことが確認できた。保護者からは、「メッセージがよかった」という感想が聞かれたほか、おばあちゃんからは「懐かしい、嬉しい」など喜びの言葉が寄せられた。保護者から届いた手紙を紹介しておこう。

できたよ

むけたよ

・家に帰るなり「はい、プレゼント」と言って嬉しそうに手渡してくれました。家族五人で分けて食べました。とっても甘くておいしかったです。「お日様が甘くしたのかな。冷たい風が甘くしたのかな」と言いながら、とてもうれしそうにちょっぴり得意そうに、「私が作ったんやで」と言っていました。メッセージ付きの干し柿の袋は、母の宝物にしたいと思います。良い経験をさせていただいてありがとうございました。

・先日は、おいしい干し柿をごちそうさまでした。皮をむくところから経験できたので、この皮むきをきっかけに家でも夕食のお手伝いで野菜の皮むきをしてくれるようになりました。そして、干し柿の完成を楽しみにしているようで、よく会話にも上りました。娘は、本当のところ果物を好んで食べる方ではないので、もし家に干し柿があっても手を伸ばさなかったことでしょう。でも、みんなで作り、完成を心待ちにし、みんなで食べたので、とてもおいしかったのだと思います。「おいしかった」と感動して帰ってきました。家でも、おすそ分けをいただきましたが、袋の裏に書いてあった『いつもお仕事がんばってね。ありがとう。』のメッセージに、干し柿のおいしさ倍増でした。ありがとうございました。

子どもたちは、自然への働きかけを通してより自然に親しみをもち、動植物の特性や生き様などを観察するとともに、自分たちの生活に生かせるものがあることも学んでいった。絵や文にしたり、読み合ったりして、仲間のなかで認識をより確かなものにしていった。一年間を振り返ると、「アサガオとサツマイモの栽培」、「秋の実や種・ヒガンバナ・木の葉しらべ」なども子どもと一緒に楽しんだが、ここでは紙幅の関係で割愛させていただいた。

それぞれの地域には、自然ばかりではなく人々の暮らしや歴史がある。学校と地域、そして家庭がつながるといった面でも「生活科」の果たす役割は大きい。子どもたちと一緒に、地域、自然の教材を見いだすことで、子ども以上に教える側の教師も楽しめるという「生活科」、実に面白い教科である。

うんとよく見て、うんと考えて

――カイコを中心としたさまざまな小動物の飼育活動を通して

笹ケ瀬浩人（静岡県浜松市立芳川小学校教諭）

小動物を育てる楽しさ

「季節を身にまとって生きる」、私の好きな言葉である。植物を育てることが好きで、趣味はクリスマスローズを中心とした園芸と野菜づくりだ。幸いなことに、学校の分掌（ぶんしょう）も栽培と花壇の仕事を任されてきた。花や野菜を育てていると昆虫は大敵となるが、子どもたちにとっては遊びの友達であり、遊ぶなかでたくさんのことを学んでいる。

ホームセンターでパセリの葉にキアゲハの幼虫がついているのを見つけると、一つのポットに幼虫を集めて、苗を購入したことがある。パセリではなく、キアゲハの幼虫を子どもらと教室で育てたいと思って、買わなくてもよい苗を買ったりしたこともあった。長く小学校の低学年の担任を主にしてきたが、常に教室では、いろいろな動植物を飼ったり育てたりしてきた。

初めて一年生を担任したとき、大きなカタツムリが腐葉土の下にたくさんの卵を産んでいるのを勝彦君が見つけて、みんなで大騒ぎをしたことがある。私もカタツムリの卵を見るのは初めてで、子どもと一緒になって感動したことを思い出す。

一方、明乃さんは、アサガオについていたスズメガの幼虫を大事に持ち帰り、名前を付けて、夏休みもずっと育てて自由研究にまとめた。見た目はちょっと不気味な幼虫も、子どもたちにとっては大好きな友達になる。本当に素晴らしいことだ。

毎朝、机の上には、子どもたちが登校中に見つけた野の花や木の実などが無造作に置かれていた。捕まえた小動物についても自慢げに朝の会で紹介してくれた。名前を知らない野草や昆虫を図鑑で調べることも多く、私にとっても大変勉強になった。また、スズムシ、カブトムシ、クワガタムシ、アゲハチョウ、フタホシコオロギなどを教室で子どもたちと育てることはさまざまな発見を促すことになり、みんながつぶやいたり、絵に描いたりしてくれることが本当に楽しみであった。

ある年の四月の終わりごろ、隣のクラスの子どもたちがツマグロヒョウモン探しをはじめると、私のクラスの子どもたちも、玄関のパンジーについているヒョウモンの幼虫探しに夢中になった。黒くて赤い線が入っていて毒虫のよう思えるので、見た目は触りたくない感じだが、子どもたちにとってはまったくお構いなしだ。

食草がスミレ科なので、飼育箱にパンジーを入れて教室で観察していると、そのうちに蛹(さなぎ)になった。ツマグロヒョウモンは、蛹になると背中に金色の突起が見られ、とても不思議な感じがする。幼虫とはまったく違っていて、成虫の羽には名前のとおり薄い豹紋があり、オレンジ色のとても美しい蝶に変身する。無事に教室で成虫になって、たくさんのツマグロヒョウモンを旅立たせることができた。

さまざまな小動物に出合い、いっぱいかかわって遊ぶなかで、「うんとよく見て、うんと考えて」ほしい。そして、命に触れ、生きていることの素晴らしさを学ばせたい、とずっと願ってきた。ここでは、二年生の子どもらとカイコを育てたことを中心にして、子どもたちの作文を紹介しながら綴っていくことにする。

カイコとの出合い

この実践を行った萩丘小学校は、浜松市の中心部、三方原台地に位置する。自衛隊浜松基地のすぐ横にあり、日常的に訓練用の戦闘機が屋根すれすれに離着陸している。田や畑はほとんどなく、四つ池公園が唯一の残された自然である。

二〇一四年五月二八日、三方原台地と磐田原台地の間を流れる天竜川を越えて、磐田市立竜洋昆虫自然観察公園(1)へ校外学習の下見に行った。そこで、たまたま園長先生から、「カイコを飼ってみませんか」と声をかけられた。そのときはまだ二センチぐらいだったので、あとの桑探しの苦労までは気が回らず、公園の入り口にある大きな桑の木の葉をいただき、軽い気持ちで「桑がなかったら、ここの桑をもらいに来ます」と言って小さな箱を持ち帰った。

（１）〒438-0214　磐田市大中瀬３２０－１　TEL：0538-66-9900　http://ryo-yo.jp/

小学生のころ、伯母の家でカイコを飼っていたので見たことはあった。しかし、そのころの私は、セミ以外の昆虫にはあまり興味がなく、カブトムシも育てたことがなかった。カイコとのかかわりといえば、六年生のときに飼育委員となり、鯉の餌として、乾燥して茶色くなった蛹(さなぎ)を池にばらまいていたことぐらいで、その白い幼虫に触ることもまったくなかった。

翌日、教室で紹介したところ、早速、観察記録を書いた子どもが現れた。

カイコをみたよ　　５月29日　　ゆうこ

カイコが、くわのハッパ[2]をたべてるところを見ました。カイコは、くびをクルクルまわしていました。足は、10ぽんちょうどでした。おしりのほうに、ちくっとしたとげみたいのがありました。口のほうがちゃいろかったです。２ひきでいっしょにはっぱをたべてるところを見ました。足がマジックテープみたいで、ぴりっと聞こえました。

ゆうこさんは、桑の葉を食べているところに興味をもち、書きはじめている。とてもよく見ていて、「くびをクルクルまわして」、「ちくっとしたとげみたいの」、「足がマジックテープみたいで、ぴりっと聞こえました」などの表現が楽しい。また、「２ひきでいっしょにはっぱをたべている」の表現に優しさを感じてしまう。

食べているところをよく見ているんだなあと感心した私は、「うんとよく見たんだね。食べるところを見るのは楽しいね。足がマジックテープみたいでよくくっつきそうだね。これからもいっぱい観察してね」と書き添えた。

カイコを見たよ　　5月29日　あやの

カイコを見て、さいしょはこわかったけど、だんだん大すきになりました。はっぱのなまえはくわのはっぱをたべます。足は、十本[2]ありました。おしりのほうには、チクっとなっていました。はっぱをたべてるところを見れてうれしかったです。さわったかんじが、ピチっとなっていました。たくさん見たいです。赤ちゃんも糸がありました。

一方、あやのさんは、初めて出合ったときの気持ちから書きはじめている。私は、この観察記録に対して、「最初はこわかったけどだんだん大好きになったんだね。おしりのほうは、ちくっ、ってなっていたんだね」と書き添えている。

初めてカイコの幼虫を見る子どもが多く、触れない子どももいたが、どんどん触っている女の子がいて少しびっくりした。また、私はまったく気付かなかったが、あやのさんは「赤ちゃんも糸がありました」とも綴っているのだ。本当に、子どもたちはよく見ている。

（2）蚕の足の数は、胸脚六本、腹脚八本、尾脚二本あるが、子どもたちは胸脚を数えなかった。

桑の葉探しがたいへん

実は、私の自宅には食用桑である「マルベロー」が植えられている。普通の桑の実よりも大きくて、ジャムにするととてもおいしい。その葉をカイコに食べさせてみたところしっかり食べたので、一週間ほどは何とかなったが、すぐに食べ尽くしてしまった。友人から三方原の浜松市立豊岡小学校に桑の木があると聞き、昨年まで本校教頭だったT先生に電話をして許可をいただき、早速、採取するために向かった。

学校の東側には背丈の高い桑の木が植えられていたが、これ以上採るのが申し訳ない、という状態になってしまった。また、南側に位置する幼稚園のほうにも二メートルぐらいの桑の木があって、ちょうど切りやすいように道路側にはみ出していたのでこちらのほうも採ったが、すぐに上のほうだけが残るという状態になった。

実は、学校の敷地内にも大きな桑の木があったのだが、早朝や夜は不法侵入のような感じがして採りにくかったので、豊岡小学校の近くを探してみることにした。すると、道路わきの公園で小さな桑の木が見つかった。さらに、豊岡小学校から南東に約一・五キロ、浜松医科大学の側にある半田公園の入り口で、人目を気にすることなく大量に袋に詰められる場所を見つけた。翌日の早朝に採りに行ったが、鎌を振りすぎたのか、左手が上がらなくなってしまった。

余談だが、夜の九時過ぎに桑の葉を採りに行ったこともある。どこの学校にも松や桜は植えられているが、桑や柑橘類などといった、食草となる植物があることは少ない。ここで紹介している学習などは、とくに都会にある小学校で行われる場合が多くなることから、各学校とも、食草植物を植えればいいのにとつくづく思ってしまった。

さて、採取後に学校へ行くと、各クラスに桑の葉を置いて回った。いつのまにか、段ボール箱でつくった飼育ケースは六つに増え、四つのクラスでそれぞれが育てている。ちなみに、週末には私がそれらを全部自宅に持ち帰ることにしていた。

「まぶし」づくり

「まぶし」という名称は、子どもたちとカイコの飼い方を調べるなかで初めて知ったことである。繭をつくり出す前に、厚紙や段ボール、牛乳パックを使って格子状の「まぶし」づくりを行った。自分で飼いたいという子どもには、箱を持ってきてもらい、その中にカイコ一匹と「まぶし」を入れてあげた。繭になってからは箱に入れて家に持ち帰ることができるようになっ

段ボールの飼育ケースに桑の葉を置いた

たので、当然のように、自分の繭をより大事に扱う子どもが増えはじめた。言うまでもなく、成長の過程を実際に確認しているからであろう。

カイコを見たよ　　　　6月18日　　しゅん

たべるときは、上から下にたべていました。よく足をみると、とんがっている足とぞうみたいにましかくの足もありました。絵にはかけませんでしたがとんがっている足とましかくの足のあいだにすきまがありました。足のいろは黄色でした。うしろがとんがっていました。とんがっているぶぶんも黄色でした。からだにちゃいろのぽつぽつがありました。ましかくの足が8本、とんがっている足が6本でした。ぜんぶで色は5しょくでした。あたまのちょっとうしろに、おこりそうなまあくがあります。まゆが、8こで、糸をはいているカイコが1ぴきです。ちょっとカイコをさわると、つめたかったです。まゆをさわってみたけど、そうかんたんにはきれませんでした。

しゅんさんは、とりわけ熱心にカイコを見たり触ったりしていた。観察力も鋭くて、さまざまなことによく気付くという子どもであった。「あたまのちょっとうしろに、おこりそうなまあく」と書いているが、確かによく見てみると、怒りのマークに見えるから面白い。

カイコのかんさつ　　　　　　　　6月18日　　　りゅうじ

カイコのかんさつをしました。カイコのながさは、6㎝ぐらいでカイコのうんこは3㎜ぐらいでした。カイコがたべるはっぱは、クワです。うんこをだしながら、クワのはをたべていました。カイコのまゆの数は9こありました。カイコは、さいしょきもちわるかったけど、だんだんかわいくなって、まゆは「はんじゅくたまご」みたいですきになりました。

もっとカイコのことをかんさつしたいです。

一方、りゅうじさんの「はんじゅくたまご」という表現が面白い。本当に黄色くておいしそうな繭、不思議なことに、白いと思っていた繭だったが、半分ぐらいがレモン色をしているきれいな繭をつくっていたのだ。これについては、種類の違いなのか、オス、メスの違いなのかと、みんなでいろいろと話し合っている。調べてみると、オレンジ色の繭もあるということでみんな驚いていた。とにかく、これがまた美しく、子どもたちはますますカイコに魅了されていくことになった。

成虫になる

六月三〇日に四匹が成虫になり、七月に入ってどんどん羽化していった。繭に穴を開けて、カイコガが誕生していったのだ。

せいちゅうになったよ

6月30日　りゅうき

カイコが、まゆになって、せいちゅうになりました。こうびしているやつもいてたまごもありました。たまごは250こぐらいあって、すごいとおもいました。カイコのまゆは2しょくあって、一つ目は白、二つ目は黄色いまゆです。かいこのオスとメスは、オスは小さくて、メスは大きかったです。黒こげになってしんだやつもいました。カイコのようちゅうとまゆとせいちゅうを見れてたのしかったです。かんさつできてうれしかったです。

驚くのは、りゅうきさんが「交尾」という言葉の意味も知っていたことだ。事実、じっとよく見ていた。いろんなところで交尾をしており、箱の側面や「まぶし」に卵が産みつけられていた。たぶん、熱心に数えたのだろう。また、オスとメスの大きさの違いにも気が付いていた。「黒こげになってしんだやつ」というのは、交尾を終えて死んでしまったカイコガのことである。

カイコガになったよ

6月30日　まさき

カイコのたまごはきいろで、たまごはとても小さくて、とても数がおおかったです。カイコガが、いるちかくのまゆはあながあいていました。たまごは、60こぐらいありました。かいこがは、白色でした。カイコガは、とっても小さいでした。はっぱにちゃいろいえきがついていました。かいこが、まゆからでるときにだしたえきだとおもいました。

まさきさんは、とっても小さな卵がたくさんあることを見つけている。葉についている茶色い液は、繭から出てくるときに出したと考えたようだ。

そういえば、一年生のときにはアゲハチョウを育てていた。ある朝、蝶になっていて、「先生、蝶になったよ」とうれしそうに報告してくれた子どもがいた。その子どもは早く外に飛ばしたいような感じだったが、みんなが登校するのを待って、朝の会が終わったときに放してあげた。窓を開けて、「ばいばい」、「元気でね」、「くもにつかまるな」などと口々に言ってお別れをした。

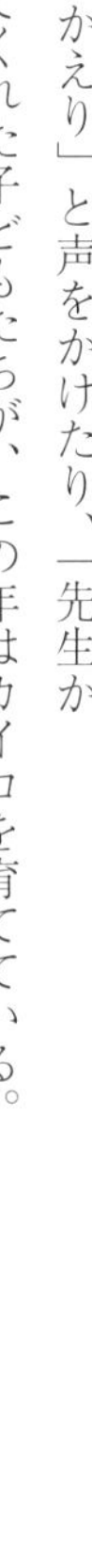

後日、運動場や校舎の横をアゲハチョウが飛んでいると、帰ってきたと思ったのか、「おかえり」と声をかけたり、「先生かえってきたよ」と私に教えてくれた子どもたちが、この年はカイコを育てている。

カイコガの誕生

カイコガは、小さくて白っぽくてなんともかわいらしい姿をしている。羽も縮れたたような形で、飛べないために逃げることがない。それで、ずっと手に乗せて遊んでいる子どもがいた。「授業がはじまるよ」と言うまで遊ぶ姿、とても楽しそうであった。

アゲハチョウの場合、薄めたカルピスをなめさせて飼うといったこともしたが、手に乗ることはない。また、羽化に失敗したアゲハチョウに、持ってきた花の蜜を子どもたちは何とか吸わせようともしたが、なかなかうまく育てることができなかった。それに比べてカイコガは、指先に乗って遊ぶことができるため、子どもたちはより親しみをもったように思う。

七月一六日、一年生を招待して「生き物ランドへようこそ」を行った。そのなかでカイコを選んだ子どもたちには、カイコガを触らせてあげたり、手に乗せてあげたりした。ちょっと怖そうだったが、一年生も楽しんでいたようだ。

とはいえ、一緒に遊べたのはわずかな時間であった。翌週には、カイコガたちは次々に役目を終えて死んでしまい、子どもたちはとても悲しい思いをした。いっぱい遊んでいただけに、別れが辛かったのだと思う。ちなみに、卵を持ち帰り、冷蔵庫の野菜室に入れて翌年の孵化(ふか)を楽しみにするという子どももいた。

目を輝かせて、見る・触る・書く

偶然の出合いからはじまり、子どもたちと手探りの状態でカイコを育ててきた。さらなる学びへの発展という点では不十分かもしれないが、教室にカイコがいて、目を輝かせて見たり、触ったりしていた子どもたちがいたことだけは間違いない。これに勝る学びはない、とも思っている。

カイコが成長する過程で、いろいろな「つぶやき」が生まれ、驚きの声があふれていた。その様子を丁寧に書き、読み合うなかでは、表現の面白さを笑いあったり、観察の鋭さに驚きあったりもした。教室で小動物を飼うという活動は、これまでにもさまざまな形で取り組んできたが、自然の世界では出合うことがないカイコを育てるという行為は、子どもたちにとっても私にとっても特別な体験となった。つまり、学んだのは子どもたちだけではないということである。

最近は、学力テスト体制のもとで学ぶ量がどんどん増え、学校がとても忙しくなり、子どもたちが楽しみにしていた行事や活動が縮小されたり、なくなってしまったというケースもある。どうも、学校が「息苦しい」空間になっているようだ。もちろん、生き物を飼うだけのゆとりもなくなりつつあるわけだが、小さな生き物を育てるということは、自然の豊かさや不思議さを学ぶためには欠かせない貴重な体験である。

ここで紹介したように、とくにカイコを育てるという学習は、餌となる桑の確保や休日の問題といった課題が生じるわけだが、子どもたちにとっては出合う価値のある、学校が楽しくなる体験活動であると強く感じた。何よりも、子どもたちが書いた観察記録がそれを証明している。

ヤママユ物語は子どもたちの成長物語

広中真由美（広島市立青崎小学校元教諭）

広島市東部に位置する青崎小学校は、五年生までが二学級、六年生が三学級の全校児童四四〇名の公立小学校である。学校の西側には、マツダの本社工場が太田川支流の猿猴川（えんこうかわ）に沿って細長く伸び、関連の家内工場も近隣には数軒ある。そのため、校区にあるJR山陽本線の向洋駅は、毎日、マツダ本社や工場に通う人々で賑わっている。

小学校から東に三〇〇メートルほど登っていくと、小高い丘の畑の片隅にひっそり小さな社だけが建つ「疱瘡（ほうそう）神社」がある。この神社には、平清盛とその側室常盤御前（源義経の母）との間に生まれた娘（天女姫）が埋葬されたているという言い伝えが残っており、古い歴史をあわせもつ地域であることが分かる。

この「ヤママユ物語」は、広島市の北部、太田川が中流域に広がる可部町（かべちょう）でかつて盛んであった天然のヤママユの養蚕を残そうと活動している「可部山繭つむぎ同好会」の卵を、前任校である宇品小学校の総合学習でお世話になった「元宇品自然観察会」の吉本修二さんからいただいたのがはじまりである。「面白いよ。やってみんかね」という吉本さんの誘いに、虫の飼育や触れ合いから、生命の営み、人の生活・文化について考えさせられると判断して、学年（二学級）で取り組むことにした。

そして、四月三日、ヤママユの卵が青崎小学校に届いた。

ヤママユとの出合い（四月）

「箱の中に入っているのは何？」という、教師の問いかけから授業ははじまった。子どもたちは、「かぼちゃの種」、「ゴマ」と口々に答えながら、班毎に配られたヤママユの卵が入った箱を興味津々の様子でのぞき込んでいた。四月一八日には、卵が孵化してケゴ（一令幼虫）になった。子どもたちは、観察日記に次のように書いている。

・先生がはこをくばってくれたよ。中を見たら、黒い小ちゃいのがあったよ。毎日みんなで考えてると、ものすごく小ちゃい虫が出てきたよ。（ひろき）

・四月十八日に生まれたよ。黒くて小ちゃくて、毛がぼうぼうだったよ。ヤママユの赤ちゃんだ。（ゆうや）

子どもたちとヤママユとの出合いである。この学習には、教室に置いた『ヤママユガ観察事典』（小田英智・新開孝、偕成社、一九九八年）が大活躍した。子どもたちは、生活のなかで自主的にヤママユの飼育や成長過程などを調べたり、確かめたりしていった。

発見！　ヤママユの幼虫の秘密（五月）

生き物はエサを食べて成長する。天然の蚕であるヤママユは、アラカシ（どんぐりの一種）の葉を餌として成長する。小箱の中で孵化したばかりの幼虫は、アラカシの枝を置くと次々と枝に登っていった。次の日から水を入れたペットボトルにアラカシの枝を挿し、それをプラスチックの飼育箱の中に置いた。その枝の葉にヤママユの黒い小さな幼虫を乗せていった。これは「水さし育」と呼ばれ、小枝を容器に挿し、それに幼虫を取り付けて飼育する方法である。

ヤママユは日に日にどんどん食欲を増し、どんどん大きくなっていった。この食欲に対処するため、二つの学級それぞれの隣の空き教室を「ヤママユの部屋」とすることにした。近隣の公園や山へ餌を求めて教師は奔走し、ペットボトルに挿されたアラカシの枝の葉っぱで空き教室がいっぱいになった。これを挿し替える仕事は、主に生き物係と教師で行っていたが、係以外の子どもたちも進んで手伝ってくれた。

ヤママユを飼育していると、いろんな疑問が生まれる。子どもたちは、その驚きや発見を日記に綴っている。それはまさに、ヤママユの幼虫の秘密を解き明かす過程でもあった。「アラカシをいっぱい食べて大きくなって、食べた分だけフンを出しました。四月十八日 からどんどん大きくなりました」と書いたけいくんは、フンの量に注目し、食べる量が増えるとフンも量が増え、成長していくことに気付いている。お尻が膨らんで丸い大きなフンが転げ出る光景は面白く、どの子も釘付けで見入った。

ヤママユは、一令幼虫から五令まで完全変態して成虫になるのだが、その過程において、体の色の変化に驚いた子どもたちもいる。

・体の色も黒からちょっとずつ黄みどりになったよ。（かえで）

・頭に色がついてるよ。口がうすいちゃいろの色だよ。（とも）

このように、子どもたちは、アラカシから落ちた幼虫をせっせと枝に戻し、手に乗せたり、体を這わせたりと遊びながら、幼虫の成長と変化を日記に綴っていった。

幼虫の体のつくりに着目させるねらいで、「頭はどっち？　お尻はどっち？」と問い、観察させる授業を行った。子どもたちは、アラカシを食べる口、大きなフンが出てくるお尻を意識して観察した。そうしていると、頭やお尻以外に、足についても関心を示し、観察する子どもが出てきた。そして、次のような観察日記が綴られるたびに、みんなで「驚き・発見」を共有していった。

・ヤママユは、すいつく足が八本だよ。歩く足は、たぶん六本だよ。大きくなれば、おしりが赤くなっているよ。しかも毛がいっぱいはえているよ。うんこすると、はっぱごと落ちるときもあるよ。フンは色が変わるよ。小ちゃいマツボックリみたい。（りゅう）

また、「ヤママユのフンは、お茶のにおいだよ。フンがくすりになるって先生からきいてすごいって思ったよ」と、かず君がフンの匂いについて書いてきたときには、クラスのみんなで改めて匂いを嗅いで確かめた。

五感を使ったヤママユとのかかわりのなかで、子どもたちはヤママユが大好きになり、その成長を応援するようになっていった。そして、いつの間にか、「虫が大の苦手だ」と言う子どももヤママユを平気で触り、可愛いがるようになっていった。

こうしたヤママユとの豊かなかかわりは、間違いなく自然観の土台形成につながると確信した。さらに、一人ひとりの子どもの変化に留まらず、ヤママユとのかかわりのなかでみんなが自己を綴り、仲間の発見に共鳴し、温かな人間関係を形成することになったと考えられる。

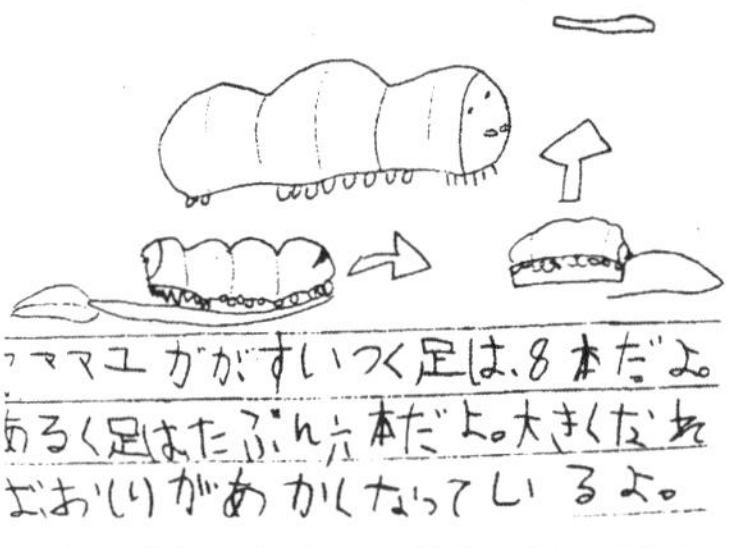

大きくなった４令の幼虫／けい君絵

まゆができたよ！（五月末から六月）

五月下旬、食べることも動くこともやめ、じっとしている緑色の終令幼虫（五令）をみんなで見守った。子どもたちは、「口から出す糸で繭にするんだ」と驚き、「糸をどうやって繭にするんだろう」と疑問を抱きながら観察していた。このときの様子を、まりさんが実況中継のように綴っている。

（飼育）水そうに糸をつけてまゆを作っています。アラカシもくっつけています。かおをうごかしています。あっちをむいたり、こっちをむいたり、くるくる回っています。今は、まゆがうっすらしています。体がキラキラしています。ヤママユってかわいいです。（まり）

この繭づくり、一日で終わったわけではない。翌日になって、子どもたちは完成した姿を見た。一日目と二日目の違いを、「作りたてのまゆの中は、ヤママユが動いているよ。次の日見てみたら、できていて、中はもう見えないよ」と、はなさんは書いている。一方、何日経っても繭にならないヤママユもいた。最後の一匹が繭になったときの喜びを、「まゆは、白いのと黄みどりの長丸だよ。さいごの一ぴきが、何日たっても、何日たってもまゆにならなかったから、みんな心ぱいしたよ。そしたらやっとまゆになったよ」と、けい君が綴っていた。

みんな、うまく繭ができるかどうかと心配して、最後の一匹まで見守った。最初は四六個、次は四一個、次に一〇個と、全部で一二二個の繭ができた。隣の組と合わせると合計二八六個、その数にみんなびっくりした。

ヤママユの繭づくり／まいさん絵

ガになったよ！（ヤママユの羽化）（七月）

約一か月間、ヤママユは繭に籠った。そして七月、大いなる変身をして姿を現した。一つの繭から蛾（成虫）が出はじめると、次々に羽化がはじまった。子どもたちは、繭から出てくる蛾の様子や羽の美しさに感動して、次のように書いている。

・まゆから羽がのぞいて、ガが出てきたよ。（みほ）
・ヤママユガが、つばを出してまゆから出てきたんだよ。羽がきれいだったよ。（りゅう）

不思議なことに、最初に羽化したのは雄ばかりであった。そして、雌の蛾が羽化すると交尾がはじまった。この様子も、子どもたちにとっては驚き・発見の場面であった。この機会をとらえて、雄と雌の区別、交尾の意味について授業を行った。雌雄の区別は、「体が大きいのと、しょっかくがほそいのがメスだよ。オスは体が小さくて、しょっかくが大きいよ」となおさんが書いているように、体の大きさや触覚の形で分かる。そして、交尾することによって新しい命、つまり卵が生まれることになる。この事実は、子どもにとっても大きな喜びとなったようだ。

一・さいしょオスばかり生まれたよ。たまごはできなかった。けど、メスがうまれて、たまごを産

んで、うれしかったです。五個くらいくっついたのもありました。（なほ）

・男と女は一しょになってはじめて新しい命をうむってわかったよ。どんどん一しょになってほしい。ドキドキするよ。（けい）

同時に、子どもたちは、新しい命の誕生は成虫の「命の終わり」であるという事実に直面した。次のように書かれた日記、みなさんはどのように感じられるであろうか。

ヤママユガは、はっぱをいっぱいたべて、ガになって、たまごをうんでしんだね。なんかかわいそうな気がします。なんでたまごをうんだらしぬんですか。おおきくなったのにしんだらいみないです。たまごもうまずにしんだら、ヤママユガの赤ちゃんはちょこっとしかいません。人間もいきものもいのちは、ぜんぶ、みんなにあります。ヤママユガもたいせつです。たまごから生まれるといいです。（ゆう）

この日記に、私は次のようにコメントを入れている。

「ゆうくんはしんでいったヤママユガのことを思ったんだね。しんでいくのはつらいね。でもいのちをのこしてしんでいくから、こうやっていのちがリレーのようにうけつがれていくんだね」

命のリレーに着目して、「ヤママユガの一学期」という作文を書いた子どももいる。その余白には、

〈卵→一令の絵→二令の絵→三令の絵→四令の絵→五令の絵→さなぎの絵→蛾の絵〉が丁寧に描かれていた。また、次のように書いてきた子どももいた。

「ヤママユをそだててよかったな。いきものをそだてるのはいいな。あのちいさかったたまごがだんだん大きくなって、さいごにせい虫になってたまごをうんで、それをくりかえしているよ」（あつ）

このように子どもたちは、長期にわたる飼育から多くのことを学び、個性あふれるヤママユガの絵を残している。一枚一枚の絵に、一人ひとりの思いが込められている。

糸つむぎ（一〇月）

一〇月四日、秋の陽のなか、班になって「糸つ

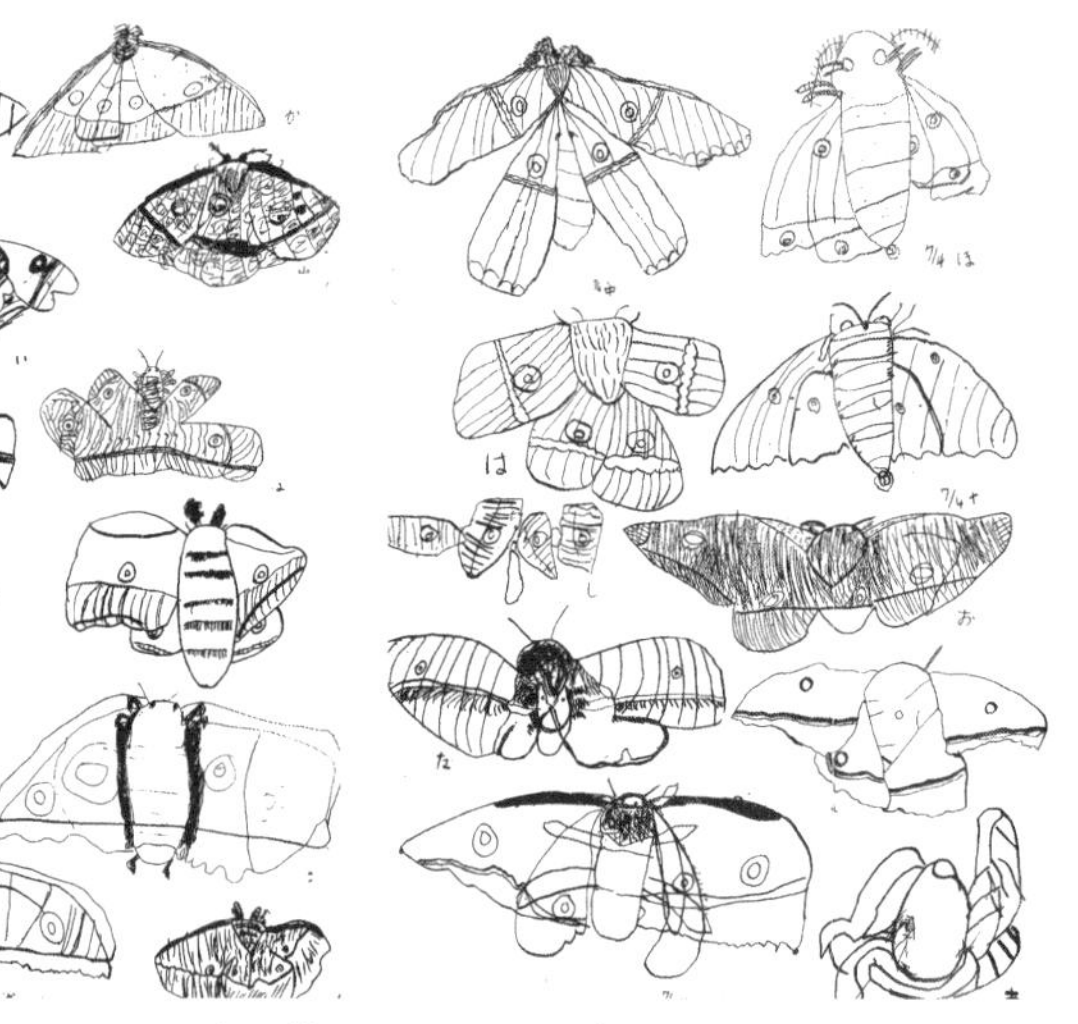

みんなで描いたヤママユガ

むぎ」の前段階となる繭掃除を行った。繭についているアラカシの葉っぱと繭の中のゴミをきれいに取り出すという作業である。ゴミというのは、サナギの抜け殻のことである。子どもたちは、ちゃんと剥けるかどうかと心配しながら、振って「カラカラ」という音が聞こえなくなるまで作業を行った。

なかには匂いが気になる子どももいた。しかし、大変な仕事だと思いながらも楽しみ、みんな繭の中から出てきたゴミの多さに驚き、中で行われたヤママユの変態を想像した。この日の様子をみずきさんとるなさんは、次のように日記に綴っている。

・つくえの上に新聞紙をしいて、まゆについているはっぱのゴミをとりました。糸がはっぱと一しょにとれないように、やさしくまゆをおさえてとりました。次にわりばしを入れて、まゆの中のゴミをとりました。ヤママユはこのまゆの中で、すごくかわったんだなって思いました。（みずき）

・まゆの中には、ゴミがいっぱい入っていました。すごかったです。だからヤママユを上手にそだてられたと思います。（るな）

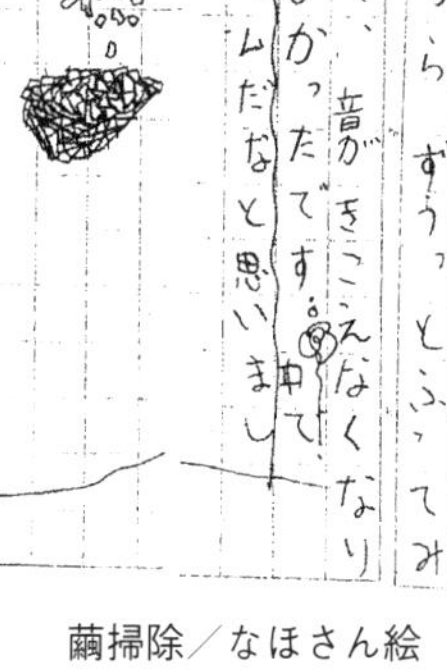

繭掃除／なほさん絵

繭から糸を取るのだが、「このまゆが本当に糸になるの？」と、子どもたちは疑問を抱いていた。この疑問を解消するために、一〇月一六日、「可部山繭つむぎ同好会」のみなさんを迎えて「糸つむぎ」を行うことにした。

人間は、動物の皮をのしたり、植物を編んだりしてこれまで身を包んでいた。ヤママユの繭から糸を取るという発見は、人間の歴史を変える大発見であったと言える。そんなことを子どもたちに語り掛けながら、糸つむぎの体験授業をはじめた。そして、この授業のあと、子どもたちは同好会のみなさんにお礼の手紙を書いた。子どもたちの手紙から糸つむぎの工程を追ってみることにする。

「ヤママユをゆでてからやるのがわかったよ。つむぐとき、のばすことがわかったよ」（しん）

鍋でグツグツと一〇分間くらい煮たあと、二〇分ほどお湯につけておくと、堅かった繭がとても柔らかくなっていく。

「まゆをゆでた水がのりになるとは思いませんでした。手のひらで糸を引くんだね」（まみ）

ヤママユガは、繭の糸を糊の働きをする「セシリン」というものでくっつけている。それが茹でる行程で溶け出し、糸をバラバラの状態にする。溶液は糊のような状態になり、バラバラになった状態の繭から糸を引き取っていく。取り出した糸を、手のひらでよって引き出す。同好会のみなさんは、ペットボトルに巻き取る方法を指導してくれた。コースターにするため、太めのより糸にした。

「糸を手のひらでよって、ペットボトルにまいたよ。まゆ三個で二百七センチメートルの糸になった

よ。すごかった！　ヤママユは人間にとって大切ってことがわかりました」（ひろ）

一個の繭は、ヤママユが口から出した一本の糸であり、ヤママユがつくった一本の糸が、学校から近くの公園まで延びる長さ（七〇〇から八〇〇メートルという同好会の方の説明を子どもたちが実感できるよう、距離の長さに私が言い換えたもの）であることを知り、子どもたちはびっくりした。

布織り・コースターづくり（一月）

「この糸がどうやったら布になるの？」という子どもたちの新たな問いに答えるため、再び「可部山繭つむぎ同好会」の方々を招き、保護者に手伝ってもらえる一月一八日の参観日に布織体験を実施することにした。人間の文化をつなぐというねらいで、授業前に『ちえのあつまりくふうの力』（かこ・さとし著、滝平二郎絵、童心社、一九八八年）の読み聞かせを行った。

布を織る工程は、厚紙に張った縦糸に、横糸を上下にくぐらせながら織っていく作業となる。この工程を詳しく綴っているみゆさんの日記を紹介しておこう。

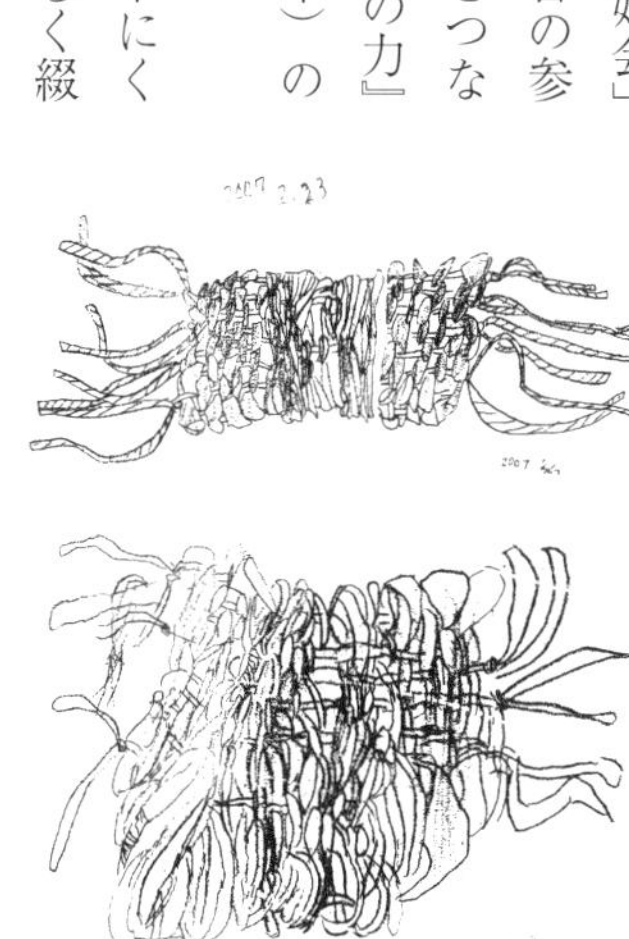

子どもたちが描いたコースター

八本のたて糸をはったあつ紙にリボンを通したひを上・下・上・下とくぐらせていったよ。リボンがなくなるまでくりかえしたよ。次にヤママユの糸をひに通して、リボンとおなじようにくぐらせるのを、糸がなくなるまでくりかえしたよ。ヤママユの糸がなくなったところから、もう一本のリボンをくぐらせたよ。リボンがなくなったら、おりあがり！（みゆ）

素晴らしい伝達力である。モノを生み出す感動がこの文章を生み出したと言える。また、布の完成を喜んだ子どもたちの日記には、「すごくふわふわしていて気持ちいいよ。きれいにできて、嬉しい」と織り上がった布に頬ずりしたことや、「自分の手も、こんなすごいものが作れるんだ」と誇りを感じたこと、さらに、「ただの虫と思っていたけど、こうやって布や服になるんだ。考えた人間もすごい！」と、人間の文化を感じ取ったことなどが子どもらしい言葉で表現されていた。

ありがとうヤママユ（三月）

二年生もあとわずかとなった三月一二日、保管しておいたヤママユガの骸をみんなで埋めることにした。さまざまな思いを胸に、子どもたちは手を合わせた。私には、生き物とともに暮らし、脱皮した子どもたちの姿があるように思えた。

・ヤママユのおはかをつくりました。一ぱんから六ぱんまでじゅんにヤママユガをうめて、さいごにみんなで『ヤママユありがとう』と言いました。わたしは、はじめてわかりました。それは、いのちは大切だということです。（あや）

・みじかい間だったけど、とても楽しかった。まゆができたときも、まゆから出てきたときも、とてもうれしかった。まゆで作ったコースター大切にするよ。ありがとうと心の中で言ったよ。（まい）

・ヤママユのまゆで作ったコースターのおまもりは、二年一組の一生わすれないたからものだよ。（みさき）

ヤママユとの出合いは、アラカシの虫の飼育、糸つむぎ、布織りの体験へとつながり、子どもたちは命を見つめ、人間が自然に働きかけて生まれる文化、歴史の学びへと広がっていった。ともに育て、繭を掃除し、糸をつむいだ活動で労働と協力を、文や絵による表現とその交流で文化を互いに認め合う関係を育んでいった。まさに「ヤママユ物語」は、子どもたちの「成長物語」であったと言える。

民芸運動の思想家である柳宗悦（やなぎむねよし）（一八八九～一九六一）は『手仕事の日本』（岩波文庫、一九八五年）に、「この国（安芸国・広島）の持つ特色ある手仕事としては、何よりも山繭織（やままいおり）を挙げねばなりません」と記している。子どもたちも、いつか郷土の誇りに気付く日が来ることだろう。

（１）杼（ひ）。機織りの道具で、ピンと張られた経糸（たていと）の間に緯糸（よこいと）を通すときに使われる。

小麦物語——小麦から広がる世界——

小林桂子（大阪府東大阪市立孔舎衙小学校元教諭）

私が勤務していた「孔舎衙小学校」、といっても「くさか」と読める人はまずいないであろう。現在の住所は「東大阪市日下町」である。歴史的に見るとあまり知られてはいないが、このあたりのことは『古事記』や『日本書紀』に記されている。

さて、東大阪市は、大阪市の東側、東西に広がる人口数が大阪府第三位の市である。学校はその東大阪市の北東部に位置し、二キロほど東に向かうと、奈良県との県境である生駒山（六四二メートル）がある。住宅、スーパー、商店、コンビニ、小工場、そして多少の田畑もまだ存在しているといった地域が校区となるわけだが、日々の生活では、やはり開発されたエリアのほうに意識が行きがちとなっている。

私は、周りにある自然や社会事象に興味をもち、意欲的に学んでいける子どもたちを育てたいと考えてきた。しかし、子どもたちの周りにはでき上がったモノ（製品）があふれており、モノをつくる生産の現場が「ブラックボックス」になってしまっているように感じていた。

そこで、二年生の子どもたちに、「自分たちの食べているものがどのようにしてつくられているのか」を知ってほしいと考え、「一粒の小麦の種からパンができるまで」の過程を追い、自らの体験を通して知ることを目的として実践を行うことにした。

学年の畑に「イネ」⁉

四月、学年の畑にある小麦を見つけた子どもたちが、「米や」とか「イネっていうんやで」と話している。昨年の秋、担任をしていた二年生とともに植えた小麦が穂をつけているのだ。新二年生は、自分たちが植えたものではないため、見たことのある米（イネ）と思ったようだ。

これまでの校区探検で、学校の近所にパン屋があることを子どもたちは知っている。それゆえ、何とか実感をもって小麦の学習ができないだろうかと私は考えた。言うまでもなく、小麦は世界の主要穀物であり、粉にして加工され、パンをはじめとして多くの製品が流通している。

小麦は比較的育てやすく、大人の援助があれば低学年でも十分育てられる作物である。しかし、栽培から収穫までを考えると、学年年度をまたぐという理由で学習がつながらないという難点があった。この点を踏まえて、この年は一学年内で取り組める「春小麦」の栽培に挑戦したいと考えた。

幸い、知り合いの先生の紹介で、北海道の「農業改良普及センター」から春まきの小麦の種を手に入れることができた。栽培の仕方や、手入れに関する注意点などを専門家に教えてもらい、授業にのぞむことにした。

パンをつくろうと種まき

子どもたちにパンを見せ、「これは何かな？　何でできているのかな？」と尋ねたところ、「パンや」とか「給食でも食べてるよ」といった答えのほか、家でパンづくりを経験したことがあるのか、「小麦粉と牛乳とバター」と答えた子どももがいた。

小麦粉の袋を見せると、すぐさま「小麦」という声が上がった。ここで一株の小麦を見せると、「畑にあったやつや」と次第に子どもたちの目が輝きはじめた。口々に、「パンできるかな」、「つくりたい！」、「おねえちゃんがつくったよ」という声が聞かれた。

そこで、「パンつくりたいね。実は……」と言って、北海道から届いた小麦の種や「農業改良普及センター」の担当者が書いてくれた手紙を紹介した。子どもたちは興味津々、種の一粒一粒を大切に触り、筋が入っていることや、割ったら白い粉が出てくることなどを発見した。その粉をなめた男子が、「小麦粉と一緒や！」と元気な声で言っていた。

「うまく育つといいね。どんなに大きくなるのかな」と言いながら、私はすぐに見られるようにプランターと畑に種をまくことにした。

数日後、「草がはえてきたよ」と子どもたちが騒ぎ出した。早々にスズメよけの話が出て、みんなで紐を付けた。小麦の世話において重要なことは、水やりと草抜きである。さほど水に気を遣わなくていいのだが、季節が春から夏となるため、枯れさせてはいけない。

六月には六〇センチ～七〇センチに成長し、穂が出て花が咲いた。春に一度見ている花なので、花びらがなくても「ふーん」といったところであまり感動はなかった。しかし、成長の早さには子どもたちだけでなく私もびっくりした。どうやら、心配していた梅雨は問題なくクリアできたようだ。

七月下旬、夏休み前に一部刈り取り、残りは夏休みの登校日に刈り取った。何と言っても、初めて鎌を使うことになる。細心の注意を払いながら恐る恐る刈り取った。刈り取りのあと、みんなで種を数えてみると、一茎から五〇～八〇粒の小麦ができていた。

小麦を粉にする

秋になって、干した小麦を脱穀した。手でしごいたり、

小麦を刈ったよ

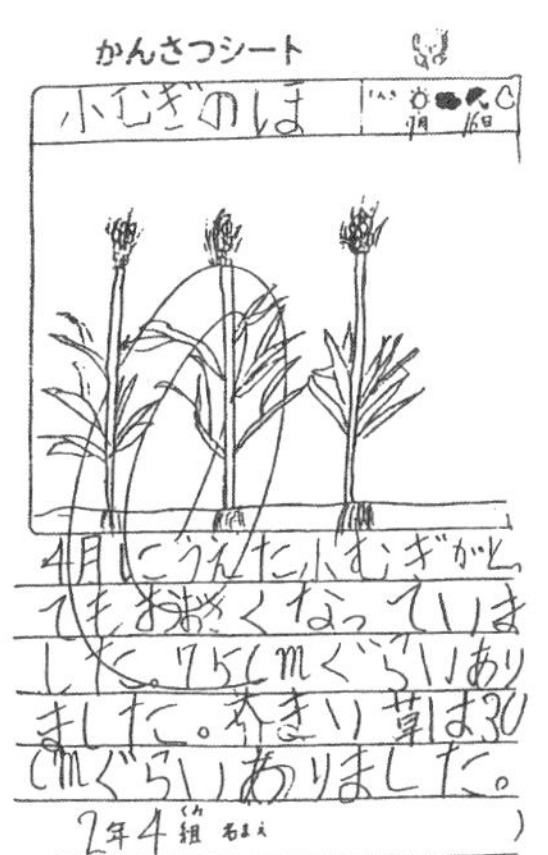

小麦の絵

ビニールシートを引いて足で踏んだりしたのだが、昔の道具「千歯こき」を使ってみると一度にたくさん取れた。その様子を見た子どもたちは、「すごい道具だ！」と感動していた。そして、皮を吹き飛ばすという作業を行った。

次はいよいよ製粉である。初登場となる石臼（いしうす）を使い、春に収穫した小麦も一緒に挽くことにした。そのときの様子を、次のように書いている子どもがいた。

石うすにはみぞがたくさんついていました。みぞとみぞがかさなって、こなになっていることがわかりました。石うすをまわすとき、かたかったよ。石うすは、むかしのどうぐで、今はめずらしいことがわかりました。むかしの人は、よくかんがえたなあとおもいました。おもしろかったです。

「何か皮が入っているみたい」と言う子どもがいたので、「小麦ふすま」の紹介をした。「小麦ふすま」とは、小麦粒の表皮部分のことである。小麦粒から「ふすま」と「胚芽」が取り除かれたもの、つまり精製されたものが「小麦粉」である。事前に製粉協会からいただいていた『小麦って何？』というビデオをみんなで見て、「粉にひいて、ふるう。製粉工場も同じなんだ」と驚くとともに、小麦の歴史・種類・使い方・製粉の仕方、といったさまざまなことを知り、子どもたちは得意満面の様子であった。

小麦でできたもの

「小麦（粉）でできてものはいっぱいあるぞ」という発言がきっかけとなり、みんなで小麦探検をすることになった。台所にあるものを「小麦」という字を頼りに調べ、見つけてきたものの発表が続いた。「たこやき」、「おこのみやき」、「そうめん」、「みたらし」、「やきそば」という発表に、一人の子どもが「大阪の名物ばっかりや」と言ったときには教室内が爆笑となった。これら調べたものは、模造紙に絵を描いて教室に貼ることにした。

次は、やはりパンづくりである。春小麦は、何と言ってもパンに向いている。

地域のパン屋「ボンジョルノ」に学ぶ

地域にあるパン屋まで、見学のお願いに行った。人が生産にかかわっている姿が見えやすく、子どもたちが聞き取りや調査がしやすいと思われる工房のある「ボンジョルノ」という店である。

教室に貼られた「小麦でできたもの」

店主曰く、「みんなにパンをつくっている様子が見えるような店の造りにしている」そうである。

　私たちの取り組みに共感し、協力してくださることになった。「地域のお母さんたちとパンづくり教室をしたい」という夢をもっておられるようで、学校に来て、子どもたちにパンづくりを教えてもらえることになった。もちろん、見学もＯＫということであったので、パンづくりのあと、工房の見学という流れにした。

「ボンジョルノ」の店主に、私たちの考えるパンづくりの目標を改めて話し、時間・材料・つくり方などについて打ち合わせを行った。その際、「子どもたちが自分たちでやる場面をできるだけ多くする」こと、そして「プロ性を発揮し、パンづくりのコツを話してほしい」とお願いしている。

　さて、パンづくりの説明を聞いた子どもたちは、早速「粉をこねる」、「成形し形をつくる」といった作業にかかりだした。べたべたした粉をまとめるところや、空気を抜くところが難しかったが、名人の親切な指導のもと、みんながそれらの工程を楽しんだ。

　発酵を待つ時間は、小麦の話や質問コーナーになった。店主が持参していたグローブや、ピカチュウ型のパンに子どもたちは「すごい！」、「プロや！」と感激の嵐であった。

　しばらくして、みんなのパンが焼きあがった。ふすまの入ったような色が自分たちの粉だという証拠となる。自分たちが育てた小麦を粉にし、それでパンをつくったのだ。「めっちゃ、おいしい！」と子どもたちは大満足であった。

　ちなみに、保護者の方にはこの日の授業のことを「学年だより」で知らせ、自由参観という形で子どもたちを見守ってもらうことにした。当日、私の想像を超える多くの保護者が参加された。その日の夜はパンづくりが家での話題となり、実際にパンづくりをした家が多かったと後日聞いている。

パン工房の見学

朝早くから焼きたてのパンをお客様に売るため、パンづくりは深夜から朝にかけての仕事となっている。そうなると、子どもたちに見せることができない。そこで、午後から行われる補充のパンづくりを見学することになった。何と言っても、「プロのパンづくりを知る」ことが目標である。いろいろなパンが順につくられていくわけだが、クラス別の見学となるため、全員の子どもが同じ場面を見ることができない。そこで、パンづくりの工程がみんなに分かるように教師がビデオ撮影を行い、説明を加えた映像を子どもたちに見せることにした。

見学は、「店の外から見るグループ」、「店内でパンを見るグループ」、「工房でパンづくりを見るグループ」に分けて行った。大きなオーブンや冷凍庫、パン生地がペッタンコになるローラー、一度にたくさんの粉がこねられるミキサーなどの道具や機械にまず驚いていた。そして、手際よくパンの形をつくり、機械の操作をするプロの仕事をじっと眺め、たくさんのパンが一度に焼けていく様子に感心しまくっていた。もちろん、オーブンの熱さを身体で感じ、パンの焼ける匂いも実感することができた。

その後、学校でビデオを見て、プロのパンづくりを確認することにした。自分たちのパンづくりと比べて、「おいしいパンをたくさんつくるための機械や道具」や「パン屋さんの技」を学ぶことになったわけだが、二年生の記憶力は侮れない。次のような作文を書いた子どもがいた。

パンやさんのオーブンは大きかったです。もしさわったら、あつそうでした。２３０ど。夏ならムンムンしていやになるぐらいあつそうでした。れいとうこは、マイナス20ど、夏でもこおってしまいそうです。おいしそうないろいろなパンがありました。

これ以外にも、「パンをつくるのに、フランスパンで六時間、食パンで六～七時間かかる」、「夜の一時から起きて仕事をはじめる」、「夜の一時から夜の

パンやさんの見学（　　）
見学して、わかったことや思ってことをかきましょう。

はっこうしつ
水
オーブン
ミキサー
デニッシュ

ボンジュールの『オーブン』は家のオーブンより、ずっと、ずっと、大きかったです。やくところが４つもありました。はっこうしつも、大きかったです。はっこうしつには、水がいっぱいてんでいました。

きかいできじをぺっちゃんこにしていました。近くにいてた。おばさんが「手でのばしていたら手がいたくなるのよ」といっていました。そのきじで「デニッシュ」を作ったりパンのきじを、おなじ大きさにきるものもありました。名まえはわすれました。オーブンには、たいおんや、ボタンがたくさんついていました。ミキサーでこねると手でこねるより、ずっと、ずっとはやかったです。かべに、紙がはってありました。その紙には、字がたくさんかいありました。それだけたいへんだとよくわかりました。

パン屋さんの見学でわかったことおもったこと

八時半まで三交代でやっている」、「ミキサーを見て、とめたりするのはプロのかん」といった感想が聞かれ、みんながさまざまなことを知ることにつながった。

後日、パンづくりや工房見学のお礼を綴った手紙を渡すためにお店に向かった。お店の人にわたすと、すぐに店内に掲示してもらうことになった。これには、子どもたちだけでなく私も大感激だった。もっとパンやお店のことを知りたい、できれば仲良くなりたいと思った私は、学校に招待させていただき、給食を一緒に食べるとともに「お話の会」を開催することにした。この日も、いろいろな質問に答えてもらったり、世界のパンやクリスマスパンの話を聞いたり見たりして、楽しい交流会となった。さらに、学期末に開かれた「学年発表会」にも参加してもらい、保護者と一緒に子どもたちの頑張っている姿を見てもらうことができた。

小麦探検は続く

このような活動を行っていくと、必然的にほかの小麦製品にも興味がわき、それがどのようにつくられるのか知りたくなった。そこで子どもたちは、「分からないことはプロに聞くのが第一だ」と、製品の裏に書かれている住所を頼りに、スナック菓子・麩・そうめんなどの工場へ手紙を書いて送ることにした。すると、早々に返事が返ってきて子どもたちは大喜びした。そうめん工場からは、「手うちうどんの作り方」というパンフレットが届いている。「うどんと同じつくり方で、切るところが違うだけです」という返事であった。

このように届いた手紙や資料を紹介して、クラスに掲示したところ、ますますやる気が増していったようだ。

「おばあちゃんの家はおうどんをつくっています。小麦粉をきかいでこねてから、のばします。それをちょうどいい長さと太さに切ります。それをゆでて、うどんにします」

という内容の作文をKさんが書いてきた。私が「Kさんのおばあちゃんの家はうどん工場やね」と言うと、子どもたちは大変興味をもち、「見てみたい」と言い出した。するとKさんは、「頼んでみる」と嬉しそうに答えていた。

名人とうどんづくり

楽しみにしていた「うどん工場」への見学が、先方のご事情で中止になってしまった。その代わりに、おばあちゃんが学校に来て「うどんづくり」を指導してもらえることになった。事前に工場で撮影していたビデオを見たあと、材料・道具・つくり方を確認して、名人の指導のもと「うどんづくり」を行った。

すでにパンづくりを行っていたためか、なかなかみんな手際がよかった。ここでも子どもたちは、工場にある機械の役割やプロの技術について知ることができた。もちろん、でき上がった美味しいうどんをおばあちゃんと一緒に食べている。このときの様子を書いた作文も紹介しておこう。

工場は、きかいでうどんを作っていました。大きなきかいがいっぱいでした。（自分たちでやると）切るところやほぐすところがむずかしかった。めんぼうでのばすところやこねるのにとても時間がかかりました。工場はきかいで作っていました。工場で作ったうどんは、形や長さがいっしょだけど、わたしたちのは、長さと形がちがった。

仕上げは、絵本「小麦物語」の制作

小麦の種をもらい、小麦づくりについて教えてもらった北海道の「農業改良普及センター」にも手紙を送った。自分たちで春小麦を育て、小麦粉にし、パンづくりを行った記録・報告とお礼である。そのとき、「春小麦」と「秋小麦」の違いを質問したところ、丁寧な返事が届いた。秋小麦を育てるには、土寄せや麦踏みが必要であるということ、そしてその理由を二つの麦の比較によって知ることができた。遠くにいる小麦栽培のプロが、子どもたちを応援してくれていたのだ。

一方、子どもたちは、この学習を通して、毎日食べているパンや小麦製品がどのようにしてできるのかについて、自らの体験を通して知ることになった。その仕上げとして、調べたこと、体験したことをみんなに知らせたいと思い、小麦の絵本（小麦物語）をつくることにした。グループに分かれて話や場面を考え、絵を描き、印刷し、色塗りをして絵本を仕上げた。

この絵本は、お世話になった「ボンジョルノ」や「農業改良普及センター」、そしてKさんのおばあちゃんをはじめとして多くの人に送っている。

さまざまな人に支えられて子どもたちは、最後まで意欲的に取り組んだ。その結果、「プロの凄さ」というものを、頭ではなく身体で感じることができたと思っている。もちろん、私としても楽しくて充実した実践となった。

完成した絵本「小麦物語」

実践ナビ　学校って楽しいね——子どもが学びの主人公

（和田　仁）

「学ぶことは、本来、楽しいこと」である。ところが、藤原共子さんの実践には、「教科書の内容を教えようと熱心になればなるほど、子どもの心が学習から離れていくことを経験する教師は多い。（中略）『教えたい』ことは大切だが、子どもが『学びたい』ことは何なのか。私たち教師にとって大切なことは、それを見つけることではないだろうか」と書かれている。ここに、「子どもが学びの主人公」になる一つのヒントが隠されているように思う。

子どもが、授業のお客さんではなく「学びの主体者」になるためにはいったい何が必要なのだろうか。第１章で紹介した五つの実践には、必要とされる「大切にしたい」ことが示されている。

藤原共子さんの「子どもたちに自然な学びを」では、一年生の子どもたちが、実にいろんなものを教室に持ち込んできた。そして、「朝の発表」の時間を楽しみにしていることが分かる。話すことも、質問されることも、うれしいのだ。みんなに聞いてもらいたい思いが原動力となり、やがて発表が「学び」へと発展していった。

一つの発表から教室に興味・関心が広がっている。レンゲかカラスノエンドウかの論争では、図鑑を持ち出して決着をつけるというのも面白い。教師の予定や都合もあるはずなのに、藤原さんは子どもの学びにとことん付き合っている。だから、子どもが自分で解き明かしたとき、その喜びは大きくなるのだろう。学びが子どもの生きた力になっていることがよく伝わってくるし、「子どもから学びを出発する」という意味の深さを知ることができる。

片岡眞治さんの「自然を楽しみながら学ぶ生活科」の特徴は、「体験の重視」である。ノビルを食べ、届いたスイバを食べ、ヨモギが持ち込まれるとヨモギ団子をつくり、イモリがミミズを食べるところやカマキリの赤ちゃんが生まれるところをみんなで見る。一つ一つの出来事に子どもたちが心動かし、目を輝かせ、瑞々しい感性を働かせている姿が目に浮かんでくる。さらに、地域にある渋柿で干し柿をつくって家庭に届けられるあたりを読むと、子どもたちのメッセージに家族の心が温まる情景が浮かんでくる。「モノ・こと・人と豊かにつながる」ために、「教師の仕掛け（主体的な仕事）」が重要であることを感じてしまった。

笹ケ瀬浩人さんの「うんとよく見て、うんと考えて−カイコを中心としたさまざまな小動物の飼育を通して」では、教師が教室にいろんな昆虫を持ち込んでいた。その美しさや生態の面白さに気付くことを願って、スズムシ、カブトムシ、アゲハチョウなどいろんな昆虫を飼育する。二年生が書いた「カイコの観察日記」における言葉と教師の返事というやり取りを読むと、このうえなく丁寧に書かれていることが分かる。

「足がマジックテープみたいで、ぴりっと聞こえました」という子どもらしい発見に、「うんとよく見たんだね。くっつきそうだね」と返す教師のコメントは素晴らしいのひと言だ。このような返し方をしてもらうと、また書きたくなるものだ。このようにして、子どもの「五感」はさらに磨かれていくことだろう。

広中真由美さんの「ヤママユ物語は子どもたちの成長物語」は、地域の産業であった天然のヤママユの養蚕を題材にして、ヤママユを育てるところから糸を紡いでコースターを織り上げるまでという、ダイナミックな取り組みとなっている。とくに注目したいところは、「子どもの問い」を大切にし、「問いの質が発展」し、「連鎖的につながる探究的な学び」になっているところである。

「糸をどうやってまゆにするんだろう」、「なんでたまごをうんだらしぬんですか」、「このまゆが本当に糸になるの」、「この糸がどうやったら布になるの」など、「子どもの問い」に支えられた学びは、命をしっかりと見つめさせ、人間の生業にまで迫っている。一生忘れることがないと思われる宝物、それはコースターだけではないといったことがよく伝わってくる。

小林桂子さんの「小麦物語――小麦から広がる世界」は、生活のなかで見えなくなっている生産に注目し、一粒の小麦の種からパンができるまでの過程を体験的に学んでいた。春小麦を育て、収穫し、粉にする。手作業にはかなりの苦労を伴うが、子どもたちは活き活きと働く。このような学びに火をつけたのは「地域のパン屋さん」だった。

教室でパンづくりを教えてもらうと、育てた小麦がパンになったうれしさとともに、「プロの技」のすごさに気付くことになった。それが理由だろう、パン工房では目を皿のようにして見学するようにもなった。

学校が「地域とつながり」、子どもが「人と出会いながら学ぶ」こと、そういう機会を大切にしたいものである。子どもは学校の外で生活しているのであり、学びたいことの多くは学校の外にあるということを教師も知る必要がある。

本章で紹介されたように、「主体的な学び」をつくるために必要とされる大前提は、「学習内容」を決める自由さが子どもと教師に保障されることである。日本社会が、それをいかに構築していくのかが鍵となる。

第2章

人とつながり希望をつむぐ

——地域は学びの宝庫

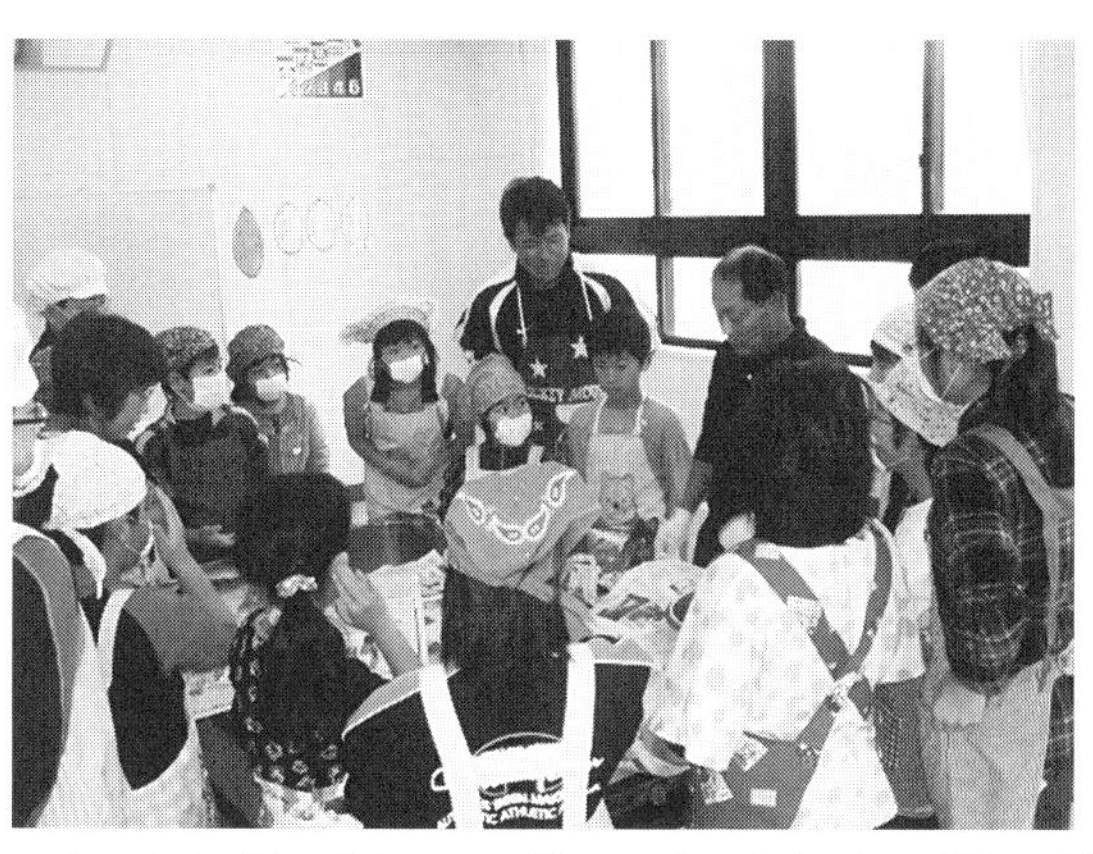

スケソをさばく。漁師さんに学ぶのが一番（写真：滝澤　圭）

「あっけし極みるく」のおいしさの秘密を探る
～地域の未来や生き方に「夢」をもてる教育を

斎藤鉄也（北海道厚岸町立太田小学校教諭）

酪農の仕事と子どもの生活

北海道南東部に位置する厚岸町の場所は、西へ約五〇キロ行くと釧路市、東へ約八〇キロ行くと根室市、と説明したほうが分かりやすいかもしれない。学校のある厚岸町太田地区は、一八九〇（明治二三）年に屯田兵が拓いた地域で、当初は農業が行われていたが、冷涼な気候や土壌などの厳しい自然条件のために今は酪農地帯となっている。

学校のすぐそばに「釧路太田農協」があり、子どもたちの家庭の多くが酪農にかかわる仕事をしている。職と住が近接している地域だが、今では、牛にかかわる仕事を子どもにさせないと話す酪農家も少なくない。酪農の仕事は、朝の五時からはじまり夜の八時過ぎまで続くため、夜までほとんど親子で顔を合わせることがないという家庭が多いのだ。

酪農業に対して支給されている補助金は、その多くが規模拡大を前提としているため、酪農経営は「規模拡大による効率化」という国策に沿って進められることになる。家族経営の酪農家にとって、この規模拡大は際限のない重労働に圧迫されていくことになってしまう。ロボット化を進めたり、少頭数の経営に切り替えたりなど、それぞれの酪農家の思いによって経営の形がつくられていくことになる。

私が以前、酪農体験でホームステイした家では、規模拡大を進めながら、あえて搾乳に人手が必要とされるミルキングパーラー方式にこだわっていた。ミルキングパーラー方式とは、一度に八～一二頭くらいの乳を搾る方式のことで、搾乳時間になると牛が自分でミルキングパーラーに入ってきて、酪農家がミルカーを装置して、搾乳が終わると牛は自分で出ていくというものである。

ここの酪農家は、これによって雇用を創出し、酪農業の発展につながるほか、生産量を増やすことで酪農につながるさまざまな仕事が豊かになると熱く語っていた。つまり、規模拡大路線は「地域貢献」であるということだ。地域に生きる人々は、それぞれが地域への思いをもって生きていることがよく分かるコメントであった。

「あっけし極みるく65」の自主生産

生産した生乳は、農協が集乳し、乳業工場に運ばれる。生乳は、加工乳と飲用乳に分けて製品化される。加工乳はバター、チーズ、脱脂粉乳などになるわけだが、その加工乳の九割が北海道産で占められている。一方、飲用乳は、大消費地から離れている北海道東部のために全体の二割程度に留まっている。ちなみに、加工乳の買い取り価格は飲用乳の六〜七割であり、北海道の酪農は経済的に不利な状況下に置かれていることが分かる。

北海道外の生産力減少によって生乳は不足傾向となっており、北海道の酪農家が受け取る乳価はここ数年高水準が続いており、「酪農バブル」とも言われている。しかし、日本政府は、生乳不足、とくに慢性的なバター不足に対して、輸入枠の拡大で補おうとしている。飼料価格や気候変動など自然環境に左右される生乳生産は、もともと不安定なものである。そのような状況のところに加工乳の輸入が増えはじめると、加工乳に依存している北海道の酪農業はますます追い詰められてしまうという危機感を増すことになる。

そこで、釧路太田農協では、「あっけし極みるく65」という独自の牛乳の生産と販売をはじめることにした。地方にある小さな農協が独自の生産・販売をするということは、乳業メーカーにも気を遣いながら、コスト面や衛生面などのリスクを背負うことにもなる。農協内部でも独自の牛乳生産には異論も出たようだが、それでも独自の牛乳の生産・販売にチャレンジしたのは、酪農業を取り巻く情勢を踏まえ、地域の未来に対する熱い思いがあったからだ。

子どもたちのおすすめは「あっけし極みるく65」

私が担任をしている学級は、一年生一名二年生二名の複式学級である。子どもたちに、地域の未来に思いをもっている大人と出会ってもらい、自分自身も地域に生きる主体として、地域の未来に対する思いをもってほしいと考えて学習を進めることにした。

道徳の時間に、「地域のおすすめ」について話し合ったところ、子どもたちのおすすめは、いずれも「あっけし極みるく65」であった。「味が濃厚で、まるでヨーグルトのような味がする」と言う。そこで、このミルクがどのくらいおいしいのか、生活科の学習のときにほかの牛乳と飲み比べをすることになった。

飲み比べる前に、まずそれぞれの牛乳の観察を行った。「極みるく」は、ややクリーム色がかっていて、いわゆる牛乳らしい匂いがほとんどなかった。飲んでみると、味の違いがはっきりと分かった。「極みるく」は甘くて味が濃く、「バニラアイスみたい」な味であった。

おもむろに、一年生のあおいさんが席を立って、パッケージの原材料を確かめはじめた。その理由を聞いてみると、「この牛乳には砂糖が入っている」と言うのだ。しかし、原材料の表記には砂糖は書かれていない。それでも、「こっそり砂糖を入れているのかもしれ

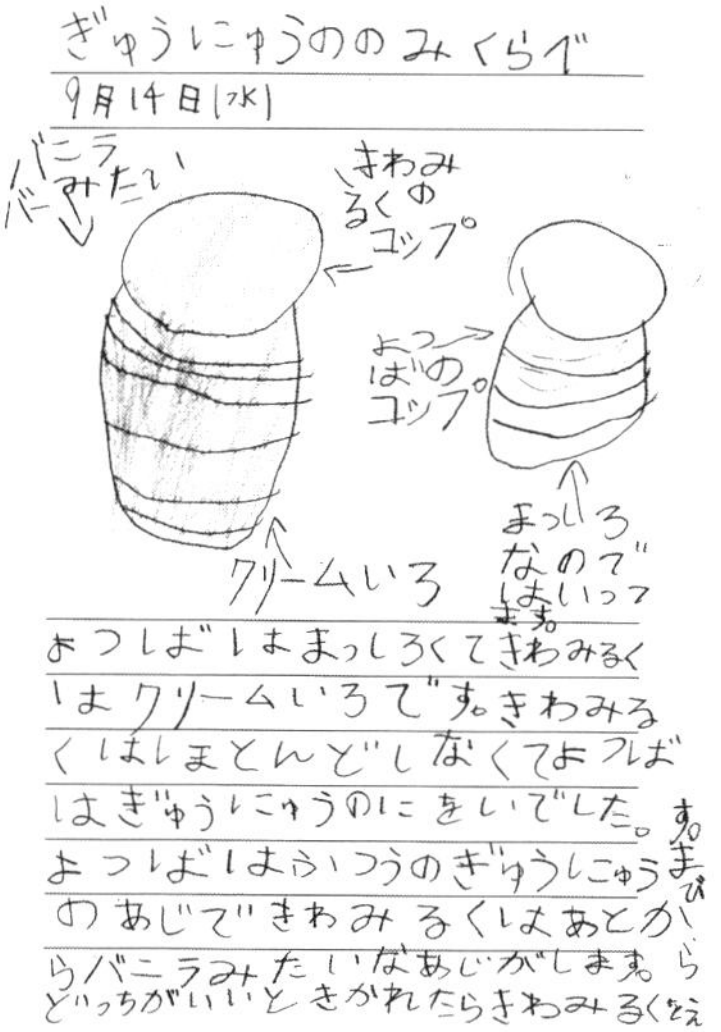

1年あおい　牛乳の飲み比べの記録

ない」とあおいさんは考えていたようだ。一方、「これでアイスやケーキをつくったら絶対においしい」と話す子どももいた。子どもたちの関心を整理すると、以下の三つにまとめられる。

①「極みるく」はどうしてこんなに甘いの？

②「極みるく」でデザートをつくって味を確かめたい。

③「極みるく」はどうやってつくっているの？

これらの関心事にこたえるため、以後の学習において、「①農協の担当者の話を聞く」、「②極みるくを使ったデザートをつくる」、「③極みるく工房の見学をする」を行うことにした。

「極みるく」はなぜ甘いの？

まず、ＪＲ根室本線の「尾幌駅（おぼろえき）」の近くにある「尾幌酪農ふれあい広場」でデザートづくりをすることにした。「極みるく」を使ってアイスクリームと牛乳プリンをつくり、市販のものと食べ比べてみたが、「極みるく」でつくったデザートは牛乳の味が強く感じられ、市販されているものとはまったく違った味がした。

おいしかった　1年　あおい

9月30日にふれあいかんにいきました。ぎゅうにゅうプリンとアイスをつくりました。手づくりれいとうこをつくりました。まぜるのがつめたくて、手がひえてたいへんでした。
　アイスをたべたときぎゅうにゅうのおいしさがでていて、ぎゅうにゅうプリンはぎゅうにゅうのこさがでていました。またつくりたいとおもいました。アイスはいえでもつくれるとおもいました。

　その後、農協の担当者から話を聞いたところ、「極みるく」の甘さの秘密は、搾りたての牛乳の味に近づけるために特別な製法が採用されていたことが分かった。このときは、農協が独自に牛乳を製造・販売することに対する思いを聞く機会ともなった。

アイスクリームづくり

「極みるく」の工房見学と作業体験

　翌週に工房見学に行っている。入念に消毒を行ってから、工房の中へと入っていった。工房内にも、さまざまな衛生面での配慮が施されていた。牛乳の充填作業を体験し、工房内のいろいろな設備の説明を受けたのだが、機械好きのはやとくんの興奮度はマックスを示していた。その状況は、以下に紹介するはやとくんの作文からもうかがえる。

じゅうてんが楽しかった　2年　はやと

4時間目にきわみるくの工ぼうに行きました。入ると、さっきんきが目の前にありました。マスク、白いぼうしをして作ぎょう室に入りました。ゆかはみどりで、天井とかべはツルツルでした。ゆかはなぜかというと、みどりだと水をはじくし、牛にゅうがこぼれたって見えやすいからいいと石くらさんは言っていました。

右の方にじゅうてんきがありました。作ぎょういんの人がいて、作ぎょうがすごく早そうに見えていたので、自分は心の中ですごくおどろきました。自分もやれるから、心の中にはうれしさときんちょうがありました。やってみるとかんたんだったので、2本作りました。5本作って家ぞくにプレゼントしようと思っていたけど止めました。

帰る時、こう思いました。（じゅうてん、おもしろかったな。でも、きわみるくは作るよりも買う方がいいかなぁ。）

もちろん、後日に書かれたものだが、よく観察していることが分かる文章だし、自身の心情が見事に表されている。見学した当日は、はやとくんも書いているように、自分たちで充填した「極みるく」をおみやげにもらってみんな大喜びであった。

はやとくんのお家の仕事を見学しよう

「極みるく」は、絞りたての牛乳の味に近づけるために特別なつくり方をしていた。だから、搾りたての牛乳の味も「極みるく」のように甘いのではないかと子どもたちが考えはじめた。では、このおいしい牛乳を生産している酪農家は、どのように牛を育てて、牛乳を搾っているのだろうか。家が酪農家であるはやとくんでも、「知らない」とか「牛舎には行ったことがない」と言っている。それでは実際に見せてもらおうと、はやとくんのご両親に依頼して、見学させてもらうことにした。また、その際には、搾りたての牛乳も飲ませてもらえることになった。

見学当日、牛舎に行くと、「牛舎には行ったことがない」と言っていたはやとくんが率先して説明をはじめた。実は、毎日、牛舎の仕事を手伝っているのだ。どうやら、牛舎の仕事を知らないふりをすることで、私たちが見学したくなるように誘導したようである。素晴らしい悪知恵に感謝！

牛舎には、搾乳ロボットが二基、牛の餌やりなどを自動で行うルンバのようなロボットもあった。このロボットの導入は、子どもたちとの時間を少しでも多くもとうという両親の配慮であった。事実、ロボ

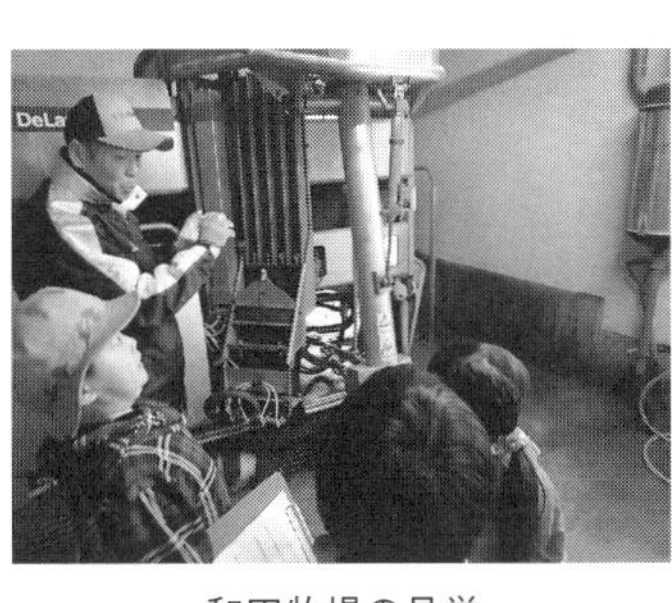

和田牧場の見学

ットを導入したことで作業はずいぶん楽になったと言っていた。

ひととおり見学をしたあと、家に上がってご両親から話を聞いた。牛に気分よく乳を出してもらうために、すべての生活リズムを毎日一定に保つ、牛舎を清潔に保つなど、牛にストレスを与えないための工夫がさまざまな点でされていることが分かった。これには、教師である私のほうが驚いたぐらいである。そして最後に、お約束どおり、朝に搾ったばかりの牛乳をみんなでいただいた。味は、「極みるく」と同様、甘くて、おいしくて、濃い味であった。

見がくにいったよ　1年　あおい

わだぼくじょうにいきました。

わだぼくじょうに入ると、うしがたくさんいました。うしは320から330くらいいるといっていました。すごくうしがいるんだなとおもいました。

つぎに、ちちしぼりきを見ました。じどうでゆかをあらってそして、ちちをあらっていました。むりやりちちしぼりきに入れないでうしがじぶんから入るのでえらいとおもいました。

もう1このぎゅうしゃ（別の牛舎）にいくと、ルンバみたいなうしのえさをよせるロボットがありました。名まえはじゅん子という名まえでした。24じかんもはたらくのがかっこいいなとおもいました。

もう1このぎゅうしゃに入ると、タンクがありました。はじめに入ったぎゅうしゃはタンクがちょっとちいさかったけど、つぎに入ったぎゅうしゃは12トンぶんのタンクでした。え！そんなに入るの！とおもいました。

つぎに、こうしをみにいきました。そこは、いぬのいるばしょでした。わたしもいぬをかっているのにちょっとこわかったです。しょうがないのでこうしをつれてきてくれたので見れました。でもこうしは、ちょっとこわがっていたからだいじょうぶかなあとおもいました。かわいいこうしだなあとおもいました。

しぼりたてのぎゅうにゅうをのみました。はやとくんのおかあさんがコップに入れてくれました。ぎゅうにゅうのいろはまっ白であじはきわみるくにちかいあまくてこくておいしかったです。

一年生が書いたこの文章、いかがだろうか。好奇心や探究心の宝庫、それが子どもであると言える。

教師も酪農体験をしてみる

ちょうどこの時期に農協が主催する「農村ホームステイ事業」があり、私も応募することにした。学校の教員を対象にしたもので、一泊二日で酪農の仕事を体験し、その様子を子どもたちに伝えるという事業である。そして、ホームステイした家は、搾乳牛だけで一七六頭という、家族経営としては最大規模の牧場であった。

まず搾乳では、手絞りを上手くこなすことができなかった。そのあとに搾乳機も使ったが、空気が入って抜けてしまうという繰り返しとなった。初心者には決して簡単とは言えないこの作業が、一七六頭もの搾乳が終わるまで延々と続いたのだ。夕食をいただくころには手にまったく力が入らず、茶碗を持つ手がプルプルと震えていた。そして翌朝、朝の五時から同じような作業が夕方まで続いた。この二日間で、私の身体がどのような状態になったのか想像していただきたい。

翌週の月曜日、子どもたちにこの酪農体験の報告を教室で行った。子どもたちから、「どれも酪農家には当たり前の仕事だけど、先生の話を聞いて、大変な仕事だったんだなーと分かりました」といった感想が聞かれたことから、どうやら日常の仕事に関する新たな気付きがあったことがうかがえる。私自身の酪農体験が多少なりと子どもたちのためになったのかと喜んだわけだが、先に紹介したはやとくんが次のように書いてくれたことで、今回の体験が報われたと思っている。

教師の酪農ホームステイ体験

テレビしゅざいがきた　2年　はやと

テレビしゅざいが来ました。番組は、あぐり王国北海道です。さいしょはきんちょうしたけど、後からはきんちょうしなくなりました。なぜなら、カメラマンの人とディィレクターさんの二人だったからです。自分は、（7〜8人くらい来るんじゃないかな。）と思っていたから、きんちょうしませんでした。

きゅう食は、テレビの人から買ってもらったきわみるくをのみました。（ひさしぶりであまい。）と思いました。

そして5時間目になって、おおのぼく場で体けんしたことについて、先生がいろいろなしごとのことを教えてくれました。

まず、牛にゅうをとるところです。先生はすぐにりょう手がダメになったみたいです。子うしのミルクやり、ベットそうじ、うんこおし、牛にゅうを作ることでは当たり前のことをしました。生まれそうな牛をいどうさせることがつかれたかと思います。力が強い牛だから、りょう手、りょう足に力が入らないかんじになったと先生はいっていました。（先生みたいにしょしんしゃはつかれがはげしいんだ。）と思いました。

まとめの発表物製作

ここで紹介した学習を振り返り、整理したあと、分かったことや思ったことをまとめるための発表物を制作することにした。どのようなことを、どのように伝えるのか、それぞれが計画を立てて制作することにした。

その結果、クイズや絵本にまとめたものを参観日と全校朝会で発表することになった。それぞれの制作物には、学習活動を通して人と出会い、そのときに感じた思いなどが生き生きと書かれていた。絵本をつくったはやとくんのコメントを紹介しておこう。

絵本「あっけしきわみるく65のひみつ！」より　2年　はやと

きわみるくはしぼりたてのあじに近いと言っていたので、しぼりたての牛にゅうが本当にあまくてこくておいしいのかをしらべるためにのんでみました。

のんだら、しぼりたての牛にゅうは本当にあまくてこくておいしかったです。自分の家の牛にゅうがこんなにおいしいなんて知りませんでした。

工ぼう見学とぼく場見学で分かったことは、太田の牛にゅうがおいしいということです。そして、牛にゅうがおいしくなるためにぼく場の方や牛にゅうを作っている人は工ふうをしていることが分かりました。自分の家の牛にゅうがきわみるくになっていたので、とてもうれしいです。みんなにたくさんのんでもらいたいです。

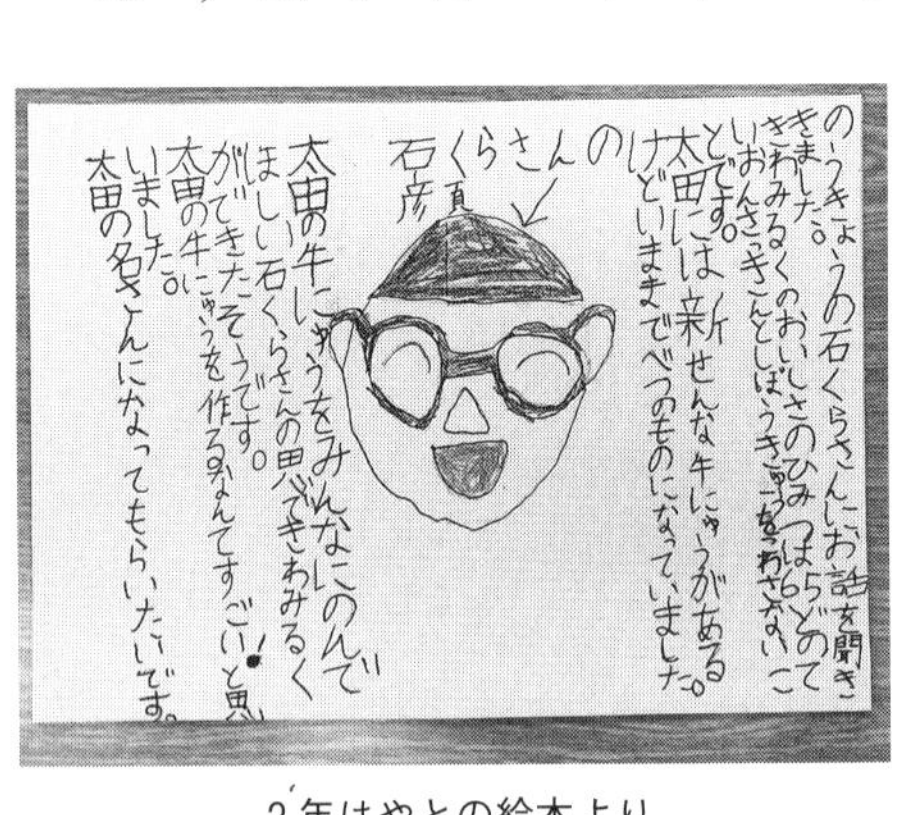

2年はやとの絵本より

地域の未来や生き方に「夢」をもてる教育を

ホームステイをした際、酪農家の人が地域への熱い思い吐露して、次のように語ってくれた。

「僕はこの仕事を知ってもらうことが一番大事だと思っていて……僕が子どもたちに言ってきてるのは『厚岸に帰って来てくれ』ということ！」

地域の未来に熱い思いをもっている大人は、子どもたちの周りにたくさんいる。「極みるく」の製造・販売、酪農の経営などには困難なことや課題もたくさんあるわけだが、地域の大人たちとの出会いを通して、その困難や課題を乗り越えるだけの「喜び」や「生きがい」があることも子どもたちは同時に感じ取っている。教師がこのような実例をたくさん体験させることで、子どもたちが地域の未来や生き方に「夢」をもつようになるのではないだろうか。

教育とは、自己と自己を取り巻く世界をより良く変革する主体に子どもを育てるという革新的な営みである。そのためにも、教師自身が地域に出て、地域の大人の生き方に出会って、人間の真実や物事の本質を知り、それを子どもたちに伝えていくという学びの過程をさらに大事にしていきたいと考えている。

畑から広がる世界——「たね」から「いのち」の学習まで

高尾由紀（高知県日高村立能津小学校元教諭）

畑をつくる（一年目一学期）

私が実践を行った日高村立能津（のうづ）小学校は、高知市の西約一八キロに位置しており、学校のすぐ前を、水質日本一で「仁淀ブルー」と呼ばれる透明度の高い仁淀川が流れる、中山間地域の緑豊かなところである。言うまでもなく、この川には、アユをはじめとして手長エビ、ナマズ、ニゴイ、フナ、ウナギ、コイなどといった魚がいる。また、学校の裏山には栗や梅をはじめとして自然がたっぷりという環境である。イノシシ、ウサギ、タヌキが棲んでいるほか、たくさんの野鳥の声を聞くことができる。

ここで紹介する実践がはじまった二〇一四年度は、全児童数一五名、学級数は四クラスであった。私は、二年生五名（一年生は不在）の学級を担任することになった（三学期に一年生が転入し、複式学級となる）。翌年は、一・二年生四名（二年生が九月に転出し、一年生三名となる）を受け持った。この二年間の紹介である。

さて、中山間地に位置している日高村能津地区の戸数は一八〇戸弱、人口五〇〇人ほどであり、農家の大半は兼業農家であるが、過疎化に伴う少子高齢化が進んでいるという状況である。

四月、学校の前にある畑を見ると荒れたままとなっており、土も硬そうに見えた。そんな畑を見ながら、まずはここから実践をスタートしようと考えた。一年を通して野菜を育て、その過程で子どもたちの「不思議」や「気付き」を大切にしていく学習をつくりだすことを目標にして、私は鍬を持った。うれしいことに協力してくれる同僚もいて、結構楽しい畑づくりとなった。この畑での活動を通して保護者や地域の人たちともつながっていくことができれば、このうえない学習になるのではないかと考えた。

「種さがし」をしよう

国語科の「たんぽぽ」の学習とともに、子どもたちの「種さがし」がはじまった。保護者の協力もあって学級にはたくさんの種が集まったほか、夢中になって給食の時間に種を探すといった子どもがいたことも驚きであった。

まずは、その種を使って芽を出そうということになり、用意した入れ物に種を植えて、発芽するかどうかを調べることにした。なかには、「納豆を植えたい」と言って持ってきた子どももいた。これが理由で、同じ種でも発芽しなかったり、大きさや重さに違いがあったりするということに気付くことになった。とはいえ、種には植える時期があるということについてはまだ分かっていなかった。

ちなみに、落花生は発芽したが、ほかの野菜は育たず、結局苗を買って育てることにした。このほか、「ツルをさして育てる」イモも学習に取り入れることにした。

子どもたちの変化

一学期の最初、「土はあんまり触りたくない、手が汚れるも」とか「作業は嫌」と言う子どもたちの手は、やはり熱心に動くことはなかった。そんな消極的な態度とは反対に、夏野菜はどんどん成長していった。収穫した野菜は、みんなで味見をしたあと持ち帰ることにしていたが、大きさや量が理由で子どもたちはよく口喧嘩をしていた。

持ち帰りをするようになってから、畑を覗いてから学校に来る子どもが増えはじめた。「いっぱい、なっちょったで」とか「草も生えちゅう」と、わざわざ知らせに来てくれるのだ。この知らせに比例するように、畑に行く回数も徐々に増えてきた。通りがかりの地域の人に、「これは何の時間?」とか「先生、いつも畑におるけど、いつ勉強するが?」と尋ねられ、思わず苦笑してしまったこともある。

しばらくすると、「野菜を販売しよう」という声が出はじめた。「売ったお金で苗を買ったり、料理するときの材料代にしたりする」と言うので、「目的がはっきりしていたら、いいよ」と答えると、今度は値段をいくらにするのかで困りだした。

「一〇〇〇円にしたら…」、「高い。売れんで」、「お店のほうが安かったら、こうてくれんで」とあれこれ悩んで、結局、家で聞いてくることになった。そして次の日、連絡帳を見ると、お母さんとのやり取りが書かれてあった。

「娘と話し合って決めました。キュウリ三本で一〇〇円」

これで値段が決まり、校内での販売活動（あらかじめ了解を取っている）がはじまることになった。子どもたちは緊張気味で、何度も練習をしてから教室を出ていった。しばらくすると、「先生、売れたで！」と大きな声で報告しながら、子どもたちが走りながら帰ってきた。一〇〇円玉をしっかり握りしめて「お金入れ」に急いで入れていたが、その顔はとてもうれしそうな笑顔であった。

売れたという喜びもあるのか、このころになると草引きや水やりの世話を積極的にやるようになった。もちろん、観察も忘れてはいない。毎日のように畑に通うという姿が見られた。

事件発生――「メンガタスズメ」登場（二学期）

二学期がはじまったある朝、畑の作物がおかしいことに気付いた。無数の芋虫がナスに付いていたのだ。思わず、私も息をのんでしまった。そこへ子どもたちが登校してきて、大騒ぎになった。自分たちは触ることができないので、四年生の担任に駆除を頼むことにした。

四年生のなかには虫の大好きな子どもがいて、メンガタスズメの幼虫で害のないことを知ると、手でつかんで取りはじめた。最初は見ているだけの二年生だったが、その様子を見て、自分たちも触りはじめた。数十匹はいただろうか、ナスは無残な姿になっていた。ふと振り返ると、地域の人々も集まっていた。

幼虫に触りながら観察していると、急に四年生が「飼いたい」と言い出した。それを聞いた二年生も、「私たちも飼う」と口々に言いはじめた。虫が嫌いな私にとっては思わぬ展開である。仕方なく、幼虫を入れる水槽を持ってきて、それを教室まで運んだ。

そして次の日、大変なことが起こった。入れたはずの幼虫が二匹いなくなっていたのだ。大慌てで教室中を探したが、どこにもいない。もしかして……と思い、割箸で水槽の土の中をさぐってみると、出てくるわ、出てくるわ。またまた大騒ぎになってしまった。

その後、幼虫は土で繭をつくってサナギになった。丸くなった土を割ってみると、中からサナギが出てきたので、それを教室の隅に置いて羽化するのを待つことになった。

メンガタスズメの幼虫

次の学年への橋渡し（三学期）

大根の収穫が終わったあと、スナップエンドウとソラマメを植えることにした。それぞれの豆の育ち方や、さやの中の様子を比較することができるからだ。と同時に、新入生にとっても、見えるほうが分かりやすく、興味や関心につながると思ったからである。

ほかにも、数本の大根は残しておいた。一つの種から野菜が育ち、その野菜からたくさんの種ができ、命が受け継がれていくことに気付いて欲しいからである。

畑に残している大根を見て地域の人が、「早く引かんと、とうがくるぞ」とか「どういて、おいちゅうがぞ（どうして、そのままにしているのか）」と尋ねてきたので、「子どもたちと種を採りたいのです」と答えたところ、「種代がないのか。それやったらカンパするぞ」といううれしいひと言が返ってきた。

お礼を言って、これが「子どもたちの学びと気付き」につながっていくことを説明したところ、「分かった。けんど、なかったら言えよ」と、さらなる応援の声が返ってきた。畑の作物を通して、少しずつだが「人の輪」が広がってきているように感じられた瞬間である。

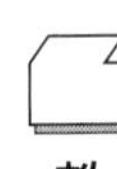

教えてあげるよ（二年目一学期）

畑に野菜を植えたのは大成功であった。三年生になった子どもたちは、一年生を連れて畑に行って世話をしている。「ソラマメは、空を見上げているときは取られんで、おじぎをしたらとってもえいが」とか「つるがないき、ネットで周りをささえちゅうがで、ほらスナップエンドウと比べてみいや」と言って、種を割ってみせていた。どうやら、今まで学習したことを精いっぱい伝えようとしているようだ。

一方、一年生は、「うわあ、大きい。ふかふかのベッドや」と驚きを隠せない。それに、収穫した野菜は料理をして食べられるのでうれしくてたまらないようだ。一年生も、僕たちも頑張って野菜を育てよう、という気持ちにつながっていったことが分かる。

一本の大根からたくさんの命ができるね

大根の種に触っては、「種は茶色や黒やない」とか「まだ青いし、柔らかい」というように、子どもたちは気付いたことを発表し合った。そして、種を乾燥させなければならないということにも気付いた。乾燥させた種をさやから取り出すときは、「一本の大根からものすごく種がとれた」、「これ、もとは一個の種やったがで」、「けんど、小さい種もあるし、病気みたいな種もあるで」、「選んで、植えないかんね」と口々に言いながら作業をしていた。

夏の終わり、その種をまき、防虫ネットをかけることにした。随分手際よく作業ができるようになってきたように思える。日々続けることの意味を改めて知ることになった。

大物侵入（二学期）

この年の二学期には、動物が畑に侵入し、野菜を引き抜くという事件が起こった。足跡を見ると、タヌキかハクビシンのようだった。

子どもたちは素早く対処した。「罠を仕掛けないかん」、「そうや、ネットをはったら」、「周りをぐるっと、囲んだら入ってこられん」と言いながら、畑の周りを囲むためにどれくらいのネットが必要なのか、それをどうやって測るのかと頭を悩ましていた。「体育のときに使った道具があったけど、覚えていないかな」とヒントを出すと、巻尺を思いついたようだ。巻き尺で何とか測り終え、三三メートルの長さが必要であることが分かった。次に困ったのは、ネットを買うお金である。

「先生、買うお金どうする。銀杏を売ったお金、まだある?」、「足りんかったらどうしよう」と、自分たちで何とかしようとしていたのだ。「こんなときは校長先生に相談してみたら」と言って、子どもたちに校長室まで相談に行かせた。

校長先生に一生懸命お願いしたおかげで、ネットを購入することができた。ネットを張る作業は、上級生と校長先生にも手伝ってもらった。竹を柱にして、それに麻紐でネットをくりつけるようにして張りめぐらした。しかし、このとき、紐結びができない子どもが多いことに驚いてしまった。

命をつなぎ、広げるための工夫

昨年度は、畑だけに目を奪われていたので、もう少し幅広い学習にしたいと考え、「種」を研究している先生に資料をいただくことにした。資料にはさまざまな「種」が入っていた。植物の種の広がりについて学習しながら、実際に種を飛ばしたりもした。子どもたちは、面白い動きをして飛ぶ種を見て大いに喜んでいた。

放課後、「先生！」と大きな声で呼ぶ子どもが教室に入ってきた。「種を見つけたよ」とか「運動場を飛びよった」と言いながら、手の中に入れた綿毛を私に見せに来た。「すごいね。よく話を聞いていたね」とほめて、ケースの中に入れた。

この日から、子どもたちは毎日のように種を持ってきては集めていた。また、種の「飛ばしっこ競争」もやった。マツの種のほかにもラワンの種を牛乳パックでつくり、ぶんや（パチンコ）で飛ばして遊んだ。初めはうまく飛ばなかったようだが、徐々にコツをつかみ、空高く飛ばしてはクルクル回って落ちてくる様子を見て喜んでいた。

ジャンボ大根で考えた（三学期）

ネットに守られたおかげで、畑の野菜はグングン成長していった。なかでも、大根の成長は見事なもので、地域の人も収穫を楽しみにするまでになった。

子どもたちの観察の仕方もおもしろかった。大根の背たけは棒を使って測り、あとでタイルに置き換えて長さを表していた。しかし、大根の周りをどうやって測るかについては悩んでしまったようだ。堅いものや真っ直ぐなものでは測れない。そこで見つけたのが紙テープだった。紙テープを巻きつけて、その長さをタイルに置き換えて周りの長さを表すことにしたのだ。

大根を収穫するときも大変だった。小さくても六キロ以上の重さがあったので、一人では抜くことができない。「こんなときこそ、みんなで協力や」と声を掛け合い、やっと抜くことができた。また、収穫したジャンボ大根の重さ比べでは、形は大きくても中が詰まっていないと重くないことに気付き、体重計を借りて測っていた。

声を掛け合い、ジャンボ大根を抜く

収穫した大根は、大根ステーキや煮物、福神漬けにしたり、干し大根をつくったりして調理を楽しんだ。家に持ち帰った大根は、お母さんたちが腕を振るって料理をしてくれたそうだ。

ほかにも、大根を水につけたままにして置くとどうなるか、という実験もやってみた。同じことを、キャベツの芯でもやってみた。最初は興味をもっていた子どもたちだが、大根が腐りはじめ、強烈な臭いが漂ってくると誰も近寄らなくなった。

あっと、おどろいた

（二年　男子）

春休みが終わって学校にくると、あっとおどろくことがあった。大根がレースのカーテンみたいになっていた。この大根は、上のぶぶんを切って水につけておくとどうなるかしらべていたものだ。ぼくは、くきがのびて葉っぱがでて花がさくと思っていた。大根が、またできるという人もいた。と中で、大根がくさってすごいにおいがした。友だちは、たえられなくてはなをつまんでいた。でも、ほすとにおいはなくなってパリパリにかたくなっていた。光にあてると、むこうがすけて見えてきれいだった。ふしぎだなと思った。

大根のレース

よく見ると、キャベツには葉が出て花が咲いていた。その様子を見て、「キャベツって強いね」、「これ、食べられる」、「種とれるかなあ」という声が聞こえたほか、「先生、もうちょっと、おいておこうや」と言う子どもがいた。どんどん、やってみたいことが広がっていく様子はすごい！

地域に支えられて

いつの間にか私は、地域のおじいさんたちに「百姓のおばさん」と呼ばれるようになっていた。「これ先生、植えてみんかよ」とか「あの植え方じゃいかん。もっと間隔をあけんと」というアドバイスをくれたり、草を刈ったりしてもらった。朝の交通安全指導の時間帯に地域の人が集まって、畑の作物を見ながら話が盛り上がっていたようだ。

一番驚いたのは、ユンボ（パワーショベル）が畑に来たことだ。「ジャンボ大根、育てるがやったら、あの土じゃあいかん。それにもっと掘らないかん」と言って、堆肥をトラックで運んだあと、ユンボに乗って畑を耕してくれたのだ。あっという間に畑は耕され、畝まできてしまった。そして最後に、「これでできんかったら、おばさんの腕じゃきね」と言われてしまった。農業のプロが発するこの言葉、ずしんと心に響いた。

その畑で、次のような詩が生まれている。

ぼくらの大根　　二〇一六年度　能津小一・二年生

おじいちゃんが、やってきた
ユンボにのって　やってきた
畑の土が　かわってく
やわらかくって　フカフカだ
ここで　そだつぞ　ぼくらの大根
　大きくなあれ　ぼくらの大根
　おもくなあれ　ぼくらの大根
白いところが　のびてきた
まるで　せのびをしてるよう
土をよせて　もみがらかけた
お水も　ひりょうも　わすれずあげた
　大きくなあれ　ぼくらの大根
　おもくなあれ　ぼくらの大根
いよいよ　しゅうかく　たのしみだ
ひとりじゃ　ぬけない　みんなで　ぬこう

力を　あわせて　よっこいしょ
よっこいしょの　どっこいしょ
大きくそだった　ぼくらの大根
おもいぞ　おもいぞ　ぼくらの大根
（一部を抜粋）

実践を振り返る

実践を行ったのは小さな学校だったが、学級経営や算数の研究のうえに村全体がユニバーサルの指定を受けていたため、次々と講師が登場してはさまざまな課題が出された。また、スタンダード授業や学力テスト対策などもあり息苦しさを感じていた。私は、学校の畑から自由な実践をつくりだしたい、畑から学びを広げたい、と考えて取り組みをはじめたわけである。

それにしても、展開された自然のドラマは楽しいものであった。初めは興味を示さず、栽培活動や観察だけに終始していた子どもたちが、自然を相手にさまざまなハプニングを起こしだしたのだ。子どもたちが動きはじめたのは、そのときからである。新たな「気付き」や「不思議」が生まれ、自ずと「学び」が広がり、私も一緒に楽しむようになっていった。

楽しみ出すと、子どもたちに変化が見えはじめた。土に触ることを嫌がっていた子どもたちが、野菜の成長とともに変わっていった。前述したように、野菜を守るための方法を考え、上級生や校長先生に助けを求めるようにもなった。また、それらの活動を学級通信や「こども高知新聞（高知新聞こども版）」に投稿して、保護者をはじめとして地域の人々に知らせるといったことまで成し遂げている。これによって、さらに人の輪が広がり、地域が実践（学校）を支えるということにつながったと思っている。

そして、一年目では不十分だった「種」の学習が、二年目には自然の中の種に着目するようになり、一粒の種がたくさんの種を生むことを実感させることができた。二年がかりで行った「種からはじまるいのちの学習」が、右往左往しながらも終結することができたと自負している。

実践3　スイタクワイと子どもたち

本郷佳代子（大阪府吹田市立北山田小学校）

校区は一九五五年まで「山田村」と呼ばれていたところだが、一九七〇年に開催された大阪万博のあと、大きく様変わりをしている。南北に走る阪急電車と東西に走る大阪モノレールの交差地点である「山田駅」の周囲には高層のマンションが建ち並ぶようになったが、千里丘陵の高台に建てられた校舎からは、箕面の山々をはじめとして、かつてと変わらぬ自然の風景をのぞむことができる。また、北山田小学校の東に位置する万博公園（大阪万博の跡地）は大阪府下最大の緑地公園であり、ここには有名な「太陽の塔」がある。

近代的なにおいがするこのエリアだが、西を流れる山田川沿いには古くからの町並みが残っており、心落ち着く歴史の香りが漂っている。このようなところでは、まだ祖父母と同居している家も多くあるようだ。一方、マンションに住む人びとは核家族世帯が多く、「転勤族」と呼ばれる家族も多いと聞く。

ご存じ「太陽の塔」

このような環境にある小学校において私は、この地域の伝統野菜である「スイタクワイ（吹田慈姑）」を題材にした学習を行うことにした。食通として有名な蜀山人（しょくさんじん）（一七四九～一八二三）が大阪の美味しいものとして、「思い出る　鱧の骨きり　すり流し　すいたくわいに天王寺蕪」と詠んだほどのこの野菜だが、現在では地元においてもあまり知られていない。

スイタクワイと私の出会い

一九九〇年頃、中学年を担任していた私は、地域学習に力を入れたいと思っていた。ある日、吹田（すいた）市役所に行った帰り、教材にできるものが何かないかと産業展示コーナーを覗いたところ、ビールや薬などの製品と並んでスイタクワイの写真とパンフレットが置かれていた。正直なところ、吹田でクワイが採れることにこのときは驚いた。パンフレットを持ち帰り、早速読んでみることにした。

読むほどにスイタクワイのことがもっと知りたいと思うと同時に、社会科で吹田市の歴史や産業の学習をする際には教材にすることができるのではないか、と考えた。すぐさま「吹田くわい保存会」の会員になり、教材化するチャンスを待ち、何度か実践することになった。

ここで紹介するのは二〇一〇年に取り組んだ二年生の生活科実践となるが、その前に、スイタクワイを教材とすることの魅力について、二〇〇四年に行った三年生を対象にした「社会科と総合学習」の取り組みを紹介したい。

三年生の社会科と総合学習の教材に…教材の魅力

二〇〇四年、北山田小学校で三生の担任になった。学年で話し合い、社会科と総合学習でスイタクワイを教材にすることを決めた。「吹田くわい保存会」の会長（当時）である北村英一さんに連絡をし、学年全員の子どもたちで栽培することにした。各家庭の協力を得て、子どもたち全員が一〇リットルから一五リットルのマイバケツを持ち寄り、マイスイタクワイを植える準備をした。

保存会の会長さんに来ていただいたのは五月である。まず、スイタクワイについて話を聞いた。スイタクワイは古くから吹田の田んぼの脇に自生していたこと、平安時代から江戸時代まで京都の天皇に献上していたこと、吹田にはクワイの葉をデザインした家紋がいくつかあること、そして、スイタクワイの学名「Sagittaria trifolia L.var.typica Makino forma Suitasisu Makino」には「吹田」という言葉が入っていることなどを聞いた（保存会編『吹田くわいの本――なにわの伝統野菜』創元社、二〇一〇年、一〇ページ参照）。

バケツに植える準備

もちろん、これらの話を子どもたちは熱心に聞いていた。

その後、六月、七月と、スイタクワイを育てるバケツの水管理と観察が続いた。毎年、八月の初めに「吹田まつり」があるのだが、それに保存会が行う「クワイ献上の行列」も参加するというので、そのパレードを見に行った子どもたちが何人か現れた。その子どもたちは、吹田から京都まで籠を担いで徒歩で運んだことを知り、驚いていた。

九月、夏休み中に咲いていた花のことや丸い物の正体など、クワイについて図鑑やインターネットで調べて来る子どもが出てきたこともあり、理科・社会科・総合学習の時間を使って、それぞれが調べたことを出し合って交流することにした。

「クワイは漢字で『慈姑』って書くんやで」と、得意げに報告する子どもをはじめとして、家庭で聞いたり、調べたりしたことをそれぞれが次のように発表し、交流を行った。

・白クワイと青クワイがあるってかいてあった！
・お正月のお料理に使うとお母さんが言ってたけど、私の家では出て来ない。
・おばあちゃんが言ってたけど、芽が出るように、お正月に食べるんやて。
・苦いって、おとうさん言ってたよ。

ある子どもから「丸いのは実で中から種が出て来た！」という発表があると、「種があるのに、僕

たち種芋を植えたよ。どうして？」という疑問が出たので、そのわけを考えたり調べたりした。これによって、種から育てるには時間がかかって大変なこと、種芋からだとその年に収穫できることが分かった。種と種芋の違いを知り、子どもたちが大喜びしたことは言うまでもない。

一方、校区の古い家の屋根瓦に付いている家紋を調べて来た子どももいた。しかし、残念ながら見つからなかったと言う。また、「私の家の家紋はくわいじゃなかった」とがっかりした子どももいたことも興味深い報告であった。

そして一二月、栽培バケツをひっくり返して収穫した。子どもたちは、収穫の日までにクワイの料理や調理法などを調べ、クワイチップスをつくることに決めていた。できあがったクワイチップスは、保護者も含めてクラスのみんなで美味しくいただいた。

観察する子どもたち

このように、この年の三年生の子どもたちは、栽培しているスイタクワイから見えてくる世界を楽しんだわけだが、自分たちが暮らす地域にある食材の魅力と確かさを感じた一年であったと思う。このような楽しみを、今度は生活科を通して、二年生の子どもたちと一緒に挑戦することにした。

二年生の生活科教材に取り上げる

二〇一〇年、二年生七七人（三学級）で取り組むことにした。もちろん、「吹田くわい保存会」の会長をはじめとしたみなさんに協力してもらっている。また、各家庭の協力も得られたことで、子どもたち全員が一〇リットルから一五リットルのバケツを用意し、スイタクワイを植える準備を行った。

運動場の隅に積まれていた土と学年費で買った腐葉土を混ぜて土づくりを行い、上部一〇センチを残してその土をバケツに入れた。上部一〇センチには、のちに水を張ることになる。このバケツを運動場から五〇〇メートルほど離れた畑まで運ぶのが大変だった。二人一組になって、「重たい！」、「しんどいわ」、「手が痛い」と言いながら、二、三回に分けて運びきった。子どもたちが表情に示したこのときの達成感、昨日のことのように覚えている。

畑に並べられたバケツ

その後、種芋を植えることになったわけだが、植える時期が少し遅かったためにスイタクワイの芽が出ていいて植えにくかった。それにもめげず、子どもたちは頑張った。このときの様子を、それぞれがつくった「クワイノート」に書いているので紹介しよう。このクワイノートは、画用紙を貼り合わせて増やしていけるようにつくられており、五感（視覚・触覚・聴覚・臭覚・味覚）を使って、「観察したこと」、「思ったこと」、「考えたこと」などを絵や文で表すことが約束事となっている。なお、紹介するのは五月二五日に書かれたものである。

・うんどうじょうの土をいれた。色は黄土色。ひりょうをいれた。土をもういっかいいれた。こげちゃの土をいれた。くわいをうえた。

・くきは、5こあったよ。はっぱは4こあった。やじるしのはっぱみたいで　おもしろかった。この　きゅうこんみたいなやつは、むらさきか青になる。うれしかった。なんでかは、おもったけど、みんなでがんばって　できたから。

クワイの成長観察

この時期、子どもたちは色や形は表現することができるが、「長さ」についてはまだ学習をしていない段階のため、「どれだけ伸びたか」や「これだけ大きくなったか」を数値で表すことができなかった。そこで、どうすればよいのかと子どもたちに考えさせたところ、手や腕を使って「これくらい」と口々に話し出した。

「どうすれば、今日調べたのと、今度調べたのと比べることができる？」と尋ねると、考えることが好きで負けず嫌いの女子が、「うちつくるわ。任しといて。先生、新聞紙か広告の紙下さい」と言うので材料を渡すと、張り切ってアストロ棒をつくりはじめた。

そして、できあがったアストロ棒をクワイに沿わせ、高さを測るための目印をつけた。モノづくりや工夫することとなると闘志を燃やす男子が、「紐が欲しい。長い紐ちょうだい。紐に目印いれといたらいいねん」と言い出したので、適当に切ったタブロープを私がわたすと、早速、クワイの高さに合わせて印を入れはじめた。

「ところで、葉の大きさはどうして測るの？」と尋ねると、子どもたちは「この手くらい」とか「これくらい」と口々に言う。さらに、「その大きさはどうして残すの？」と尋ねると、仲良し女子三人組が、「紙に写して来る」と言って、一生懸命写し取っていた。

このような方法で観察を進めていったわけだが、子どもたちは観察するたびに葉の枚数や茎の数をクワイノートに書き込み、葉の大きさは紙に写し取り、アストロ棒や紐に付けた印を前の観察記録と比べて、同じくクワイノートに絵や文で記録していった。

六月半ばを過ぎると水がどんどん減り、水やりが大変となった。子どもたちはもちろんだが、二年生の担任と、見るに見かねた警備員さんが手伝って、放課後にも水やりを続けていった。そのおかげでスクスクと茎は伸び、太さだけでなくその数も増え、見る見る葉っぱが大きくなっていった。毎日、葉の形や大きさを比べ、スイタクワイの成長に驚くという日々の連続であった。

七月になって、一人の子ども（Ｒさん）が育てるクワイに白いものがついているのが見つかり、「花だ、花だ」と大騒ぎになった。このときのクワイノートには次のような記述が見られる。

・くきが12本になったよ。うれしかった。はっぱが、すごくおおきかったよ。Ｒさんのは花がさいてたよ。きれいと思いました。Ｒさんはいいなあ。

・むちゃくちゃ　でっかくなりました。はっぱがでっかくなりました。Ｒさんのは、まるが１つで花が２つさいていました。

この観察のあと、クラスでさまざまな意見が出された。要するに、白いものは本当に花なのか、丸いものは何なのか、ということである。そこで、みんなで調べることになった。何人かがインターネットで調べ、花だということが分かった。さらに、雄花と雌花があることも分かったので、雄花と雌花についても図鑑などで調べることにした。その結果、丸いものが実であることも分かった。

夏休みに入り、水やりに関しては、管理職、警備員、そして二年生の担任が交代で行うこととなった。同時に、草抜きも行っている。安全上の問題が理由で、子どもたちにこれらの経験をさせられなかったのは残念であった。また、夏休みの間に種ができていたので、学童保育で学校に来ていた数人と観察し、その様子を写真に撮り、二学期がはじまってから、それぞれのクラスで報告してもらうことにした。

二学期のスタート

学童保育に来ていた子どもたちの報告からクワイの学習がはじまった。しかし、種のことよりも自分のクワイが激変している姿に子どもたちの意識が向いてしまい、種どころではなくなってしまった。夏休み明けに書かれたクワイノートには、次のような記述があった。

> クワイは、はっぱだけが、めっちゃ虫に食べられてて、むっちゃかれていました。ざっそうを大りょうにぬきました。Sさんが、かれたはっぱをぬいてくれました。クワイは、だいぶきれいになりました。

一〇月、一一月と葉や茎が枯れていき、子どもたちはがっかりすると同時に、本当にクワイが収穫できるのかと心配しはじめた。モチベーションが下がるなか、子どもたちはけなげに観察を続け、バケツに溜まった水を取り出していた。この時期は、水を抜いて土を乾かすことになっている。

夏休み明け、学校と万博公園の途中で木登りをする子どもたち

三学期の取り組み

三学期がはじまって、早々にクワイの観察に行くと、どのバケツにも氷が張っていた。またもや子どもたちは心配しはじめていた。みんなが心配するなか、一月二〇日、農業普及を行っている「大阪府北部農と緑の総合事務所」の粕谷幸夫さんらの立会いのもと、二年生全員でクワイの収穫を行った。

バケツをひっくり返して、土の中からクワイを収穫するのだが、土の色が植えたときの色と変わっていたのに子どもたちは気付き、驚いていた。知りたがり屋の三人がすぐに粕谷さんのところに行き、なぜ土の色が変わったのかと質問をしていた。すると粕谷さんは、「茶色の土は空気をいっぱい含んでいて、その空気がなくなると土が黒っぽくなったり、緑っぽっくなったりする」と答えてくれた。

このほかにも、粕谷さんはさまざまな質問に答えながら、多くのことを子どもたちに教えつつ、収穫を手伝ってくれた。教室に帰った子どもたちからは、「粕谷さんは何でもすぐ答えてくれる」、「粕谷さんはクワイのことも土のこともよく知っている」、「土の色が変わったのが何でか、教えてくれた。すごい」、「プロはすごいね」など、粕谷さんに対する賛辞の声が聞かれた。

そんななか、一人の子どもが「もっと話を聞きたかったわ」と言うと、好奇心が旺盛な子どもたちから「聞きたかった！」という声の大合唱となった。そこで、後日、ゲストティーチャーとして改めて来ていただくことにした。

その当日、クワイのこと、クワイに寄って来る虫のことなどについて、黒板に絵を描きながら話してくれた。絵がとても上手だったこともあり、「やはり、プロはすごい」と子どもたちは感激していた。本物の人に出会うということが、子どもたちにとってはとても刺激となり、大事なことであると再認した。

後日、掘り出したクワイを観察し、クワイノートに記録したわけだが、そのときのクワイノートには次のように書かれていた。

しゅうかくしたクワイの大きいやつは７㎝でした。ちっちゃいのは３㎝でした。かわがたまねぎみたいでしずくの下がぽっちゃりとした形。色は白っぽいきいろっぽいくろっぽいかんじ。大きい方の太さは２㎝５㎜、ちっちゃいのは１㎝５㎜でした。大きい方がむらさきぽかった。ちちゃいのは白っぽい。大きい方は下がほそ長くなっていたけど、ちっちゃい方はまるかった。

さらに、収穫したクワイをどのように料理して食べるのかについても調べることになり、クワイ料理調べがはじまった。三年生と同じく、「芽が出る」という縁起物で、お正月のおせち料理に入っていること、チップスや素揚げにすると美味しいということ、そしてグラタン料理などといったものがあることも分かり、みんな驚いていた。

大きいスイタクワイはスライスしてチップスにして、小さいものはそのまま素揚げにすることにした。実際に調理する日は油や包丁などを使用するため、保護者にお手伝いをお願いしたところ、一〇人ほどの保護者が参加してくれた。口は出しても極力手は出さない、ということで子どもたちを見守ってもらった。もちろん、できあがった料理は、みんなでいただくことにした。

「苦かったけどおいしかった」、「思ったより美味しかった」、「自分たちでつくったから美味しかった」と口々に言いながら、みんなが完食している。また、保護者からは以下のようなコメントが翌日の連絡帳に書かれていた。

・おせち料理に入っているのは知っていたが、苦いイメージが強いので自分ではつくらなかったけど、今度つくってみようと思う。

・クワイを買って家でもつくってみようと思う。チップスや素揚げだったら、子どもも食べれるのでよいと思った。

子どもたちの好奇心はすごい。スイタクワイを使ったお饅頭やお酒があることを調べて来た子どもたちが何人かいて、くわい饅頭の「すいたのくわいさん」を食べるお茶会をすることにもつながった。そのときのことを子どもたちは、「あまくておいしい」、「やわらかくて、あまくて、おいしいけど、ちょっとにがい」、「外はつるつる、中はもちっとして、あまくておいしい」と、まるでテレビの料理番組で話されているようなコメントをクワイノートに綴っていた。

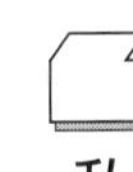

私の願い

生活科にかぎらず、学習をしていく過程で子どもたちが学び方を考え、話し合うことを私は大切にしている。そこで話し合われたことは、合言葉や図にして掲示している。そして、クワイノートの書き方や観察時の約束事も子どもたちには伝えている。

分からないことがあったら、まず図鑑や本で調べ、家族に聞いたりインターネットで調べるようにし、調べたいことに関係がある博物館や農協などへ行って、関係者から話を聞くことで学び方が分かっていくものだ。事実、このときの実践では、子どもたちは「プロに聞くことがよい」ということを身体で知ることになった。

スイタクワイの学習、およびそれに基づく体験は、それだけが目的ではなく、これらのことを通して学び方を知り、人とつながって生きていく楽しさを理解してほしいと願ってはじめたものである。よく言われるように、単なる体験や知識の吸収だけでは子どもたちは成長しない。自らの力を高め、精神的な豊かさをもって、生き抜いていくだけの力をつけてほしいと私は思っている。伝統野菜を育てることがその役割を果たしたのかどうか、その答えは、成長した未来の子どもたちが知ることになるだろう。少なくとも、一年間の学習において、「私の願い」とするところの体験はしたはずである。

船上カメラマンになって、子どもたちに伝えること！伝えたいこと！——「教師体験型地域ふるさと学習」より

滝澤　圭（北海道上ノ国町立河北小学校）

これからお話するのは、二〇一二年に前任校である乙部町立明和小学校で行ったふるさと学習「スケソを味わう会」という行事を、より味わい深いものにするために、学校が知恵を出し合い、時に体をはって取り組んだ実践である。

明和小学校は、北海道の南、道南地方の日本海側となる檜山振興局の中部に位置する乙部町にある。豊浜漁港を拠点とする漁業の町だが、明治から大正時代にはニシンの豊漁に浜も活気づき、小学生もその手伝いに学校を休むほどだったという。

その後、ニシンの漁獲量が減少したことから、昭和に入ってからは、イカやスケソ（スケソウダラ）の漁へと変わってきた。豊漁が続いた一九五五（昭和三〇）年～一九七五（昭和五〇）年ごろまでは四〇〇名ほどの児童が在籍し、この時代は、学校の行事も地域がまるごと参加しあってつくりあげてきたと聞く。

学校は道立指定公園である「しびの岬公園」の丘の上にあり、窓からは雄大な日本海を一望することができる。目の前に広がる日本海は、登下校時も学校からも眺めることができ、潮の香りをいつも感じながら生活している地域・学校と言っていいだろう。しかし、後継者不足から人口が減少し、この年の在籍児童は一六名で、三学級の完全複式校となっていた。一学年が二～四人であるわけだから、集団で行えない授業や集会活動、学校行事も常に全児童と全職員で行っていた。

そんな全校で行う行事の一つに「スケソを味わう会」という一こまがある。前述したように、豊漁で賑わった時代は町の人たちと学校が手を取り、つながっていたわけだが、この会は、まさにそのころから続いている行事の一つと言える。

スケソ漁とは

スケソの漁期は一一月中旬から一月いっぱいと決められている。資源保護という観点から、漁期が決められているわけである。

初冬の日本海で行うスケソ漁は、漁に出る前日からお母さんたちが針や仕掛け、そして餌の準備をし、一方父さんは、早朝、寒風ふきさらす中海に出掛けていき、延縄(はえなわ)(1)を打って昼まで漁をし、一〇〇〇～二〇〇〇匹のスケソを積んで帰港する。延縄を使って行う漁を「延縄漁」というのだが、漁船が帰港した港は荷降ろしで賑わうことになる。

こうして水揚げされたスケソを、漁師さんが学校に持ってきてくれるのだ。二〇一一年の時点で、漁に携わっている児童の親はわずか三軒でしかない。しかし、スケソ漁船の団長さんは、毎年魚箱にいっぱいスケソを運んできてくれた。海の恵みを子どもたちと味わい、海と、そして漁に携わる方々に感謝しながらスケソウダラを「三平汁」にしていただいた。

昼に水揚げされたスケソは、その日の午後、先生方と高学年の子どもたちによってさばかれる。低学年はジャガイモやニンジンの皮むきをしてみんなで下拵えをし、翌日、昆布で出汁をとって三平汁となり、給食時間にいただくことになる。

このようにして毎年続けられてきた「スケソを味わう会」であるが、漁に携わる家庭が少ないため、生活と漁、そして私たちと海との深いかかわりがあまり感じられなくなった。目の前にあるスケソが、自分たちの海で、自分たちの町の漁師さんが捕ってきたという実感がどこまであるのだろうかと、疑問に思えてくる。今食べているスケソも、スーパーで買ったスケソも何ら変わりのない一匹の魚になりつつあるのかもしれない。

そんな思いから、この年の「スケソを味わう会」は、もっと味わい深いものしたいと考えた。そのために、教師ができることはないのだろうか？　昔から続いているこの行事において、町や海、そしてそこで働く漁師をちゃんと見てほしくなったのだ。

「スケソを味わう会」まで一か月、その前に、子どもたちがスケソについてどこまで知っているかを調べるためにアンケートをとってみた。低学年の回答は以下のとおりであった。

（1）　一本の幹縄に多数の枝縄（これが延縄）を付け、枝縄の先端に釣り針をつけた構成となっている。

・料理はスケソの三平汁。
・メスのコッコの色は肌色でプニプニしています。
・スケソのあぶらはだしにしておつゆに入れます。
・ここの海にはいっぱいスケソがいる。

一方、高学年になると、次のような答えがあった。
・朝三時くらいにおきて四時くらいに海に出る。
・朝三時ころおきて漁にでる。
・しかけはまずなわに細い糸をつけて、その糸にスケソつり針をつけます。その針にサンマやイカをつけます。

高学年の児童のなかには、父親や祖父が船に乗っている、母さんがそのえさ付けや延縄(はえなわ)づくりをしているという家庭があるので、仕掛けづくりや出港する準備などについて身近にとらえている子どももいたが、そのほかは夕飯の具材としてのスケソ、一匹の魚という感覚であった。

ここ豊浜で行われている延縄漁は、「確実に大漁にとれる刺し網漁」とはまったく違ったものである。一匹一匹を針で釣り上げるため、捕れたてのスケソは鮮度がいいだけでなく魚体の美しさから、タラコはもちろん、身は「チゲ鍋」の具材として韓国などで取引されている高級魚である。魚箱には

「鮮釣助宗（せんつりすけそう）」(2)とあり、ブランド商品となっている。

すぐ目の前には一三隻の大きな漁船が並び、わずか四〜五キロ沖の、視界でとらえられるところで漁が行われている。わずか二か月半という漁期に携わってきた人たちのことを、少しでも知ってもらいたいという願いが強くなってきた。

教師が知らないで、何を語れる？

まずは、教師がスケソについて知ることが必要である。教師が知らないで、子どもに語ることはできない。スケソ漁は、「船団」といって何隻もの船が連なって出漁し、魚場に着くと、横一線になって一斉に漁がはじまる。今日はどこで針を投げるのか？　これを決めるのが船団長である。その日の漁を左右する重要な役割となっている。そこで私は、地元の元船団長である田畑眞政さんに会うことにした。

幸いにも、学校で話をうかがうことになった。田畑さんの生い立ち、昔の浜の賑わい、学校の様子、なぜ漁師になったのか、スケソ漁の今と昔などについてお話を聞きながら盛り上がってきたころ、田端さんが次のように言った。

---

(2)　一本釣りで鮮度がよい助惣鱈という意味。

「そうだな、じゃ今年は、スケソのこっこ（卵）でしょうゆ漬けタラコつくるか。そして、三平汁は半分にしておいて、棒たら（真鱈の乾物）つくるべし」

さらに、「それから、スケソ漁な、子どもたちもきっと知らねーべ。よし、じゃ、船の一部もってくるすけ、学校で漁師体験するべ」と、私までがワクワクする企画が提示された。

スケソを少しでも無駄にしない調理をする。そして、漁を疑似体験してみる。そうすれば、目の前の一匹は自分がかかわった特別なスケソになる。もちろん、味わいも深くなってくる！

早速、具体的に話を進めようと、再び田畑さんと会う約束をした。その当日、「だはい」というスケソの縄を海に打つ船の一部を運び込むこと、延縄（はえなわ）に触れること、体育館を海に仕立てて実際に縄を打つこと、スケソをその縄の針にかけて釣り上げたり、自分たちが海の中のスケソになって釣られるという体験などを提案してくれた。「これは面白い」と思ったが、「今一つ、海と子どもたちとの距離が縮まらないような気がする」と私が言うと、

「なら先生、一回漁に出ればいいんだ！　行ってこい、話つけてやるから！」

と、田畑さんがにっこりして言われた。

「いいですね。お願いします」と、勢いでお願いをしてしまったが、真冬の日本海、不安がなかったわけではない。しかし、教師が子どもに語るわけだから、体験しなければならない！

とはいえ、素人が簡単に漁船に乗れるわけではない。誤って海に転落したら大変なことになるからだ。揺れる甲板で八時間近く一緒に漁をしたり、何事もなくビデオ撮影ができるとはかぎらない。し

かし、田畑さんの一声、「学校が子どもたちに漁のことを伝えたいって言っているんだ」と呼び掛けてくれたことで、すぐに返事が来た。そこで、一番大きい漁船に乗せていただくことになった。

漁の当日、私がビデオで撮影している漁の様子を、スカイプを利用して子どもたちに見せて、スケソ漁疑似体験の前に田畑さんが解説することにしたほか、テレビ電話を使って交信することにもした。

出漁は一二月三日の月曜日。朝三時に家を出た。路面は昨夜の雪で凍結していた。四時前に港に着くと、管理職が二人、それから現役を退いた田畑さんも見送りに来てくれた。まず、一三隻の船頭さんが今日の波や風の様子を話し合って、どこで漁をするかとメボシをつけるといった出港準備が船団長さんを先頭に行われる。一隻に船長一名、作業員三名、そして私を含む五名で出港した。

この日は、一五タル[3]約一五〇〇本の針を打つという。ソナーで魚影を追いながら、深さを微調整するといった指示が船団長から出される。縄の長さは、両手を広げた幅である「ひろ」という単位で出されている。もちろん、こうした指示のやり取りもビデオで撮影することにした。

午前４時半、13隻が出港

(3)　浮きに使う樽に一〇〇針の仕掛けが付いている。

横一線に並んだ一三隻が、一斉に延縄(はえなわ)を海へ打ちながら進む。一五タル打ち終わると、しばらくしてからそのタルを回収していく。タルには、縄とその先に針がついており、機械で巻き上げてスケソを釣り上げていく。

ちょうど、朝の八時半になった。学校では、全校集会がはじまる時間である。いよいよ、スカイプ授業のはじまりとなる。携帯を設定して、カメラを漁師さんや海に向ける。携帯から、子たちの歓声が聞こえてきた。

海からのライブ中継がはじまった。船でも、学校の様子が映し出されてきた。まさに今、この瞬間に漁をしている様子を子どもたちに届けることができたのだ。さらに、この日は本当に大漁で、次々にスケソが巻き上げられてくる様子まで見せることができた。

漁場に着くまで取材・撮影

児童のお父さんの船や、働いている姿も伝えることができたほか、その場で子どもたちが聞きたいことやもっと見てみたいアングルなどといったリクエストにもこたえながら、約一〇分の交信であったが無事に終了することができた。

この日は大漁であったこともあり、「先生は撮影だけでいいから」と言っていた漁師さんが、「先生！　手伝ってけれ！」と言われたので昼すぎまで一緒に漁をし、大きさ別に選別する仕事や、帰港してからの荷降ろしまで十分に働かせていただいた。たった一度の体験であるが、体一つで稼いでいる感じが肌身に染み込んでくることが分かった。「やりがいのある仕事だ」と感じた一日であった。

そして一二月六日、「スケソを味わう会」の日となった。今年は、最初に田畑さんによる特別授業がある。私が撮ってきたビデオをもとに、みんなが一緒に漁に出ることになる。私もしっかりと体験しただけに、田畑さんとのやり取りも弾んだものとなった。

それにしても、さすが田畑さんである。ビデオを見ただけで、その日の波や漁のことが分かるのだ。まるで一緒に行ったかのようであったから、私も興奮気味に話をしながら漁の様子を子どもたちに伝えた。

そのあと、いよいよ子どもたちの疑似体験となった。目で見て、耳で聞いて、自分で捕ったスケソをさばくのだ。さらにこのときは、それを「棒たら」にもした。もちろん、三平汁も味わっている。この年の少し味わい深い「スケソを味わう会」はこのようにして終えることができた。

さて、冬休みが終わってしばらくすると、スケソ漁は漁期を終えることになる。約二か月半という間に出漁できる日はかぎ

漁の様子を説明する田畑さん

られている。多少波の高い日でも、無理をして漁に出ると漁師さんが言っていた。

短期間の漁で捕れたスケソの値段は、一二月下旬に一気に上がるという。しかし、この当時（二〇一二年）、スーパーに行って生のスケソ一匹の値段はというと、どんなに高くても二〇〇円以上はしなかった。二〇一一年三月一一日に発生した東日本大震災以降は、韓国との取引額が半値になったともいう。

「すべてのスケソの放射能検査も行っています。いいスケソが捕れるんだけど、取引されない。福島は遠いと思っていても海は一つだからね……。一回海を汚したら……みんなつながっている」

と話す田畑さんの言葉が印象的であった。

高学年が中心になってスケソをさばく

海を知ることは、ふるさとを知ること

「スケソを味わう会」を体験した子どもたちの作文は、全校集会で発表しあっている。もちろん、それを田畑さんに送らせてもらった。

この年の冬、子どもたちは学校の軒先にぶらさがる「棒たら」を毎日眺めながら、「先生、昨日よりしぼんだね」と言って家に帰っていった。この「棒たら」は、六年生を送る会のときにみんなで味わった。

そして翌年、新たな構想のもとに物語は続くことになった。その内容は、地元の若手漁師とともに海の仕事を一年かけて追いかけるというものであった。その発表は、全校参観日の日として、父母、祖父母、地元の漁師さんを招待して行っている。「海を知ることは、ふるさとを知ること」となった発表会であった。

実践5 命について考える――真鱈の研究

寺下之雄（青森県南部町立剣吉小学校元教諭・現八戸工業大学非常勤講師）

動機は「驚きと感動」

真鱈の解剖は、これまで機会あるごとに子どもたちと取り組んできた教育実践である。何がそこまで自分を駆り立てたのかと問われれば、それはひと言「驚きと感動」でしかない。最初に真鱈に出合ったときの様子を、私は次のように書き残している。

「当日の朝、届けられた発泡スチロールのふたを開けてみて、その大きさにびっくりしてしまった。早速オス・メスの真鱈を家庭科室でさばくことにした。魚体が大きかったのでさほど苦労することもなく、内臓を取り出すことができた。その時の強烈な印象は、今でもはっきりと覚えている。それは、真鱈の腹

真鱈を開いたところ

の中のほとんどが、精巣（白子）と卵巣（生たらこ）でしめられていたからである。実際、それを取り出した後の真鱈の腹の中は、まるで空洞になってしまったかのようであった。子どもたちは、理科室の戸棚から解剖セットを持ち出し、胃袋の中を観察し始めた。中にはカニや小エビ、小さめの魚がびっしりと入っていて、胃袋をパンパンにふくらませていた」

このような「驚きと感動」が、数回にわたる真鱈を使った実践へとつながっていった。

ねらいは「命について考えること」

理科の指導書、五年の単元には「生命のつながり」・「魚の誕生」、「人の誕生」が取り上げられており、六年の単元には「人や動物の体」が取り上げられている。単元のねらいは、五年では次のようになっている。

「メダカを育てて卵を産ませ、（中略）生命は連続しているという見方・考え方や、生命を尊重する態度を育てていく（魚の誕生）」、「メダカの卵を観察した経験をもとに、人の誕生について資料を活用して調べ、（中略）生命誕生のすばらしさを感じ取らせ、生命を尊重する態度を育てる。最後に（中略）、生命の連続性についての見方や考え方を育てる（人の誕生）」

そして六年では、「人や動物の体のつくりや働きについて、興味・関心をもって追求する活動を通して、人や動物の体には生命を維持するための様々な臓器があることや、食べた物は、口や胃、腸などを通る間に消化・吸収され、吸収されなかった物は排出されること、呼吸によって体内に酸素を取り入れ、（略）これらの活動を通して、人や動物の体のつくりと働きを推論しながら調べる能力や生命を尊重する態度を育てる」と記述されている。

これらの記述から、「生命の連続性についての見方や考え方並びに生命を尊重する態度を育てる」ことが五・六年に関連した「ねらい」と言うことができる。そこで私は、当初の体験をもとに、「生命そのものについて」学ぶ際に真鱈を使って、子どもたちとともに直接実感（体感）することを大事にし、命の「つくり」と「命そのもの」に対しての考えや思いを子どもたちと深めていくことにした。

なお、ここで留意しておかなければならないことは、命あるものを単に教材の対象（体のつくりや働きを知る）だけに終わらせてはならないことである。それは、厳しい自然界の食物連鎖のなかで、生命体として存在していることと「命の尊さ」を、何よりも今回の学習で子どもたちが感じ取れるものにしなければならないということである。そこで、その「命の尊さ」を大切にする観点から学習に使用した真鱈は、その後、子どもたちや保護者とともに「鱈汁づくり」（食育）につなげていくことにした。

また、なぜ真鱈を教材にしたかについては、子どもたちが学習のねらい（呼吸・食べ物の摂取・子孫を残す・食育）を達成するうえで、魚体（サイズ）や臓器が大きく、観察するうえで最適な魚種であることが挙げられる。また、学校からさほど遠くない場所に八戸港があり、イカやサバ漁などに次いで真鱈漁も盛んに行われており、冬の季節の食材として真鱈は身近な存在となっており、教材としても比較的容易に手に入ることなどが挙げられる。

生命あるものは呼吸し、食べ物栄養を摂取し、そして子孫を残す

「生命あるものの存在」を明らかにするために、三つの目当てを設定することにした。一つ目は、「呼吸」し、体内に酸素を取り入れなければならないこと。二つ目は、「食べ物栄養を摂取」し、活動のエネルギーを確保しなければならないこと。そして三つ目は、「子孫を残す」ことである。

これらのどれか一つでも欠けてしまうと、生命を維持し、その種の存続が危うくなることは言うまでもない。だからこそ、生命あるものはすべて、それぞれの環境に適応しながら、その時を生き、その生命なるものをつないでいるのである。

実践の様子①――真鱈の解剖

教師が教材を準備したら、子どもたちにどのような言葉を投げかけ、提示していくのかによって、その後の活動に影響を与えることになる。初めての授業となる導入部分では、真鱈を子どもたちにいきなり提示することは避け、「今日は、真鱈を使って学習していきます。みなさんは、鱈という漢字を書けますか？」という問いからはじめた。すると、意外にも子どもたちは、すんなりと「鱈」とい

う文字を黒板に書くことができた。私は、魚偏に雪と改めて書き、「厳しい雪降る冬に収穫される魚」と補足した。

今回は、時間の都合もあって、「真鱈はどのくらいの大きさなのか。だいたい見当がつきますか？」と、大きさの予想から入った。用意した真鱈は、八戸の近海で捕れたものである。子どもたちから見えないように理科室の教卓の下に置いた真鱈を、発泡スチロールのケースから両手で抱えるようにして見せた。子どもたちからは、一斉に「わー！」とか「でかい！」という声が教室中に上がった。

魚の表面にはぬめりがあるため、素手で持つことはできない。軍手をはめて慎重に持った。次に、生き物と生き物でないものとの違いを、たとえを使って「人と石との違いは何か？」と尋ねてみた。子どもたちは思いつくまま、「動く。動かない」、「呼吸する。呼吸しない」、「食べる。食べない」、「臓器がある。ない」、「性別がある。ない」、「子孫を残す。残さない」などと発表したが、それらの発表に私は「なるほど」とうなずきながら、子どもたちの意見を受け入れた。

そして、生き物が生きていくために必要なことは、「呼吸すること」、「食べること」、「子孫を残すこと」と板書し、「それでは、魚のどの部分を観察すればいい？」と続けて尋ねてみた。すると、「呼吸はえらと口の部分」、「食べることについては胃袋の中」、「子孫を残すことについては精巣と卵巣」といったこたえが何人かの子どもたちから返ってきた。

ここでいったん、生命あるものの特徴と観察する場所を黒板に整理した。その後、グループごとに準備しておいた真鱈を取りに来てもらい、すべてのグループに行きわたったところで、一人ひとりにじかに魚を持たせてみた。言うまでもなく、魚の大きさや重さを実際に体感させるためである。

早速、子どもたちは魚の大きさ（長さと重さ）について調べはじめた。長さを測るのに一メートルの物差し、重さを量るのには台秤を使っている。大き目の真鱈の長さは八五センチ、重さは六・九キロであった。続いて、「えら」と「口」の観察を行うことにした。各グループ（全部で四グループ。一グループは九～一〇人）とも解剖バサミを使って、まずえら蓋を切り取る活動から入った。女子のグループがえら蓋の固さに手こずっていた様子も見られたが、それでも最後には何とか切り取ることができた。

えら蓋が取り除かれたあとの状態を見て子どもたちは、「真っ赤だ」、「えらが何枚もついている」、「一本一本が細かく分かれている」などと言って驚いていた。そこで、一か所にえらが何枚ついているのかという指示を出し、四枚あることをみんなで確認しあった。このとき、海中から酸素をより多く取り入れるために、一枚のえらがいくつも枝分かれしていることを確かめさせている。

えらの観察がひと通り終わったところで、口の中をのぞいてみることにした。子どもたちは両手で力まかせに口を広げ、その大きさに思わず驚いた表情であった。実際、何でも「丸呑み」

じかに魚を持たせる

すると言われているだけあって、とにかく「でかい」というひと言につきる。よく見ると、「歯は内側を向いている」とか「鋭い」などという言葉が子どもたちの間で行き交っていた。きわめつきとなったのは、分厚い魚の舌を見た瞬間であった。

「魚に舌がある」、「ごっつい！」

私自身も、このような体験は初めてのことであった。

次は、いよいよ解剖となる。用意した解剖バサミを肛門から入れ、腹の下側をえら蓋に向かって切り進めていく。次に、肛門から側線に向かって切り進め、えら蓋の横を通って腹側を切り取った。腹の部分の皮が取り除かれると、魚の内臓があらわになった。とくに子どもたちの目を引いたのは、精巣と卵巣の大きさであった。

精巣は、それこそ内臓の大半を占めていた。一つ一つの臓器は、口元から見ると、食道・胃・腸・肛門とつながっていることがよく分かった。腸のあたりにある、見た目があまりよくない臓器は「幽門垂（ゆうもんすい）」と呼ばれていることを子どもたちに教えた。この臓器は表面積が大きく、消化酵素の働きで消化・吸収が営まれている。

このような解剖作業は、比較的女の子は嫌がるものだが、どのグループの女の子も意欲的に活動に参加していた。全体の観察が終わったあと、内臓を臓器ごとに解剖バサミで切り取るように指示を出した。最初に、精巣（白子）と卵巣（生たらこ）を取るようにし、そのあとは各グループに任せた。

手際よく、心臓、胃、胆のう、肝臓、腸などが取り出されていった。あるグループでは、目玉をくり抜いて、水晶体まで観察を行っていた。内臓の肝臓と精巣と卵巣、そして胃は解剖が終わったあとに「鱈汁」に使うので、別の入れ物にとっておくようにと言葉をかけた。

一つ一つの臓器を取り除いたあとに胃の中を観察したが、何も入っていなかった（すでに飲み込まれたものは、消化されていた）。そこで、「以前解剖した際には、イカや魚を丸呑みし、胃の中でそのまま残っていることもあった」と私は付け加えた。

最後は、いよいよ体の大半を占めている精巣と卵巣の観察である。精巣の重さは約八〇〇グラム（二班）、色はやや黄ばんでいた。これは解凍した真鱈を使ったためであり、本来は乳白色で、とてもきれいな色つやをしている。改めて、鮮度のいい生の真鱈にかぎると痛感してしまった。

一方、卵巣のほうは、重さ約二一二グラム（一班）で、その表面には幾筋もの血管が張り巡らされていた。今回、どのくらいの個数があるのかと一部を取り出して数えてみたが、粒があまりにも小さすぎて途中で挫折してしまった。いずれにしても、これだけ内臓の大半を占めている精巣と卵巣は、厳しい自然界のなかで生命をつないでいくた

胃袋の中の魚

胃袋の中のイカ

めの仕組みなのかもしれない。参考までに述べておくと、魚卵は直径一ミリ前後の弱粘着性の沈静卵で、二〇〇万粒～五〇〇万粒ほど産卵するが、このうち数匹しか成魚にはなれない。

実践の様子②――鱈汁づくり

解剖が終わったら、午後から「鱈汁づくり」に子どもたちとともに取り組んだ。事前に家庭科室の黒板につくるための手順を次のように書いておき、子どもたちに説明を行っている。

①鍋に水を入れる。②大根とジャガイモをゆでる。③肝（きも）を入れる。多すぎないこと。④鱈の身を入れる。⑤灰汁（あく）をとる。⑥豆腐を入れる。⑦味噌を入れる。⑧お酒を少々入れる。⑨長ネギを切って入れる。

このときの「鱈汁づくり」は保護者にも協力をお願いしていたので、比較的手際よくできた。子どもたちも、グループごとに手順に従って、互いに協力しながら鱈汁づくりに取りかかっていた。考えてみれば給食を食べたあとだったが、美味しそうに何度もおかわりをしていた様子が今でも目に浮かぶ。協力してくださったお母さん方にも、もちろん子どもたちと一緒に鱈汁を味わっていただいた。

この授業に関する子どもたちの感想を少し紹介しておこう。

真鱈の解剖をして、人の体とつくりが似ているところが多いと思いました。魚の内臓をさわって見たとき、とてもぶよぶよしていて、またねばねばしていたのでびっくりしました。水中と空気中の酸素の量がちがうので、鰓が４枚もあるなんて思ってもいませんでした。（略）他の動物の体も調べてみたいです。（六年女子）

違う生命を殺して、自分たちが生きているということがよく分かりました。大きな魚の臓器をはじめて見たので、人間もこんな感じかなぁと思いました。嫌いな食べ物でもその魚や動物、植物のことを考えて、ありがたく感謝して残さず食べたいと思いました。人間に生まれてよかったです。（六年女子）

実践の振り返り

私なりにこの授業を振り返り、「よかった」と思われるところは以下の四つである。

①真鱈を使った実践に取り組むことができたこと。

②男子・女子ともに熱心に取り組んだこと。とくに、女子の頑張りが印象的であった。

③真鱈の解剖を通して、生命について考えることができたこと（生命あるものは、呼吸し食べ物を摂取し、子孫を残すという営みを知ることができた）。

④真鱈の解剖のあとに、保護者の協力も得ながら鱈汁をつくり、親子で美味しく食べることができたこと。

一方、改善していくべきところは以下の二つとなる。

①真鱈が冷凍ものであったので新鮮なもので取り組むこと。

②食物連鎖まで関連付けて学習できなかったので、時間に余裕をもって取り組むこと。

前述のとおり、生きることと真鱈を関連付けた授業はこれまでに何度か実践してきた。しかし、どれをとってみても納得できるだけの実践には残念ながら至っていない。何事も「完璧はない」ということだろう。それぞれの実践には「よさ」と「課題」があり、すべてが同じとはならない。それでも、初めて真鱈と出合ったときの「驚きと感動」は、今なお私の心には鮮明に残っており、薄れることがない。

現在私は、大学生とともに真鱈の解剖と鱈汁づくりのほか、真鱈を使った創作料理づくりにも挑戦している。そこでは、ある意味、校種問わず真剣な眼差しで取り組む姿と反応を日々目にしている。それだけに、「真鱈を通して命について考える」授業はこれからも大事にしていきたいと考えている。人間の命を含めたすべての「命の輝きと尊さ」を伝えるために。

実践ナビ　人とつながり希望をつむぐ――地域は教材の宝庫

（中河原良子）

よく、「地域は教材の宝庫」と言われる。本章で紹介した五つの実践には、子どもたちが身近な地域で一生懸命生きている「人」と出会い、驚き、体験し、問いをもって探究するといった実感のある学びが展開されていた。それぞれにおいて、地域で生きる人々の「思い」に気付き、意味を考え、豊かに学びを広げている様子が存分に伝わってくる。

北海道厚岸町（あっけしちょう）の斎藤鉄也さんは、「地域自慢」にどの子どもも共通に挙げた「おいしい、極ミルク」を生活科の単元に組んだ。「厚岸極ミルク」は地域農協が独自に生産販売にチャレンジした牛乳である。「おいしさ比べ」からはじまり、おいしさの秘密を解いていく。乳製品づくりの体験においては、子どもの家庭が営んでいる牧場で搾乳などの仕事を見学している。案内した子どもは、自分の家の牛乳と「極ミルク」のつながりを初めて知って喜び、子どもたちは身近な生産者の姿にすごさを感じ、地域への誇りを高めることになった。

また、斎藤さん自身が酪農ファームステイに挑戦している。教師の熱意が、農協の「地域おこし」の思いと「極ミルク」の授業をつないだことになる。さらに、テレビ取材が入り、酪農家の地域への熱い想いや教師の酪農体験の話が学校の授業をより豊かなものにしている。このような螺旋的に上昇する実践は、「問い」を学びの出発点にしているから生まれるのであろう。

高知県日高村の高尾由紀さんは、学校の前にある畑を舞台にして、地域の人々の支えで、子どもたちの学びが連続的・連鎖的につながるだけでなく、広がっていくという実践を行った。初めは畑の野菜栽培に意欲的でない子どもの姿があったが、販売活動をはじめると野菜への関心が高まっていった。その結果、種・花・実・種を繰り返す「植物の法則」にも気付いていている。

地域の人々は、奮闘する子どもたちと先生の姿をよく見ていて、声をかけるようになった。熱心な先生には「百姓のおばさん」という愛称を付け、ジャンボ大根を育てるときにはとユンボで畑を耕して応援するようにもなった。その畑で、ジャンボ大根を中心に、重さと長さの学習、料理、大根が変化した「レースのカーテン」の世界が広がる。地域とつながる教育のなかでこそ地域で生きる子どもの教育ができるという高尾さんの教育観が、学校を支える地域をつくっていったと言える。

大阪府吹田市の本郷佳代子さんは、「スイタクワイ」に興味をもち、「吹田くわい保存会」の会員にまでなって、教材化に取り組んだ。なにしろ、皇室への献上品の歴史、家紋、学名に「吹田（suita）」の文字などに見られる、この地域を代表するものだ。

本郷さんは、子どもの目線から授業を組み立てることにした。子どもたちは、種芋からの成長変化を五感を働かせて観察し、事実を文や絵に生き生きと表していく。対話し、疑問についてさまざまな方法で調べていく様子からは躍動感を感じることができる。そして、最後に待っていたのは収穫の喜びであった。

地域に住む農業普及者の授業に、子どもたちは「プロはすごい」と感動している。さらに、保護者の手助けも借りて調理することでクワイの味も知ることになった。まさに、クワイを「総合的」に学んでいると言える。地域の宝を「教材化する目」と、子どもとともに授業をつくる「授業観」が大切だということがこの実践から学べるのではないだろうか。

北海道乙部町にある滝澤圭さんの学校は、「スケソを味わう会」が伝統行事となっている。しかし、スケソ漁の町なのに、子どもも教師も、そして親も実は「スケソ漁」のことを知らなかった。この町を知るためにはスケソ漁を知ることが大事だと考え、滝澤さんは元船団長に授業をお願いした。さらに相談すると、教師が漁船に乗って体験することをすすめられる。元船団長と滝澤さんの思いが一つにならないと実現しないというシチュエーションである。

それにしても、漁の現場と教室をオンラインで結ぶといった発想はすごい。「船上カメラマン」による臨場感あふれる授業となった。そして、「スケソを味わう会」では、スケソをさばいて三平汁と棒鱈づくりに興ずる。三月、その棒鱈は六年生を送る会で振る舞われた。まさしく、「海を知ることはふるさとを知ること」につながる。

青森県南部町の寺下之雄さんは、教科（理科）の授業を「いのちを学ぶ総合学習」として発展させた。その教材として注目したのが、一二月に解禁され、新聞を賑わす「真鱈」であった。なぜ、解剖に真鱈を使うのか。それは、一メートルもある大きな真鱈のお腹を割くと、そのほとんどが精巣と卵巣によって占められており、まさに「生命体のかたまり」を実感できるからだ。

胃袋を割くと、食物連鎖が手に取るように分かる。子どもたちは解剖バサミで魚をさばき、五感を働かせて生殖、食物、呼吸などの生命維持装置を学んでいく。そして、厳しい自然界で生き続けている尊い命であること実感する。また、鱈汁づくりは、命をいただくことによって命を維持している自分自身をとらえ直すリアリティーに満ちた学びとなっていた。

身近な地域にある「もの」、「コト」、「人」について、五感を働かせて学ぶという学習は、「虫の目の世界（目の前の事実・生活）」と「鳥の目の世界（法則と概念・教科の世界）」を結ぶことになり、「リアルな知」に基づく「生きた知」を育てることになる。そのような知性こそが、主体的な市民の生き方を形成する力となる。

第3章

事実から出発する深い学び

——知的リアリティーの追求を

自然の姿を自分の目で確認する（写真：是恒高志）

ザリガニにこだわった子どもたち

小川修一（埼玉県川越市立今成小学校元教諭）

みなさん　聞いて　きいて！　大発見だよ！

新年度がはじまったばかりのある朝、勢い込んで教室に飛び込んできた二年生のさちこさんは、すぐさまランドセルから「あのネ帳」と筆箱を取り出すと、一気に次のように綴り、「朝の会」で誇らし気に発表した。

四月一七日
きょう、学校にくると中、土からザリガニがあなから出ているのを見ました。あの大きさは、ソーセージくらいの太さでした。（今まで、ずっと冬みんしていたんだなぁ）とおもいました。

さちこさんの発表を聞いた子どもたちは、今シーズン〝初めて〟の「ザリガニ」の登場にビックリした。「どこにいたの？」とか「どの辺の川？」と、興奮して質問を投げかけていたのは男の子たちだった。今シーズンの「一番乗り」を女の子に奪われてしまったことに対する悔しさが滲んでいた。

「小江戸」と称され、「蔵のある町」として観光名所にもなっている川越市だが、市内で荒川と入間川が合流するほか、江戸時代から舟運で使われた新河岸川などがあるせいか、用水路が発達している。観光名所となるエリアから北西へ二キロ弱ほど離れている本校の前にも用水路が流れている。

毎年のように、用水路にザリガニが目につくようになると、子どもたちは連日のようにザリガニ釣りを楽しんでいた。またそれは、就学前からの「特別な遊び」でもあった。それほど、ザリガニは子どもたちにとって、「竹馬の友」ならず「ザリガニの友」であった。

さちこさんの発表後、「あのネ帳」のテーマは、連日ザリガニに支配されてしまうことになった。しかも、少しでも「目新しく」、「珍しく」、多くの仲間が注目し、「触発される」ザリガニにかかわったテーマを見つけての発表となった。

「ザリガニが、いっぱいいる場所」、「大きなザリガニ見つけた」、「マッカチンみつけた」、「交尾していたザリガニ」、「脱皮中のザリガニ」、「ザリガニの大群」、「ザリガニのエサ」など、「あのネ帳」の聞き手となる仲間たちの興味・関心を惹きつけたいために、さまざまな角度からの観察を行い、その発見を綴るという発表になった。そんな発表と同時に、ザリガニそのものが教室に持ち込まれ、さながら「ザリガニ水族館」とも呼べるような状態となった。子どもたちは、連日のようにザリガニ釣りの成果を競い合っては、水槽をのぞきこんでいた。

大変　たいへん！　大事件！

大量に持ち込まれたザリガニは、生活科備品の水槽だけでなく、理科室からも飼育箱を運び込んでの飼育となった。釣果の戦利品であるザリガニを、子どもたちはむやみやたらに、競い合うようにして容器へ入れてしまった結果、最初の「事件」が発生してしまった。

直径三〇センチ、深さ一五センチぐらいの容器に、五〇匹以上ものザリガニを詰め込んで飼育しはじめた子どもたちは、ひしめき合ってうごめくザリガニたちに向かって、「ケンカしないでいるんだよ」とか「お腹が空かないようにエサもいっぱい入れておいたよ」と言いながら下校していった。

ところが、翌朝、登校してきた子どもたちは、意外な光景を目にすることになった。あまるほどのエサを入れておいたにもかかわらず、まったくエサは食べられていなかった。そして、見るも無残な、下半身のちぎれたザリガニの「死体」が散らばっていたのだ。そう、「共喰い」という被害を確認してしまった。

「なんで？」、「どうして？」、「エサは、いっぱいあったのに……!?」と、声を失ってしまった子どもたちはというと、ため息をつきながら途方にくれていた。何とかして「事件」の要因と解決の方法を見つけ出さなくては……と困惑している子どもたちだったが、毎日の登下校の折に「ザリガニは？」と用水路をのぞき込んでいたおさむさんが、

「川の中と水槽の中のザリガニの棲み方が違うみたい………。川の中では、こんなにゴチャゴチャいないよ」

と、つぶやいた。

「それじゃあ、みんなで確かめに行こうよ」ということになり、教室から徒歩五分ほどのところを流れる用水路まで出掛けることにした。この用水路は、おさむさんが観察しているところでもある。

「アレッ！　ザリガニ　一匹でいるよ」

「こっちのザリガニも一匹だよ」

「あっちとこっちのザリガニは、うんと離れてのんびりしているよ」

「アッ！　あっちにいたザリガニがこっちに来たら、こっちのザリガニが攻めていったよ」

　こんなつぶやきを発しながらの交流から、ザリガニの棲む世界は「適度な空間」を必要としており、「テリトリー」も存在しているということを確認することができた。

　教室に戻った子どもたちは、連日、一つの水槽で飼育可能なザリガニの適正数を調べるといった探究的実験をはじめることにした。数日にわたった試行錯誤の結果、「三匹以内」というのが子どもたちの出した結論であった。

　調べれば調べるほどさまざまなことが起こるものだ。第二の「事件」も壮絶なものだった。

脱皮中のザリガニを、比較的空いていた水槽に入れたときだった。子どもたちが見つめるなか、殻を脱ぎかけてプヨプヨの柔かいザリガニが、仲間のザリガニから集中攻撃を受けてしまったのだ。

「大変　たいへん！」、「かわいそう！」、「殺されちゃうよぉ！」とみんなが叫び出した。そこに、同じような光景を下校途中に見たことのあるただおさんがすっ飛んで来て、「このままじゃダメ！　ほかの入れ物に移さなくちゃ！」と言って、別の容器に入れてやっていた。

「川の中で脱皮しているザリガニが、ほかのザリガニに食べられそうになったのを見たことあるんだ。そのとき、うんと離れた場所に逃がしてやったことがあるんだ」

と説明するただおさんの言葉に、みんなが納得していたようだった。


目の前で繰り広げられるザリガニの世界から、「なんで？」、「どうして？」を交流し、事実と事実をつなぎあわせていった子どもたちだが、私たち教師は、それらの関連性を子どもたちの興味・関心をベースに探究しながら、子どもたちなりの「学び合う楽しさ」と「心地よさ」を集団的に育て、つくりあげていきたいものだ。

子どもたちにとっては、「解き明かしたい問いの探究活動」は、まさに自らの「要求」を「実現」する過程である。仲間とともに学び合うことは、自己と集団の成長と発達をともに保障する機会（チャンス）であることを、体験的に実感させていきたいとも考えている。

「子どもの意見表明権」を市役所に委託する

連日、「あのネ帳」を通して多種多様なザリガニの世界を交流しているときだった。突然、子どもたちを震撼させる「あのネ帳」が発表された。

五月二一日

「ドブ川の工じは止めて！」

みなさん、〇〇ようちえんをしっていますか？　ようちえんの前にあるドブ川は、工じをしています。前は、ザリガニがいっぱいいつれたのに、工じがはじまって、いなくなってしまいました。

朝ごはんのとき、お母さんとお父さんと話しました。お母さんは、「みんなでおてがみをかいて、市やくしょにあるポスト[1]に入れれば、工じの人が見てくれるよ」と、いいました。お父さんは「でも、ドブ川の近くにすんでいる人は、ドブ川がくさいんだって」と、いいました。

わたしは、（工じしたから、よけいくさくなったのかなぁ………）と、思いました。

（1）当時の川越市役所には、市民からの要望や意見を聞き取るために「市民目安箱」が設置されていた。

子どもたちにすれば、「工事＝ザリガニの棲み家破壊＝ザリガニの消失」であったわけだ。となれば、毎年楽しんでいた「ザリガニ釣り」ができなくなってしまう。一緒に楽しんでいた弟や妹もそれができなくなってしまう。子どもたちは、こうした現実が確実に予見できる、と察知してしまったわけである。だから、何としてでも工事を「阻止」したかった。

どうしたら工事を「止める」ことができるか？　その方法を見つけだそうと地域を探検することにした。すると。同じ学区内でも、用水路が生き続けている場所と埋め立てられている場所があることに気付いた。実は、その違いは当該地域に下水道が完備されているか否かによるものであった。

一定の解明策が「見えて」きた、と確信した子どもたちは、早速、「市民目安箱」へ手紙を届けることになった。これまでの経過を総括させ、手紙の文面の骨子を次のようにみんなで練り上げた。

・ドブ川が臭いので、近所の人が「工事をしてください」とお願いした。
・ザリガニがいなくなった。ザリガニがかわいそう。
・僕たちとドブ川の近所の人と「戦争（口ゲンカ）」しよう。
・子どもたちの気持ちも分かって。
・ザリガニの命も守って。
・「戦争」って生命の奪い合いだよ。心の傷つけ合いだよ。
・ドブ川をきれいにして残すには、下水道を作ってもらえばいいんだ。

・ドブ川は土のままの川にしてもらえばいいんだ。
・ドブ川が、きれいな川にヘンシンする。

こんなまとめをして、一人ひとりの願いと想いの詰まった手紙を市長さん宛に書いた。そして、保護者同伴のもと、子どもたちが直接市長さんに届けた。このとき、子どもたちからの「陳情」は初めてという珍しさから、東京・埼玉新聞社からの取材も受けている。


「ドブ川のエビは、やめてください」

ドブ川のエビがありましたね。コンクリートだから、ザリガニもいなくなってしまいました。どうしてかというと、エビをしたからだと思います。ザリガニつりだってできなくなります。

「おねがいです。ドブ川のエビをやめて」

エビをしてザリガニがいなくなってしまったので、私は（かわいそうだな）と思いました。下水道をつくったり、みんなでちえを出して、きれいにするとよろこぶと思います。

でも、みんなは、「2年2組と近じょの人とせんそうする」と、言います。自分のいのちとザリガニのいのちは、同じだと思っています。子どもの気もち、わかってもらえますか？　私も、できたらきょう力します。下水道つくれば近じょの人もきっとわかってもらえます。おねがいします。

こんな手紙を届けてから一か月後、市長さんからの返事が届いた。用水路の工事というと大型のU字構を埋め込む工事が多かったわけだが、今回の工事は、護岸にスリランカ製の椰子の皮で編んだネットを敷き、川底には浄化作用のある浅間山の溶岩を敷き詰めるという、自然環境にやさしい工法であることが説明されていた。

もちろん、私が読みつつ子どもたちに説明をしたのだが……、このあとの子どもたちの動きには驚いてしまった。

川広聴収第２２７号
平成９年２月１８日

川越市立今成小学校
２年２組の皆様

川越市長　舟橋功一

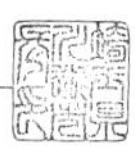

貴下、ますますご健勝のことと存じます。
平成８年１１月２２日付けで提出のありました「要望書」につきまして、次のとおりご回答申し上げます。

記

〔要望事項〕
しぜんがいっぱいのザリガ二公園をつくって
〔回答〕
前回の回答で「よく意味がわからないナァ…」具体的なイメージが湧いてこないため不安に感じてしまった。とのことですが、実際９月の回答時点では具体的な整備内容が決まっていなかったため、方法を考えているとの回答になってしまいました。現在、工事も１月から始まっていますが、工事のやり方は同封した図面のように行いますので完成を楽しみに待っていてください。

又、今回のしぜんがいっぱいのザリガ二公園をつくって下さいとのことですが、生物が生息出来る様な河道の整備を行いますがザリガ二等がいっぱい住める川にするには、きれいな水も必要です。皆さんで川を汚さない様にすることでザリガ二も喜んでいっぱいになると思います。

ザリガ二公園とまではいかないまでも川にしぜんがもどるようにこれからも頑張っていきます。

市長からの手紙

「私たち」と「地域のみなさん」の願いはいっしょ！

二学期がもうすぐ終了という時期に工事がはじまった。すると、子どもたちの興味・関心は、「スリランカ」と「浅間山」に集中していった。そして、「あのネ帳」では、スリランカと浅間山の場所・風土・特産物・火山などに関する発表がされ続けることになった。

そんな活動と同時に、四月からはじまり、ザリガニにこだわり続けた一年間を総括するように「お話聞き隊」を組織して、工事のはじまった用水路の地域探検もはじめることにした。どうしても工事をしなければならなかったのか？　その必要性はどの程度であったのか？　ドブ川はほんとに臭かったのか？――など、原点に戻っての探究活動をはじめたわけである。

子どもたちは、手づくりの「お話聞き隊」の隊員カードや名刺、そして聞き取りカードをつくり、探検ボードを首にかけるといった出で立ちで、放課後、三～四人のグループで地域をめぐり歩いた。一軒ずつチェックし、途中経過については「朝の会」で毎日報告し合い、調べた実態をみんなで確認しあっていった。約半月に及ぶ活動から、次のような結論を引き出すことができた。

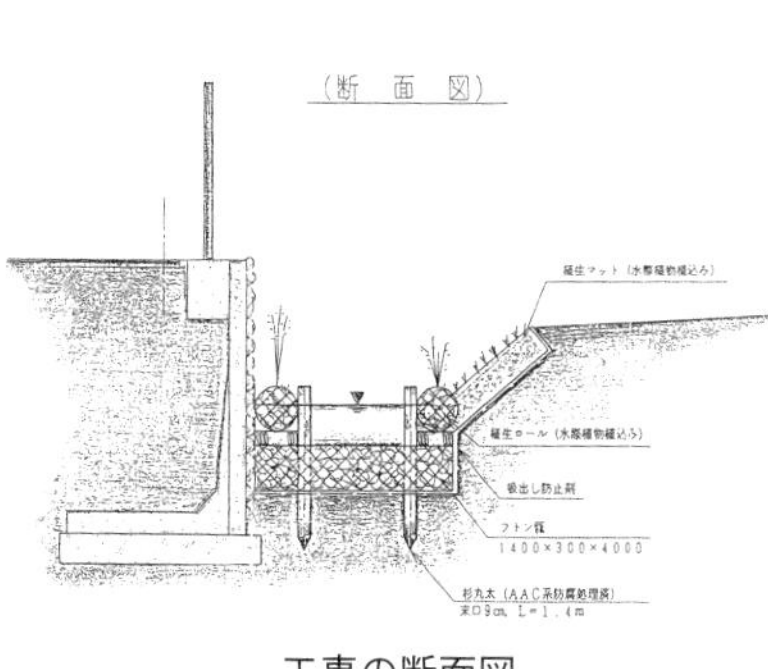

工事の断面図

工事がはじまる前、川は、本当にくさかったんですか。

夏になると田んぼに水をはるため、水をせきとめると、ザリガニ・オタマジャクシなどが、たくさん川にいた。ウジャウジャいた。むかしは、水がきれいでシジミもとれたんだって。においは、川がくさったようなにおいだった。冬になると、川がなくなったそうです。

なつは、みなみかぜだから、水のにおいがにおってきた。だから、みなみがわのまどは、あけられないくらいくさかった。フェンスもこわれていた。工じをしてから、よごれもきえた。みちもひろくなって、あるきやすくなった。

子どもたちは、仲間からの探検・聞き取りの結果を受け止めながら、工事の必要性・妥当性を納得することができたようだ。あわせて、地域の住む人々の抱えている問題や願いも受け入れることもできた。何よりも、地域の人々と自分たちの願いや想いが共通しているということが実感できたことが収穫であると言える。

一年にわたって継続した学び合い、そこでは「子どもたちの解き明かした問い」が続々と生まれ、それを自ら調べることで育ち続けていたと言える。当たり前のこととして気にも留めない大人が多いわけだが、日常の風景が気になり、そこから住んでいるエリアのことを学んでいる子どもたちがいるのだ。そんな子どもたちの好奇心と探究心、決して芽を摘んではいけない。

実践2　枝豆の栽培から大豆の学習へ（小学校二年生）

品田　勝（群馬県高崎市立東部小学校元教諭）

教材としての枝豆と大豆

小学校二年生の生活科では、「野菜を育てる」ということが教材に含まれている。人間が自然に働きかけて食べ物を得ていることを体験できる貴重な学習であり、多くの学校ではミニトマトを育てているわけだが、収穫が夏休みになるので、教材として最適とは言えないと私は考えている。

これまでにいろいろな野菜を育ててみたが、教材としては「枝豆」が一番よいのではないかと思う。地域にもよるが、夏休み前に収穫することが可能であるうえに、採れたての枝豆はとくに美味しい。また、枝豆を「嫌い」という子どももほとんどいないという事実がある。さらに、成熟した枝豆、つまり大豆も教材化することが可能となる。

ただ、種まきには気を配る必要がある。発芽には、ある程度の気温が必要とされるのだ。群馬県の場合で言えば四月下旬となり、成長の早い「早生品種（わせ）」、できれば「極早生品種」をまく必要がある。そうすれば、夏休みの直前に収穫することが可能となる。

枝豆の栽培

四月二七日、ビニールのポットに種まきを行ったが、子どもたちには、そのときの様子や感じたことを「かんさつシート」に記録してもらっている。

「おうどいろのまめに　へんなちゃいろのすじがあった。そっからめがでるのかなあ」

「大きくなったら、みどりになったら、うまそうだった」

といったように、科学的な興味をもったり、収穫時に思いを馳せたりしていたが、何よりも、描かれている人物がみんな笑顔なのが微笑ましい。そして、五月一七日、本葉がはっきりと形になり、子葉との違いが分かるようになったのを見計らって観察を行った。

「けがはえていたよ。白いけだったよ。はは、いろんなかたちでおもしろかったよ」

「ポットの下のあなからねっこがでていた」

子どもたちはこのような文章を書いているわけだが、大事なことにちゃんと気付いていることが分かる。もちろん、絵も描いてもらっているが、このあたりの成長段階は観察画として二年生にはちょうどいいように思われる。このあとも絵にしていているが、葉の数が増えると一枚一枚を描くことができ

種まきの様子

なかったからだ。

翌日の五月一八日に移植を行い、その後も何回か観察と草むしりを行った。子どもは「花が咲いてる」とか「小さな枝豆ができてる」とその都度発見をし、絵も描いている。そして、七月一五日、もうすぐ夏休みという日に収穫を行うことにした。

子どもたちには、収穫した枝豆二本を抜いたまま持ち帰らせ、その日のうちに食べることをすすめる「学年だより」を保護者に向けて出した。すると翌日、次のような感想を子どもからいただくことができた。

――ぼくは、たべたらおいしかったよ。お母さんが「ふっくらしてておいしかったよ。」と言いました。お父さんは「夏のあじがするね。」と言いました。

発芽時の枝豆

枝豆から大豆へ

夏休みに入り、登校日となった八月二〇日、畑に残しておいた枝豆を採りに行った。枝豆は球形の薄いおうど色になり、堅くなっていた。子どもたちにそれを一粒ずつわたし、この豆の名前を家の人に聞いてくることを宿題にした。

ご存じのように、この豆が大豆なのだが、枝豆が大豆になることに関しては、これまで子どもたちには言わないでいた。一学期の間、うっかりしゃべらないように私は注意をしていたし、そのことは保護者にも伝えておいた。言うまでもなく、枝豆が大豆になることを、子どもたちに驚きをもって知ってほしかったからである。しかし、残念なことに、持ち帰った豆が実は大豆であると知っても子どもたちはあまり驚かなかった。子どもたちの興味は別の方向に進んでいたのだ。

「せんせいからもらったえだまめは、だいずです。なっとうやおとうふやしょうゆは、だいずからできています。みんなスーパーにうっていました」（子どもが書いた夏休みの作文の一部）

また、行動的な美香は、お母さんのクイズに答えながら、冷蔵庫の中から豆腐・味噌・油揚げ・醤油などが大豆からできていることを夏休みに見つけ、生き生きとした作文を書いている。このときのお母さんの働きかけ、「見事」のひと言である。

枝豆の栽培のあと、二学期には大豆加工食品について学習を進めていこうと予定していたのだが、そんな私の思いを知る由もない子どもたちの興味は、自然な形で予定したほうに向かっていた。

大豆から何ができる？　どうやってつくるの？

夏休み明け、宿題の答えは「大豆」であると伝え、次に「大豆からできる食品を家の人に聞いてくるように」という宿題を出した。その数日後、「実は、夏休み中にもう調べた子がいるんだよ」と言って、この作文をみんなの前で読んだ。すると、子どもらしい「やりたがり屋」の祐司が「つくってみよう！」と言ったのだ。子どもの自然な能動性なのだろうか、授業でこのように発揮されることは教師としてうれしい。

当然のことのように、話はつくり方に進んでいった。子どもたちは断片的な知識を想像力でつなぎあわせて、「こうじゃないか、ああじゃないか」と発言を繰り返している。「納豆は大豆を煮て腐らせるとできる」とか「豆腐は大豆と水をミキサーに入れて細かくして凍らせるか、薬を入れるかするとできる」などと話しており、なかなかいいところまで行っているのだが、ほかの子どもたちを納得させることはできていない。

つくり方を一生懸命考える子どもの姿、これほど微笑ましいものはない。とはいえ、子どもたちの話では正確なつくり方が分からないので、大豆から何ができるかをはっきりさせたあと、それらのつくり方を調べることにした。

「大豆から何ができるか」という宿題の答えを発表してもらったら、クラス全体で一九種類の食品が挙げられた。子どもたちが話を聞いた両親や祖父母のなかには、単に食品名を教えるだけでなく、大豆にまつわるトピックス的なことを話してくれた人もいた。

余談になるが、このときに答えとした発表されたものに「大豆油」があった。大豆から油を絞る様子を、私はぜひ子どもたちに見せたいと思った。そして、手動の搾油機を探して購入し、絞ってみたが、大豆油の滴になることはなく、残念な結果に終わっている。悔しい思いがしたので、自宅で胡麻を使ってやってみたら見事に油が取れた。どうやら、大豆の油分は胡麻ほどはないようだ。

子どもが動く

大豆から何ができるかを調べはじめ、どのようにしてつくるのかがクラスで話題になっていたとき、何人もの子どもたちが動きはじめた。まず、二人の子どもが家にあった大豆の本を持ってきた。別の二人は、保護者に市立図書館に連れていってもらい、本を借りてきた。そして、そのうちの一人が借りた本をもとに大豆に関する作文を書いた。さらに、まじめではあるが、授業ではあまり活躍することのなかった圭太が家の近くにある豆腐店に行って、大豆が豆腐になることを確かめてきた。このように、自らの知的好奇心で行動する姿はなんとも頼もしい。

圭太の話で校区内に豆腐店があることを知った担任三人は、後日このお店に行って豆腐づくりを見学させてもらっている。地域のことを教師がすべてを知ってるわけではない。いや、むしろ知らないことのほうが多いだろう。だから、子どもの情報から教師が学び、それを学習の充実と発展に返していくという、こうした「子どもとともに学びをつくる」姿勢が生活科実践には必要ではないかと私は考えている。

大豆加工食品のつくり方を調べてつくる

大豆から何ができるかをみんなで発表しあい、確認できたあと、そのつくり方を具体的に調べることにした。前掲した圭太が再度豆腐店に行ってつくり方を教えてもらったが、多くの子どもは本で調べたり、保護者に聞いて調べている。現在ならネット検索となるのだろうが、できれば人と直接向き合って調べるのがいいと私は思っている。理由は言うまでもないだろう。これに勝るコミュニケーションはない。

つくり方を調べたら「つくろう」となるのが自然な流れである。それに、ここまでの大豆の授業は、夏休み後に発せられた「つくってみよう」という祐司の発言を契機として進んできたわけであるからなおさらである。

まずは、「煎り豆」と「きな粉」をつくることにした。大豆をフライパンで煎れば煎り豆はできる。これが節分に行われる「豆まき」の豆であることを教えたあと、それを石臼で挽いて「きな粉」にした。この「きな粉」は、砂糖を加えて、白玉だんごにまぶして食べている。

そして、味噌である。一〇月一五日、高崎市内で手づくり味噌の講習を行っている味噌店の人に学校まで来てもらって仕込むことにした。ありがたいことに、この店に依頼すると、煮てすりつぶした大豆をはじめとして、材料の一切を用意してくれる。そのため、子どもがやることは材料を混ぜて丸めるだけとなるが、ＰＴＡ行事として行ったこともあるし、仕込んだ味噌を温度管理されている場所で熟成させてくれることなどの理由でこのお店にお願いした。

子どもたちは、糀の匂いを「臭い、臭い」と言っていたが、作業そのものは楽しんでやっていた。ちなみに、できあがった味噌は、翌年の三月、袋詰めした状態でお店の人が学校まで届けてくれた。

豆腐は、一〇月二五日にクラスの授業として家庭科室でつくっている。「煎り豆」と「きな粉」のときもそうだったが、大豆は収穫したものではなく、お店で購入したものを使った。前掲した授業において収穫したものが大豆であると分かっているのだから、必ずしも自分たちでつくった大豆を使う必要はないと私は思っている。

豆腐づくりの授業を行う前、私は六回ほど家でつくってみたが、なかなか思うようにはいかず、コツをつかめないまま授業を行うことになった。一丁できるだ

とうふ　の作り方

しらべ方　とうふやさんから聞いた

①はじめ大豆を8時間ぐらい水くにつけといて、1.5ばいぐらいの大きさになる。

②それでそれをすりつぶして、水を入てにてそれをとうにゅうとおからに、しぼってわける。

③それでとうにゅうに、にがりを入て、かためてかたばこに入て、おもをして水をきって、とうふのできあがり。

みそ　の作り方

しらべ方　おばあちゃんから聞いた

①まず大豆をおなべでにてやわらかくなったのをつぶす　こうじ(おこめでつくったもの)と塩をいれて

②つぶした中にこうじ(おこめでつくったもの)と塩をいれてながいあいだねかしておく。

子どもたちが調べた大豆加工食品のつくり方

けの材料を使ったのだが、よくできた班で半丁であった。厚さ一センチぐらいにしかならなかった班もあり、決して「大成功」とは言えなかったが、一応「豆腐」ではある。想像以上に豆腐づくりは難しい。このときの子どもたちの感想を紹介しておこう。

・とうふをちゃんと作れるか心ぱいだった。でもたのしかった。できあがりをたべてみたらおいしかった。じょうずにできてよかったと思った。

・とうふをつくりました。みそとちがって、おかあさんとかがこなくても火とかをじぶんたちでいろいろなことをやってたのしかった。こんどはなっとうとかをやってみたいです。

「じぶんたちでいろいろなことをやってたのしかった」という記述に、子どもの本質があるように思う。子どもがやれることとやりたいことに大人が手を出してしまうというのは、子どもの意欲を削いでしまうことになる。子どもの「やりたい」を大事にする教育をしていきたいと改めて感じた。

豆腐づくりをした数日後、明るいが、ちょっとはすに構えるところもある由香利が「家でも豆腐をつくりたい」と言ってきた。「おうちの人と一緒につくる」と言うのだ。私は喜んで、にがりや道具、そしてつくり方が書かれてあるプリントを渡した。

彼女の家では、休日の朝一〇時から豆腐づくりをしたようだ。その様子を作文に書いてきてくれたが、それを読むと、豆腐は上手にできたようで、昼食のおかずになったようだ。このような日常風景を作文で知ることができる教師という職業、この子どもの家庭と同じく、「いいもんだ」と思ってしまう。さらに、私の感情を高めるかのように、別の子どもも家で豆腐をつくっていた。

こんなふうに子どもが学校の授業の続きを家でやってくれるというのは、ピタッと合った教材が子どもの能動性を引き出したからであると思っている。そして、それにこたえてくれる保護者がいるということも子どもにとっては幸せなことであろう。このような環境を生み出すためにも、普段から保護者とのコミュニケーションを欠かすことができない。

補足しておくが、「煎り豆」、「きな粉」、「味噌」、そして「豆腐」をつくったあとに、毎日の食事にどんな大豆加工食品が使われているかを調べてもらい、日本の食事においては欠かせないものであることをテーマにして授業を行ったが、子どもたちはあまり興味を示さなかった。二年生にとってはふさわしい内容ではなかった、と自己反省している。

教師が「おもしろい」とか「教えたい」と思えるものをテーマや教材にして行っていきたいと私は考えている。教科書に載っている教材でもいいのだが、自ら考えてつくりだすことに教師としての意義を感じている。ここで発表したように、私にとってその代表的な授業の一つが、「枝豆の栽培から大豆の学習へ」であった。教師が惚れ込んだ教材での授業は、きっと子どもを能動的にすると信じている。

「開魂園」の竹やぶは病気です

岸本清明（兵庫県加東市立東条西小学校元教諭）

加東市（かとうし）と言ってもご存じの人は少ないであろう。神戸市から北へ約三〇キロに位置する内陸の町である。さらに三〇キロほど北に向かうと、二〇二〇年のＮＨＫ大河ドラマ『麒麟がくる』で有名になった福知山市がある。実は、加東市の東条は、酒米の「山田錦」（全国第一位）と「鯉のぼり」、そして「釣り針」が特産の町である。釣り針にいたっては、全国生産の九〇パーセント以上のシェアを占めている。とはいえ、少子化や人口減少という理由でこれらの産業も斜陽化している。

ここで紹介する教育実践は、このような環境にある町の、農村エリアにある小学校で行ったものである。校舎の裏には水田（もちろん、山田錦）が広がり、その北には低い里山が迫ってきている。そこに「開魂園」という二ヘクタールもの学校林がある。かつては野外学習やキャンプなどにも利用されていたという背景があり、林内に広場や野外教室まで整備されている。「ここを総合学習に利用しない手はない」、と私は考えた。学校林の大部分は雑木林となっているが、入り口と丘の二か所に竹藪がある。この竹藪を教材にして、三年生一六人と環境学習をはじめることにした[1]。

（1）二〇一〇年度当時は一五〇名の児童がいたが、現在は六一名となっている。

まず「竹と友達になろう」と、教室や家にある竹製のモノを見つけることからはじめた。定規やペン立て、ウッドブロックや昔の釣り竿、そして籠などといったように、竹は多くのものに利用されていたことが分かった。

次は、竹を切り出し、一輪挿しやコップをつくった。丸い竹は転がりやすく、ノコギリで切るのが大変だったため、友達に両側を押さえてもらった。しかし、一旦切るコツをつかむと、全員がうまく切れるようになっていった。

その後、竹藪の観察に出掛けた。竹に親しみが湧いたのか、子どもたちは観察に熱中しつつ、次のような疑問を抱くようになった。

- 節があるのはなぜか。
- 節以外（稈（かん））が空洞なのはなぜか。
- 年輪がないのはなぜか。
- 竹は何年生きるのか。
- 白い粉がついているのはなぜか。
- 竹はどうやって増えていくのか。
- 竹藪はどうやってできたのか。
- 病気の竹を治す方法はあるのか。

これらの疑問に私はすぐに答えず、竹藪の観察を続けてもらうことにした。

少し経ってから、「兵庫県立人と自然の博物館」（〒669-1546　三田市弥生が丘６丁目）で研究員をしている小舘誓治先生に学校まで来てもらうことにした。せっかくの機会だから、竹藪に出掛け、そこで子どもたちが質問し、先生に答えてもらうことにした。

竹は木とは違って稈が空洞であること、一日に一メートル以上成長することがあること、竹の白い粉は若竹にだけあって防水の役割を果たしていること、そして、竹は地下茎で増えていくことも話してもらった。自分たちが見いだした疑問だけに、子どもたちの聞く表情も真剣なものであった。

竹藪の健康診断

「病気の竹を治す方法はあるの？」と、小舘先生に尋ねた子どもがいた。小舘先生が、「どんな竹が病気だと思うの？」と返してきた。その子どもの答えは次のようなものであった。

「枯れかかっていたり、稈が茶色をしていたり、稈に黒い点々の模様があるもの」

これがきっかけとなって、次回は病気の竹に焦点を当てて観察することになった。すると、「枯れた竹や茶色になった竹が意外に多い」ことに子どもたちが気付いた。しかも、「入り口の藪には枯れた竹が多く、丘の藪には健康な竹が比較的多い」ことに気付く子どももいた。子どもたちが医者になり、この違いの原因を診断していけば、竹藪の病気を治す方法が見えてくるかもしれない。そこで、

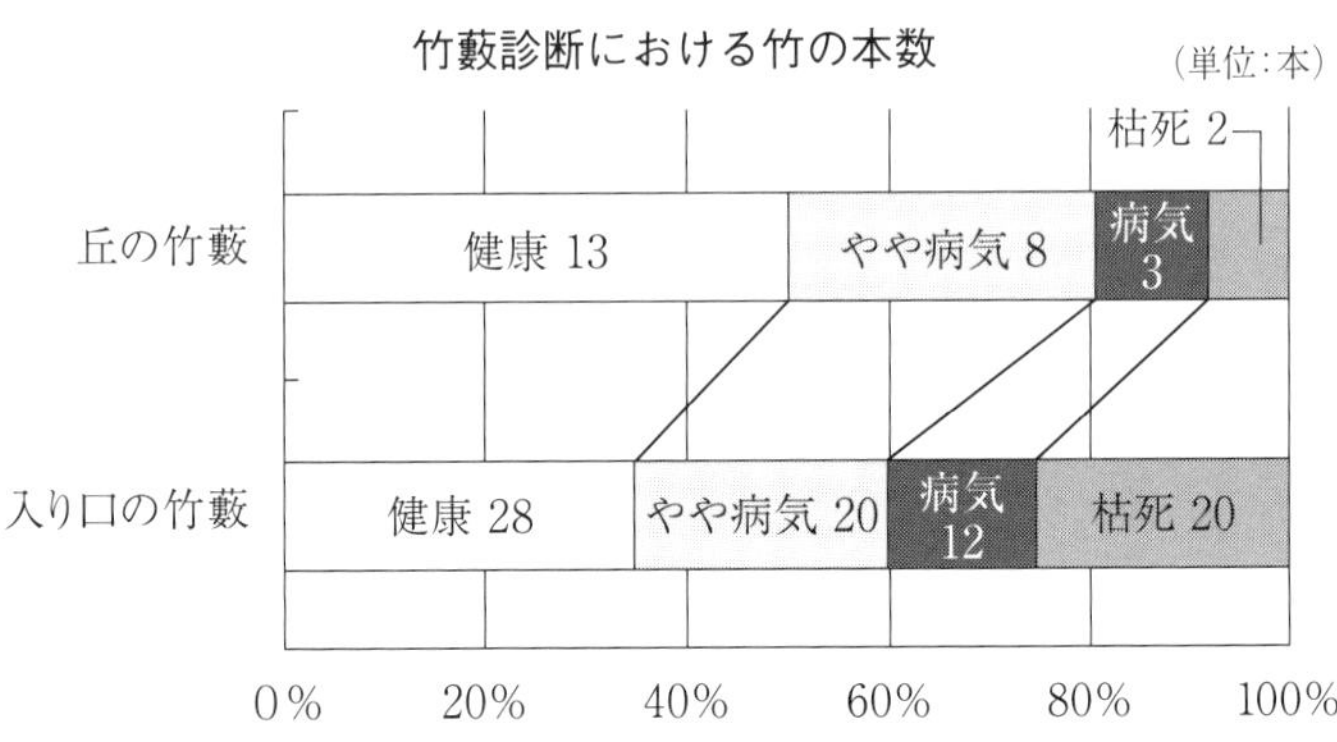

二つの竹藪の病状を正確に把握することにした。

小舘先生のアドバイスを受けて、それぞれの竹藪にロープで五メートル四方の正方形をつくり、そのなかにある竹の一本一本を、「健康」、「やや病気」、「病気」、「枯死」の四段階で病状を下していった。そして、その結果をグラフで表した。そのときの、ある子どもの感想が興味深いものだった。

「ぼくは入り口の竹藪は本数が多いから、その分『病気』と書かれているのが多いと思います。丘のほうは本数が少ないから、『病気』と書かれているのが少ないと思います。グラフは役立つんだなと思いました」

そして、「竹の本数が病気の原因ではないか」とも言っていた。

病状の診断を行ったあとは健康診断である。入り口と丘の竹藪から一本ずつ切り出して調べることにした。

密生している入り口にある竹は、高さが一一・七メートル、枝の数は六二本。葉は稈の上部だけにあり、四〇二〇枚だった。一方の、比較的すき間のある丘の竹は、高さが一二・二六メートル、枝の数は四二本、葉は二万枚以上あった。この調査から、次のような疑問が出てきた。

・なぜ、竹は葉をつけているのか。
・どうして丘の竹のほうが葉は多いのか。
・入り口と丘で、葉の数にこんなに違いがあるはどうしてか。
・丘の竹はよく育っているのに、なぜ入り口の竹より背が低いのか。
・なぜ竹は太くなるのか。
・竹藪の手入れをしないのはなぜか。

入り口の竹藪の不健康な理由を考える

「どうして入り口の竹藪のほうが不健康なのか」を問題にした。すると、以下に挙げる四つの説が出てきた。

①丘の竹藪は手入れをしているが、入り口の竹藪はしていない。（手入れ説）
②丘の竹藪は太陽がよく当たるが、入り口の竹藪は当たらない。（太陽説）
③入り口の竹藪では、風で竹と竹がぶつかって枯れた。（風説）
④古い竹は、若い竹に栄養をあげて枯れていく。（栄養説）

まず、子どもたちで話し合うことにした。竹藪に何度も通い、観察を繰り返してきただけあって、子どもたちは積極的に自分の意見を主張した。

「手入れ説」の根拠は、花壇でアブラナを栽培したときに肥料と水を与えたという体験と、入り口の竹藪には人の手入れした形跡がなかったことである。「太陽説」の根拠は、丘にある竹藪のほうが太陽によく当たっているのに対して、入り口の竹藪は中が暗かったことである。「風説」の根拠は、入り口付近は外からの風によく当たることである。その風で竹と竹とがぶつかり、ケガをして病気になると考えたのだ。そして「栄養説」の根拠は、「竹は地下茎でつながっている」ことを小舘先生が以前に説明してくれたからである。

一人ひとりが理由を発表するたびに、そのどれもが正しそうに思えてきてみんなは迷った。そのうち、①と②が合併した「手入れ&太陽説」を主張する子どもが出てきた。また、「風説」に対しても別の考え方が出てきた。それは、入り口の竹藪が内側にある丘の竹藪を風から守っているという説であった。その根拠は、外では強い風が吹いていても、中に入ると無風状態になることであった。

当然と言うべきであろう、子どもたちで話し合っても結論には至らなかった。そのため、それぞれが家に持ち帰り、家族と話し合ってくることにした。しかし、話し合いはうまくいかなかったようだ。家族の誰もが実際に竹藪を見ていないし、竹や竹藪に関心が薄かったからである。

竹藪の手入れの方法と竹藪の環境問題を知る

再度、小舘先生に来てもらうことにした。子どもたちから六つの説（追加されたものも含む）の説明を聞いた先生は、「どの説も間違ってはいない。正解がどれかと言えば、『手入れ説』＆『太陽説』である」と結論づけ、次のように話してくれた。

「植物は太陽の光を葉で受け、栄養をつくっている。それで、入り口付近の竹藪は密集しすぎて日光が当たらず、枯れた竹が多い。丘の竹藪は竹の本数が少ないので、日光が比較的よく当たり、健康な竹が多い」

この説明に、子どもたちは納得した表情を示した。

「どのように手入れをしたらよいのか？」という子どもたちの問いに対して先生は、「傘を差して通れるほど、すき間を空ける」と答えたあと、次のように詳しく説明をされた。

「竹林を手入れせずに放置しておくと、竹がどんどん増えて雑木林が竹林化していく。竹は生命力が強くて、一気に高く成長して下を暗くしてしまう。それで、木や植物が育たない。しかも、竹は果実も実らさず樹液も出さないので、昆虫や野鳥を養うことができず、生物多様性と逆の林になる」

竹藪を健康にしたいと考えていた子どもたちは、自分たちの思いとは違う話を聞かされて驚いてしまった。

「開魂園」の木や竹の利用法を考え、手入れもする

子どもたちが真剣に学んできただけに、私はその学びを発表する機会をもちたいと考えた。そして、一一月の親子活動として、「竹藪学習発表会」と開魂園にある竹や木を用いた「親子工作会」を企画した。

まず、子どもたちが竹藪や竹について学んだことを発表した。その内容は、私の期待を超えるしっかりとした発表であった。子どもたちが、「誰かに伝えたいと思っていたこと」だったからである。それに続く「親子工作会」では、専門の講師に来てもらい、子どもたちがつくりたいと願ったものを、きちんとつくれるだけの態勢を整えた。その結果、竹の稈（かん）を何本か針金でつないで動くような仕掛けをしたヘビとか、ウグイス笛やゾウ、花瓶やティッシュケースなど、それぞれが満足できるだけのものを仕上げていた。

そして、翌月の一二月に、竹藪の手入れをすることにした。子どもたちは張り切って、一本一本竹を切り倒していった。竹の稈は堅いので、子どもたちは自然と協力しあうことになった。そのとき、枯れた

竹藪の間伐

子どもが竹を切り倒す

り、倒れたりしている竹も広場に引っ張り出すことにしたところ、その広場は子どもたちが切った竹と枯れた竹でいっぱいになってしまった。

このまま放置するわけにはいかない。言うまでもなく、見た目にも悪いし、年に二度実施されているPTAの草刈り作業のじゃまにもなる。これが理由で、一部を竹炭にしてもらうことを思いついた。幸いにも、親子活動で講師として来ていただいた尾内良三さんが、「兵庫県立やしろの森公園」（加東市上久米）に設置されている窯で焼いてくれることになった。そして、みんなで九〇センチに切りそろえた竹を私が鉈で半分に割り、みんなで節を金槌で叩いて取り去った。

年明け早々、それを持って「やしろの森公園」に行くことにした。当日、尾内さんの話を聞いたあと、公園の林から薪を集めて、竹を窯に詰めていった。点火をしたのはもちろん尾内さんである。拾ってきた薪をみんなで窯にくべていくわけだが、ただ入れればいいというものではない。尾内さんは窯の様子を見ながら火の調節をするほか、煙突から出る煙の色を見ながら空気の遮断を行っていた。もちろん、よい竹炭をつくるための行為である。

翌日、窯の中を見に行くと、みんなの願いが叶って見事な竹炭ができていた。尾内さんに感謝し、それぞれの子どもが家に持って帰ることにした。歩いて帰りながら他学年の子どもに竹炭を見せて自慢している姿、何とも微笑ましいものであった。

この自慢が、三月に行われる「六年生を送る会」において、竹でつくった「一輪挿し」や「おしぼり置き」のプレゼントにつながっている。これまでの活動で子どもたちは、ノコギリやナイフの使い

竹藪クイズ

クイズ	追加説明
①開魂園の竹の高さは、何メートルでしょうか？ ②開魂園の１本の竹の葉の数は何枚でしょうか？ ③開魂園の入り口の竹藪には、どんな竹が多いのでしょう？ ④開魂園の竹藪には、どうして元気な竹が少ないのでしょうか？ ⑤開魂園の竹藪は、どうすれば元気になるのでしょうか？ ⑥竹が元気になることは、良いことばかりなのでしょうか？	Ⓐ竹藪が拡大していくことは、生物多様性からするとマイナスであること。 Ⓑ竹藪の拡大は、日本国中で大きな環境問題になっていること。 Ⓒ開魂園の雑木林の中にも、竹が増えてきていること。 Ⓓ手入れがなされていないのは竹藪だけでなく、雑木林も同様であること。 Ⓔ日本の自然は、手入れをせずに維持できないこと。

方がかなりうまくなっている。もちろん、そのことを子どもたちも自覚している。

「今までだったら、六年生がもらっても、すぐに捨ててしまうようなものしかつくれなかったが、今度は使ってもらえるものがつくれる」と言って、みんなが喜んで制作に励むことになった。

学習したことを表現する

話は前後するが、一月末の学習発表会で三年生は、「竹藪クイズ」をつくって、「開魂園」における竹藪の現状を伝えることにした。

クイズ形式をとったことが理由だと思うが、全校生が真剣に聞いてくれたことが私としてはうれしかった。他学年の子どもたちの反応が後押しになって、この一年間にみんなで追究してきたことを「加東市ノーベル大賞（自然系自由研究発表会）」に応募しようと私が提案したところ、全員が賛成してくれた。

さて、忙しくなる。どんなことを書きたいか、また何を書かなければならないかについて、みんなに尋ねた。もちろん、たくさんの意見が出たわけだが、表紙も含めて一六枚で一つの紙芝居をつくることにした。その内容は、前回の「竹藪クイズ」で示した事柄を凝縮したものとなった。自分たちが「伝えたい」と思っていることなので、作業に対する集中力もすごく、何と子どもたちはこの紙芝居を三時間でつくりあげてしまっている。

多様な活動が豊かな学びをもたらした

「開魂園」は学校林ということもあり、何度も足を運んで観察を繰り返し、工作をしたり、間伐したりと多様な活動を自由にすることができた。それだけに、たくさんの疑問が出てきて、自分たちの考えを出し合うことができたと思う。このような行為が、子どもたちの学びを地に足のついたものにしたのだろう。また、二人の専門家の力が加わったことで学びに「広がり」と「深み」が生まれ、子どもたちの興味がどんどん膨らみ、最後まで持続したと考えられる。このような背景が、豊かな表現にもつながることになった。

最後に、子どもたちが書いた感想を二つ紹介しておく。

・自然を手入れしたことで、自然を放っておいてはいけないことがわかった。竹が増えすぎると危険ということもわかった。鳥や虫が減ることも知った。まだまだ知らないことがいっぱいあるので、もっともっと知りたい。

・初めは「自然はきれいだな」と思っていた。勉強する内に竹がかれているのを見て、さびしいなと思った。そして、竹を助けたいなと思った。

念のために言っておくが、三年生が書いたものであることを忘れないでいただきたい。子どもたちは、「まだまだ知らないことがいっぱいあるので、もっともっと知りたい」と言い、「竹を助けたい」と思っているのだ。そのために、私たちは何をすればいいのだろうか。

実践 4

宮川とそこに棲む魚たち

田中　博（岐阜県飛騨市立河合小学校・宮川小学校　非常勤講師）

幻の魚カジカを求めて

宮川下流漁業協同組合（〒509-4404 岐阜県飛騨市宮川町巣之内25番地1）の長瀬崇さんに、ある日「カジカを飼ってみない？」と声をかけられた。私が子どものころは、夏休みに近くの川へ水浴びに行くと、決まってこのカジカを網ですくったり、先端がきっさき状で鋭いヤスで突いたりして、塩焼きなどにして食べたものである。しかし、現代の子どもたちにはこうした経験がない。かつて、宮川にはたくさんのカジカがいたが、今ではほとんど見られなくなった「幻の魚」となっている。

私自身の懐かしさもあり、カジカの捕獲・飼育から、宮川に棲む生き物、宮川を取り巻く環境、人間生活とのかかわりといった

幻の魚となったカジカ

ことを三年の総合的な学習で行おうと、あまり深く考えずに長瀬さんの話に乗ることにした。

さて、宮川について簡単に説明をしておこう。飛騨山地南部の位山（くらいやま）（標高一五二九メートル）を源とし、北流して富山県との県境で高原川と合流して神通川と名称を変え、富山湾に注ぐ全長七六キロの川である。宮川に沿ってJR高山線が走っており、その沿線には観光名所となっている高山の町がある。読者のなかにも、訪れた人が多いことだろう。

学習の下調べとして、学校から約五〇キロ南に位置する「岐阜県河川環境研究所下呂支所」（〒509-2506　岐阜県下呂市萩原町羽根２６０５－１）を訪ねることにした。もう少し南に行くと、全国的に有名な下呂温泉がある。

もちろん、長瀬さんの紹介によるのだが、ここではカジカの養殖について先進的な研究を行っているというので話を聞かせてもらったほか、飼育水槽を見せてもらった。このとき、宮川下流漁業協同組合に程近い宮川町大無雁（おおむかり）に住む若田靜壽（しずひさ）さんという人が「タライ水槽」でカジカを飼っていると紹介してもらったので、北へ約五〇キロ移動して若田さんのところへも伺い、直接タライ水槽を見せていただくと同時につくり方を教えてもらった。

私がつくったタライ水槽

後日、私がつくったタライ水槽を小学校で子どもたちに見せた。子どもたちはというと、きょとんとしていた。「こんなので、ほんとうに飼えるの」と言わんばかりである。子どもたちと一緒にタライ水槽を校庭の池の側に据え、水を引いたところ、この水槽がすぐれものであることが分かった。少量の水を引くだけで、常にタライの中をグルグル回る水流が生じ、食べ残した餌や糞などがきれいに排出されていくのだ。もちろん、水位を一定に保つことができるし、排出口の高さを変えることで水位の調整が可能となっている。

カジカを捕り、飼ってみよう

タライ水槽を設置し、飼育できる環境が整ったので、子どもたちとともに高原川までカジカを捕りに行くことにした。高原川は日本有数の急流河川であり、流域には奥飛騨温泉郷が広がっている。宮川と合流するあたりはもう富山県である。小学校からは約三五キロ、スクールバスで行ったが、子どもたちのテンションは高いままだった。

案内してもらったのは、長瀬さんに紹介していただいた「高原川漁業協働組合」（〒506-1161　飛騨市神岡町船津2132-23）の徳田幸憲さんである。このとき、若田さんからお借りした手づくりの大きな網も持参している。さて収穫はというと、校長先生が五匹、私が二匹、子どもたちが八匹の合計一五匹であった。これらのカジカを学校

カジカ捕り

で飼うことにした。一五匹のうち、まず五匹をタライ水槽に入れ、五匹を教室の六〇センチの水槽に入れた。残りの五匹は、若田さんのところへ「里子」に出すことにした。

やはり、カジカの飼育は難しい。死んでしまうことはなかったが、エサを食べようとしなかったのだ。「捕まえて二週間くらいは食べないでしょう。最後まで、がんとして食べようとしないやつもいます」と下呂支所でも言われていたが、二週間以上経っても食べようとしないので、若田さんのところへ持っていくことにした。以前から飼育されているカジカの水槽に入れると、つられて食べるようになった。

カジカのことをもっと知りたい

カジカを捕りに行ったり、飼育しているうちに、子どもたちはカジカのことをもっと知りたいと思うようになり、家や近所の人から聞いてくることにした。その結果、次のようなことが分かってきた。

❶カジカは「ざっこ」とも呼ばれ、五〇年くらい前までは宮川のあちこちにいっぱいいた。一回捕りに行くと、四〇～五〇匹ほどが捕れたという。「今は塩屋（飛騨市宮川町）にいる」という話もあるが、ほとんど見られなくなってしまった。

❷ダムや堰堤ができて、自然の川の流れがなくなってしまい、汚れたのでカジカは減ってしまった。

❸焼いて醤油をつけて食べる、焼いてみそ汁に入れる、唐揚げ、てんぷらなど、さまざまな方法でカジカを食べた。

調べれば調べるほど、子どもたちのカジカに関する興味は高まっていくものだ。てっきり「食」のほうに向かうのかと思っていたが、その興味は「カジカの減少」という現実に向けられていくことになった。

ダム（水力発電用）ができる前の宮川

飛騨市宮川町西忍（にししのび）地区に住んでいる人から、「ダムができる前の宮川は清流で、瀬もあれば子どもの水浴びに絶好の淵もあった」という話を聞いたので、子どもたちといっしょに宮川の過去と宮川にかかわった人々の生活をさかのぼることにした。

早速、子どもたちは、家のおじいちゃんやおばあちゃんから聞き取りをしてきた。その結果、「昭和二九（一九五四）年、約五〇年前にダムができて、自然の川ではなくなった」ということが分かってきた。ほかにもさまざまな話を聞いたことで、ダムができる前の宮川の姿が子どもの目にも浮かぶようになった。水遊びできる川原や梁（やな）がいくつもあり、川魚を捕ることが盛んだった。そして、ダムができたことで消えてしまった魚はカジカだけではなく、アカザス、アジメドジョウ、スナモグリといった魚がいることも知った。ちなみに、秋になるとサケやサクラマスが群れをなして遡上し、宮川が黒くなったともいう。

「飛騨みやがわ考古民俗館」（〒509-4533 岐阜県飛騨市宮川町塩屋１０４）にそのころに使われていた漁労道具が展示してあったことを思い出し、見学に行こうかと市の教育委員会に相談したところ、宮川下流漁業協同組合に勤務している平沢外司来（としき）さんが宮川に棲息していたサクラマスのことをまとめていることを教えてもらった。

後日、平沢さんにその資料を見せてもらってびっくりした。「飛騨みやがわ考古民俗館」に展示してある漁労具をどのように使って漁をしたのかなどについて、宮川町の古老から聞き込んだことが綿密に記されていたのだ。とても貴重な資料である。それを基にして、学校でサクラマスのことを中心に三年生に話をしてもらうことにした。

当日、平沢さんの話はかつての宮川の様子からはじまった。小さい子どもがよく遊んだ、日本手ぬぐいでのメダカ（稚魚）捕りを実演していただき、ご自身の経験談などを話してもらった。子どもたちは、目を輝かせながら、平沢さんが話される情景を想像しながら聞いていた。

ほどなくして、平沢さんがつくられた模型を前にして、サクラマスの話に入っていかれた。九〇センチほどのサクラマスもいたという。そんな大きな魚が群れをなして遡上してきたわけだから、さぞ壮観であったことだろう。その後、サクラマスを捕る道具の説明をしていただき、その道具を使って模型のサクラマスを捕るというパフォーマンスを一人ひとりさせてもらったが、子どもたちの喜びようはとても言葉にはできない。

そのお礼として、後日、子どもたちは平沢さんに手紙を書いている。その一つを紹介しておこう。

昔の宮川は、とにかくきれいだったんだなあと思いました。五三年前まではサクラマスやカジカがいたのに昭和二九年にダムができて、ほとんどの魚がいなくなって、ぼくはほんとうにくやしくてくやしくてたまりませんでした。

それで、ダムをぶっこわそうと思ったけど、そうしたらまたどろがたまって、魚たちや川にいる虫が死んでしまうので、いかりをしずめました。（Sより）

漁労具を体感する子ども

ダムをぶっこわしたい

カジカの捕獲・飼育といった学習をして、子どもたちはダムに対してよいイメージをもっていない。なかには、先ほど紹介した手紙を書いた率直なSのように、「ダムをぶっこわしたい」といった過激な発言も出てきた。それで、Sの手紙を紹介しつつ、「宮川にダムをつくったことをどう思うか？」

という課題を出して、みんなで話し合うことにした。

三年生七名（一名欠席）の意見は、二つに分かれた。「ダムをこわしたい」というのが四名で、その理由は、「昔のきれいな川で泳いだり、魚をとったりしたい」、「昔にいた魚がいなくなって悲しい。魚がかわいそう」といったものであった。

それに対して、「ダムをこわしてはだめ」とする意見が二名から出された。その理由は、「ダムをこわすと、家が流れたり、たまったどろが流れ出したりする」、「電気がつかなくなって困る」といったものであった（一名は欠席）。

このような意見が出たあと、「少しずつ水を出せば、家が流れたりどろが流れ出したりすることはない」とか「ダムでない方法で電気をつくればいい」といった応酬があって、かなり活発な討論になった。とても三年生が行っているとは思えないほど、ダムに対する考えがある。これまでの学習成果なのか……と、私自身が思わずほくそ笑んでしまった。

話し合いのなかで、一人の児童が「どうしてダムをつくったんやろうなあ……」とつぶやいたので、それについて「家で聞いてくるように」と子どもたちに話した。翌日、「分からない」という家庭もあったが、両親などから聞くことができた児童によると、「ダムをつくるのに宮川村（当時）は立地条件がいい」ということだった。この回答に対して、私が次のようにつっこんだ。

「確かに、宮川村はダムをつくるのには地形など都合のいいところなんだけど、ダムをつくれば川が変わってしまうことは分かっていたはずだ。でも、電力会社からダムをつくりたいという話があったとき、どうして宮川村ではＯＫしたんだろう。ほかのところにつくってもらってもいいのに」

三年生には難しい質問だとは思ったが、なんと、子どもたちは次のように予想した。

・昔は仕事があまりなかったから。
・災害を防ぐため。
・電気をたくさん起こして、いろいろなことに使いたかった。

さらに、子どもたちから「役場に聞けば分かるんじゃない」という声が上がったので、聞いてみようということになった。

飛騨市宮川振興事務所（〒509-4423　飛騨市宮川町林50－1）の幅雅久（はばまさひさ）所長さんに電話でこれまでの経緯を話してお願いしたところ、「難しい話やな……」と言われながらも、快く引き受けてくださることになった。当日、これまでの学習の経過と、予想したダムをつくるようになったわけを子どもたちから聞かれた幅さんが、冒頭に次のように言われた。

「みんなの考えは全部合っています」

一人ひとりの考えを認めたうえで、それぞれの考えにかかわるように配慮して、詳しく具体的に話をしてくださった。そし

幅さんから話を聞く

て、「みなさんにお願いしたいこと」として次の二点を強調された。

・これからは、自然や環境を大事にしていくときである。できるだけ自然をこわさないで、自然となかよく生活していく方法を考えていってほしい。

・何かことがあったときは、自分の頭でよく考えて、みんなでよく話し合って決めていってほしい。

子どもたちは一生懸命メモを取りながら、幅さんの話を熱心に聞いていた。話を聞き終わった子どもたちの様子を見ると、何かすっきりしたような表情になっていた。宮川町にダムをつくったこと、そして、これから大事にしていかねばならないことがすとんと腹に落ちたようである。

発表会をしよう

「宮川と、そこに棲む魚たち」という学習に一年間取り組んできた内容を、まとめて発表することにした。これまでお世話になったたくさんの方や家族に招待状を出し、自分たちの取り組みを見てもらうことにしたわけである。

当日、多くの人を前にして、子どもたちは緊張しながらも一生懸命発表を行った。描いた絵や写真を提示しながら発表する子ども、クイズ形式で発表する子ども、実物を用いて実演を交える子どもなどさまざまだったが、最後に、みんなで劇にして発表するといったことも行っている。

この発表会の後半では、高原漁協の徳田さんに、「イワナをもっとふやしたい」というタイトルでミニ講演会もしていただいた。美しい写真とアニメーションを用いた画像を使い、三年生にもよく分かる内容となっていた。実は、この講演タイトルには「人間も大切、魚も大切」といったサブタイトルが付けられていた。人間と魚の共生を図っていきたいという徳田さんの願いと行動が語られたこの講演、まさに三年生の総合的な学習「宮川と、そこに棲む魚たち」を締めくくるにふさわしい内容となった。

子どもたちは、「ダムは電気をつくるために必要だけど、ダムがあっても魚がすめるような川にしたい、美しい川にしたい」という願いを強くしたようである。

発表する子どもたち

小さな生き物を通して地域を考える

是恒高志（広島県安芸郡行政組合立明徳中学校元教諭）

私が勤めていたのは、広島県安芸郡の音戸町と倉橋町の生徒が通学する行政組合立(1)の明徳中学校である。倉橋町は開発の手が入らなかったために自然海岸がよく残されており、あちこちに干潟がある。また、中学校から北へ五キロほどのところには平清盛が開削したという伝説のある「音戸(おんど)の瀬戸」がある。「瀬戸内銀座」と称される瀬戸内海有数の航路で、風光明媚な観光地として知られている。

このような立地環境にある明徳中学校において、「総合的な学習の時間」が本格実施となった二〇〇二年、一学年のテーマは「ふるさとを調べ考える」であった。社会科を教える私は、環境問題として「海と川の生き物」グループを担当することになった。

一学年四四人、その内「海と川の生き物」グループを選んだ一八人（男子が一二人）の理由は、「海や川で遊べる」というものだった。どうやら、干潟には何の興味も関心ももっていないようだ。かくいう私も、水産試験場から「大江干潟」の存在を教えられたが、そこに対するイメージは、通勤するときに見ていた、生活排水が流れ込んで「汚そうなところ」というものであった。

しかし、改めてよく見ると、「カキひび」（カキの稚貝を付着させたホタテの殻を吊す棚）があった。牡蠣は大きくなりすぎると翌年の産卵後（夏）に死ぬことが多いため、瀬戸内海の干満によって海に

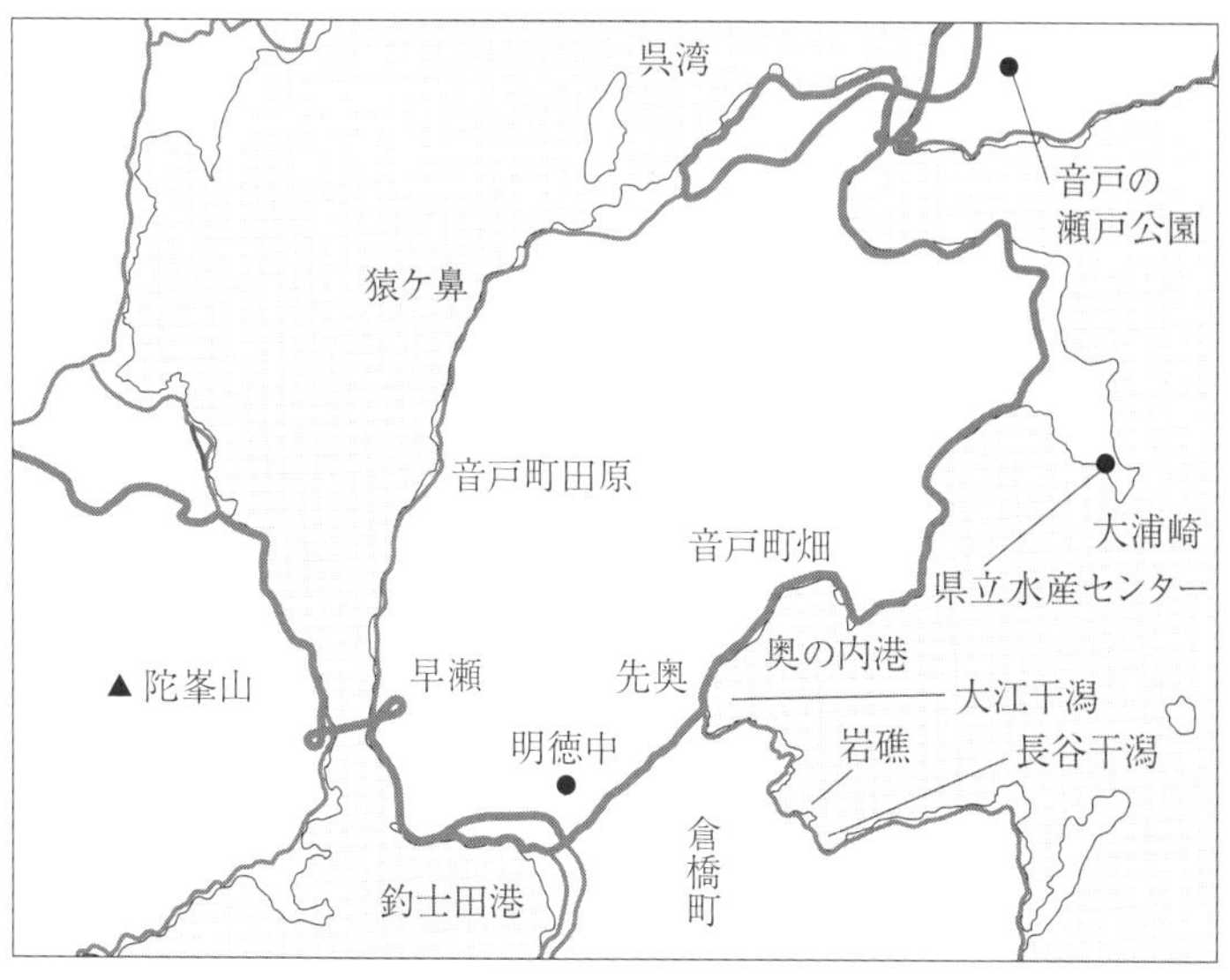
呉湾
音戸の
瀬戸公園
猿ケ鼻
音戸町田原
大浦崎
音戸町畑
県立水産センター
奥の内港
▲陀峯山
早瀬
先奥
大江干潟
明徳中
岩礁
長谷干潟
倉橋町
釣士田港

大江干潟のカキひび

浸かり、日にさらされることで環境の変化に強い牡蠣を育てる必要がある。そのため、牡蠣を沖合の筏(いかだ)に吊す前の半年間ほど、「カキひび」に吊り下げているのだ。

「汚そう」に見えるが、牡蠣が育つ栄養がありそうなところなのだ。ここを調べたら、自然や地域の見方が変わるだろうと考えて、干潟を観察した翌週に、それについて発表しあうというやり方で進めることにした。

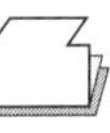

一回目の自然観察会は長谷海岸（五月二三日）

長谷干潟（岩と護岸）に行き、貝を採集した。そのときの生徒のやり取りは次のようなものだった。

P　おったー、何これ？

T　これはイシダタミ、これはヒザラガイ。

P　（ヒザラガイを見て）エー、これが貝！　気持ちわる！

T　オー、イボニシがおった。

P　どれ、どれ！　せんせーとって！

同じ貝をあちこちで捕っている。まるでバーゲンセールだ。やがて男子は、タイドプール（潮だまり）に入ってエビや魚を追い回しはじめた。目的となっている貝のことを忘れている。もっとも、私のほうも、泥の上の線模様（ウミニナが這った跡）やひも状の泥（ゴカイの排泄物）、そして無数の砂団子（カニの食餌跡）に、「なんという造形美だろう」と見とれていたが。

そんなことにはお構いなく、向こうから叫び声が上がった。

「センセー、見つけたー、とってー」

行ってみたら、捨石(2)に張りついた大きなマツバガイ。早速、ドライバーで捕ってやった。

一週間後、標本にした貝をスケッチさせ、図鑑で名前や生態を調べたあと、見たこと・感じたことを発表してもらった。「（希少種の）イボニシが見つかった」、「カニがたくさんいた」、「いろんな生き物がいた」という程度の発表だったが、「たくさん」と「いろんな」の言葉の裏には、「あんなにいるとは思わなかった」という意味が込められてい

（1）音戸町と倉橋町は二〇〇五年に呉市と合併しているので、現在は呉市立。

（2）土木工事の際、水底に基礎を造ったり、水勢を弱くしたりするために投げ入れる石のこと。「景石（けいせき）」とも言う。

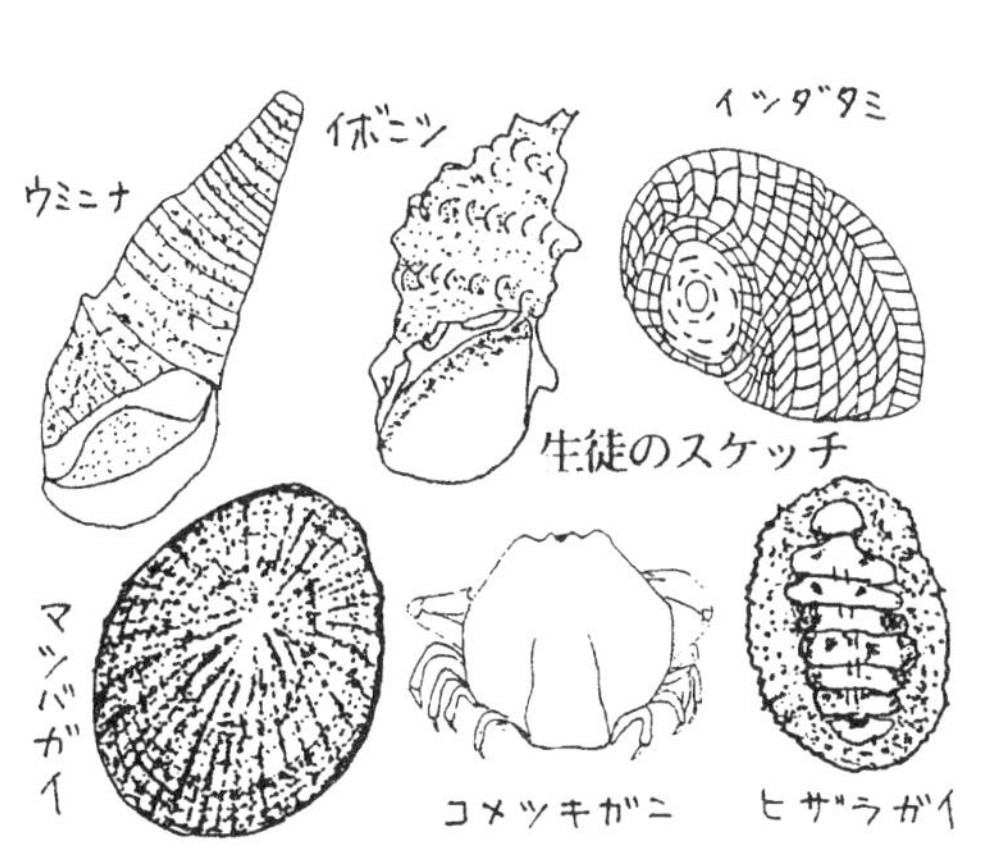

生徒たちのスケッチ

ると感じた。「まとめ」として、私は次のような話をした。

「潮間帯は満潮の時は海水に浸り、干潮の時は日干しになるところ。そんなところにしか棲めない生き物がいる。タマキビやマツバガイなどだ。そこにはウミニナはいないし、アワビは干潮線のもっと下。生き物にはそれぞれ棲むのに適した場所がある。干潟にはウミニナの這った跡があったし、『浜辺の掃除屋』と言われるアラムシロガイがいた。貝が一二種類、カニが二種類、それにフジツボも合わせて一五種類の生き物と出合った」

二回目の自然観察会は大江干潟（六月六日）

大江干潟（前掲地図参照）は、広島県の汽水域に生息している約一六種類のカニが観察でき、研究者から「カニの博物館」と呼ばれているところである。生徒たちは一回目と違って、「初めての生き物を見つけるぞ」と新種を狙うハンターになっていた。干潟には無数の穴が開いており、スコップで掘ってみると、土くれには生き物がつくった穴がたくさんあり、ゴカイやアナジャコが出てきた。

P　先生、アサリは出てくるかね。

私　アサリは砂混じりの泥地、生き物は種類によって棲む場所が違う。

向こうからT君が「捕れた！」とさし出したのは、希少種のハクセンシオマネキであった。「やったな！」と声をかけると、うれしそうな笑顔が返ってきた。俄然、みんなはりきり出した。

「先生、これ何？」

「これはミミズハゼ」

「これは？」

「イソガニ」

「カニが海の中泳いどったよ」

「多分、ワタリガニじゃろ」

そして、内臓が見えるほど透明で、寒天のような生き物を見つけた生徒が得意そうに「何かね？」と尋ねに来た。帰って調べたらホソイカリナマコだった。

翌週の六月一三日は、採取した貝とカニをスケッチしたあと、私は干潟についての話をすることにした。

私　町内の先奥三丁目や大江に住む人たちの台所排水や洗濯排水はどこへ行くだろうか。地図を見ると、大江干潟に流れている。だったら、大江干潟は臭いだろうか？

P　臭くない。いや、ちょっと臭うところもあった。

私　ちょっと臭うところの土は黒くて、生き物はいなかった。臭いの正体は、たんぱく質が腐って発

生する硫化水素だ。生き物がウジャウジャいるところは臭わなかったね。（生徒たちうなずく）

干潟は「天然の浄化槽」とも言われている。干潟にウジャウジャいる生き物たちが排水をきれいにしている。まず、食べ物のカスや魚の死骸などといった堆積した有機物は、ゴカイ、アラムシロガイ、ウミニナ、そしてカニたちが食べてくれる。そして、水中の有機物は、二枚貝が海水ごと飲んで漉してくれる。たとえば、一個のアサリが一時間に一リットルの海水を濾過している。つまり、一日で一〇リットルのポリタンクが一～二個分となる。そして、最終的にはバクテリアが分解してくれることになる。干潟一ヘクタールで一〇〇人（二五世帯）分の下水処理能力があると言われている。

五つの小グループで自然観察会

二学期になって、グループの再編を行った。その結果、「海と川の生き物」グループは二一人（男子が一九人）となった。「海や川で遊べる」という彼らの動機はますます疑いのないものになった。また、調べたいテーマを見ると、「川とウナギ」や「ウナギと白魚」など、「ウナギを捕まえたい」という動機が見え見えの生徒が五人いた。

こうした生徒を前にして私がとった対策は、二一人を以下の五つの班に分けて自然観察会を行うというものだった。

①ハクセンシオマネキをさがせ（五人）
②カメノテはどこに棲んでいるか（四人）
③ハマサジを調べる（二人）
④大谷川のウナギ（六人）
⑤大白明川（おおしらけがわ）のウナギ（四人）

④と⑤は、「ウナギを捕りたい」という彼らの願いを受け入れたものである。合わせて一〇人もいたので二つの川に振り分けたわけだが、（さて、どうなることやら……）というのが当時の気持ちであった。

明と暗の自然観察会（九月二六日）

各班を送り出したあと、それぞれの班を巡回することにした。まずは、ハクセンシオマネキ班。長谷干潟に行く途中、嫌な予感が頭をよぎった。（まさか？）と頭の中で打ち消しつつ干潟に着くと予感は的中、満潮だった。干潟は海面の下、ハクセンシオマネキの姿が見えるはずもなかった。

次はハマサジ班に急行した。ハマサジは塩性湿地に生える植物で、かつては瀬戸内海のどこでも見られたが、埋め立てが進み、現在その群生があるのは二か所だけである。そのうちの一つが長谷干潟なのだ。例年は枯れているころなのに、この年は開花に間に合い、三〜四ミリの小さな黄色い花をいっぱいつけた穂の撮影に成功した。二人の女子が、「持って帰って観察するから」と言って一株を抜いて私の車に放り込んだが、そのまま一か月ほったらかしという状態であった。

一方、カメノテ班は予想したとおり、流れがあって水質のきれいな「早瀬の瀬戸」[3]の岩場で見つけることができた。その後、バケツに入れられたカメノテは学校の流しの下に放置され、三週間後、強烈な悪臭を放つカメノテをはく製にした。手についた臭いは、何度洗っても落ちなかった。

さて、ウナギ班がどうなったのか紹介しよう。大谷川のウナギ班は、「二日前からの仕掛けがみな流された」と言って、そぼ降る雨の中をトボトボと帰ってきた。一方、大白明川のウナギ班は、「石をはぐって四匹捕まえたー！」と誇らしげであった。水槽に入れたところ、二〇センチ、一二センチ、七センチのウナギが三匹で、もう一匹はミミズハゼだった。

翌週の報告会は、「満潮でハクセンシオマネキは見つからなかった」とか「仕掛けが流されて、川に石を投げて遊んでしまった」などとさえないものだった。しかし私は、両班の一〇人がウナギにはまっているので調べてみることにした。そうしたら、実に面白い生き物だということが分かったので、「ナゾの生き物ウナギ」と題して次のような話をした。

養殖が盛んなウナギだが、それは毎年春に河口で捕らえたシラスウナギを養殖池で育てるのであって、サケのように人工産卵から稚魚を育てることはできない。というか、二〇世紀になるま

で、ウナギの産卵を見た人は誰もいないし、どこで産卵するか、誰も知らなかったというナゾの生き物なのだ。

このナゾに挑戦したのがデンマークのシュミット博士（Johannes Schmidt, 1877~1933）だ。彼は一九年間かけて大西洋を調査した。木の葉のようなウナギの稚魚レプトケファルスを追って、ついに生まれたばかりの体長三ミリの稚魚をバミューダ諸島近くのサルガッソー海で捕獲した。そして、この付近をヨーロッパウナギの産卵場所と特定した。一九二二年のことだった。

一方、ニホンウナギの産卵場所は、広い太平洋のどこか一か所。一九九一年に東京大学海洋研究所の「白鳳丸」が調査し、ついにマリアナ海の五〇〇〇メートルの海底で産卵することを突き止めた。そこで生まれたレプトケファルスが、木の葉のようにヒラヒラと黒潮の流れに乗って、日本近海に流れ着くのだ。

その時点で三センチほどに成長しており、やがて細長いイトウナギ（シラスウナギ）に変態して川をさかのぼっていく。そして、五~一二年かけて川や池で大きくなると、川を下って海に出て、黒潮に逆らって七〇〇〇キロを旅して、生まれ故郷のマリアナ海の海底で産卵または放精して一生を終えるのだ。身近なところにいる小さな生き物だけど、すごい生命の営みだね。

（3）江田島市の東能美島と呉市の倉橋島を結ぶ早瀬大橋が架かっている。

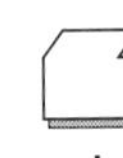

文化祭で発表

「遊べる」という期待感だけで行ってきた自然観察会だが、文化祭では「学習の成果」という形にして発表しなければならない。そこで、「広島県のレッド・データ・バンク（ＲＤＢ）」が環境の悪化による動植物の減少を四段階で分類していることをふまえて発表しようと提案した。その四段階とは、以下のとおりである。

❶過去五〇年間生息・生育の情報がない絶滅種（例・ニホンカワウソなど）、
❷種の維持が困難なほど個体数が減少した絶滅危惧種（例・ツキノワグマ、メダカなど）、
❸かなり少ない危急種（例・オヤニラミなど）、
❹少ない稀少種（例・長谷干潟のスナガニ、ハクセンシオマネキなど）

「長谷干潟は、一六種類のカニが観察できるところで、『カニの博物館』と呼ばれている。しかし、最近、分譲別荘地のための埋め立てが進んでいる」と話すと、生徒たちがうなずいた。そこで、次のように補足した。

「開発業者も、町役場も、地元の住民も、これらの稀少になった生き物に関心がないのだろう。小さな生き物の存在を無視すると、『開発』という自然破壊が行われる。みんながこの半年、出合ってき

た小さな生き物たちをアピールする展示作品をつくって、地元に人たちに知らせよう」

まとめるにあたって、「開発と生き物」、「川の役割」、「生物指標」などを視点にしつつ、干潟や潮間帯については「多様性に富む生き物」というキーワードで、次のような展示作品をつくってもらうことにした。

（1）「**ハマサジを知っていますか**」——瀬戸内海に二か所だけになった長谷干潟のハマサジと、それを存在させる長谷干潟の大切さを知らせる展示。

（2）「**干潟の生き物はたくましい**」——干潟ジオラマをつくり、表面に生き物がウジャウジャいる様子を表現し、見えない干潟の内部、つまり泥の中のゴカイやアナジャコなどの生態を「見える化」した展示。

（3）「**十貝十色の貝たち**」——潮間帯に棲んでいる貝やエビの仲間を紹介。岩について動か

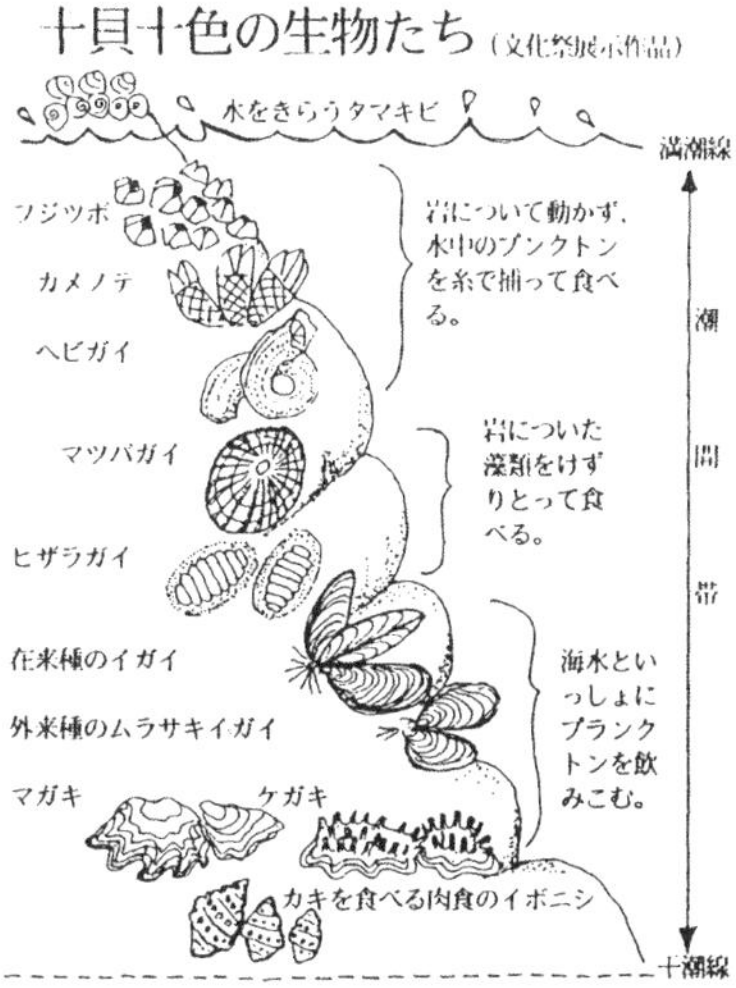

十貝十色の生物たち

ず、触手でプランクトンを捕らえるカメノテやフジツボ。岩についた藻を削り取って食べるマツバガイ、ヒザラガイなど。そして、海水と一緒にプランクトンをのみ込むカキやイガイなど。それぞれの食餌（しょくじ）の違いを、「十人十色」にたとえた展示。

（4）「海と山をつなぐ川の役割」——山の栄養分を川が海に運び、その栄養で豊かになる海との関係を表した展示。もちろん、川を廊下のように渡って生きるウナギのことも。

（5）「明徳中学校区の環境マップ」——カメノテの生息場所を示し、海の水質のきれいなところを紹介する展示。

生徒たちは多くの生き物たちに出合い、

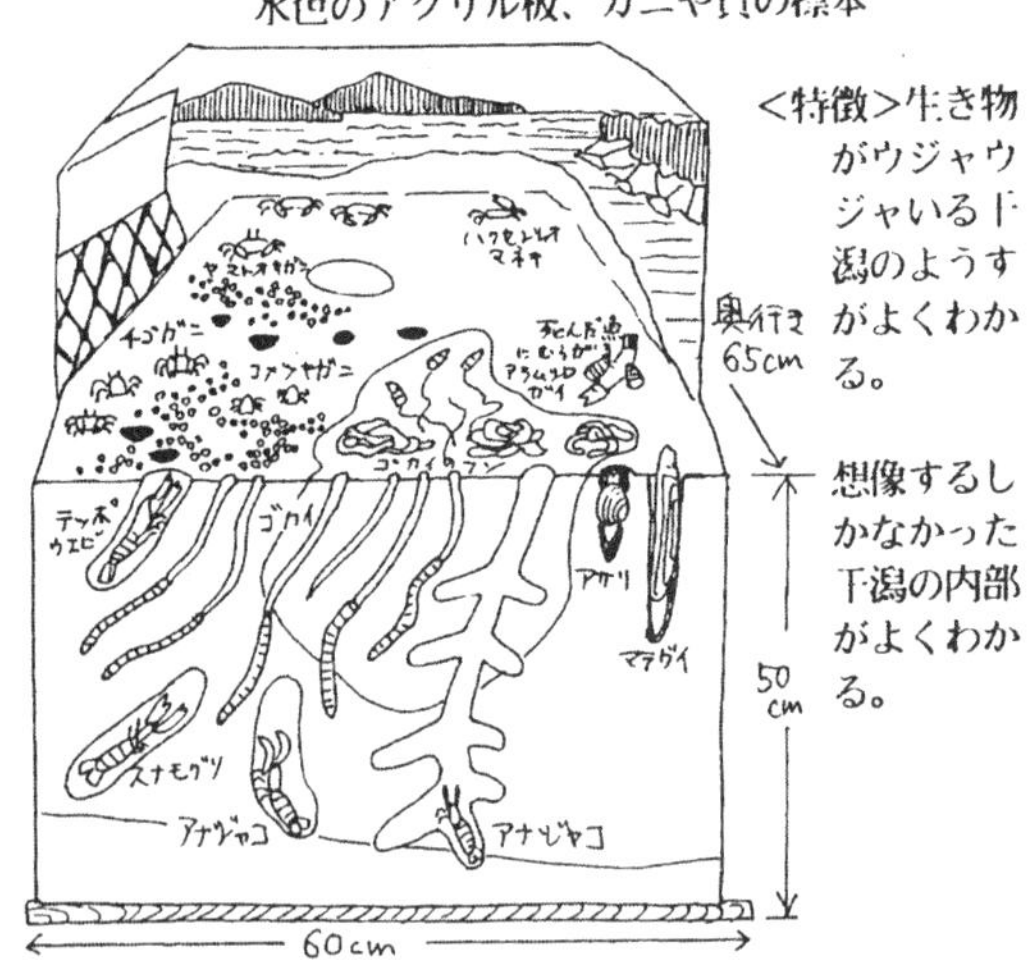

干潟ジオラマ

たくさんの種類の生き物がそこにいる理由（条件）を知ることになった。そして、生きものが生息する環境の変化が気になるようになった。ある生徒が、「海の観察に行っている間にすっかり変わってしまった。工事で通れなくなったり、ゴミや空き缶が落ちていたり……」と言っていた。生き物たちと出合うことがなければ、そんなことも感じなかったことだろう。

生き物を身近に感じるということは、豊かな感性を身に付けることになる。『美しい地球をよごさないで』（ヘレン・エクスレイ編、箕浦万里子ほか訳、偕成社、一九八七年）という本に、次のような言葉がある。

「地球上で一番小さな音は、アリが高くのびた緑の草をよじ登っていく音だとみんなはいいます。でも、わたしは、チューリップが少しずつ開いて銀色の露が花びらに落ちていく音だと思います」（メアリ・ジョンソン）

こういう感性が、動物や植物とともに命を大切にして生きるということだろう。小さな生き物を通じて地域を考える。長谷干潟が埋め立てられる光景を見た生徒たちは、小さな生き物たちの悲鳴を聞いたことだろう。

実践ナビ　事実から出発する深い学び――知的リアリティーの追求を　（小林桂子）

二〇二〇年に本格実施された学習指導要領では「主体的・対話的で深い学び」が叫ばれているが、パターン化した学習では科学の目は育たない。子どもの人格形成にかかわる「本物の主体的・対話的で深い学び」は、事実から出発して知的リアリティーを追究する学びを通して形成されるものである。

小川修一さんの「ザリガニにこだわった子どもたち」は、朝の会における今年初の「ザリガニ」の発表からはじまる。子どもたちはザリガニ探しに夢中になり、見つけた場所、交尾、脱皮、餌と次々に発表が続いていく。飼育の過程で、「共食い」と「脱皮中のザリガニが襲われる」事件が起こった。「なぜ、そんなことが起こったのか」、知りたいと思って用水路を調べ、実験や話し合いを重ねるなかでザリガニの生育の実態や厳しさを知った。

さらに「ザリガニがいなくなったこと」と「工事」の関係を探ろうと地域に出掛ける。そして、自分たちの願いと想いを「意見表明」としてまとめて市に届けた。「なぜ、工事をしなければならなかったか」を聞き取ることで、地域の生活環境が見えてきた。そして、「きれいな川」を求める自分たちと地域の人の願いは共通していたことを知った。子どもたちは、ザリガニを通して、事実に向き合い、解き明かしたい問いを仲間とともに探究し、学びを深めて広げていったと言える。

品川勝さんの「枝豆の栽培から大豆へ」は、枝豆の種まきからはじまり、発芽した枝豆を育てながら観察し、次に収穫した枝豆と大豆の関係や大豆でできたものの学習へと発展させ、さらに「豆腐づくり」へとつなげていった。大豆でできたものを探して作文に綴ったり、「つくってみよう」と声を上げたほか、大豆が豆腐になることを確かめに豆腐屋に行く子どももいた。彼らの「知りたい」や「やりたい」という思いが授業を進めていくことになったわけである。その結果、待望の「煎り豆」、「きな粉」、「味噌」、「豆腐づくり」が実現している。子どもたちの知的好奇心が満たされ、能動的に学びが発展していったということだ。

岸本清明さんの実践では、学校園の竹藪を取り上げられている。「竹や木の製品調べ」からはじまり、「竹や木の工作」を楽しむなかで子どもたちは、人間の暮らしに竹が生かされていることを知り、竹に興味をもつようになった。そして、実際に竹藪に出掛け、竹の観察を続けるうちに多くの疑問が生まれ、その膨らんだ疑問を解決するために研究員の小舘先生を招いている。

「竹藪の健康診断」では、綿密な調査をしたところ「入り口の竹が不健康だ」という結論が出た。病気の原因を話し合い、小舘先生に教えてもらう。そのなかで、荒廃した竹林が生物の多様性を脅かし、他の植物や木を育たなくする事実を知ることになった。その後、学習発表会、竹の間伐、親子竹工作、竹炭づくりと、保護者を巻き込んでの学びが続いた。「自然はほったらかしておいてはいけないこと。竹が増えると鳥や虫が減ることも分かった」と綴る子どもの様子からも、竹藪から生態系へと学びの世界が広がっていったことが確認できる。

田中博さんの「宮川とそこに棲む魚たち」は、地域の宮川を舞台にした壮大な物語である。「カジカを飼ってみないか」と漁協の長瀬さんに誘われて、カジカを捕まえ、飼育するうちに次々と子どもの問いが生まれ、探究的な学習が広がっていった。

カジカの特性を学び、宮川からカジカが少なくなったわけを調べるなかで、ダムという問題が浮き彫りになってきた。また、「なぜダムをつくったのか」を調べると、電気が通ってなかった昔の人々の暮らしが見えてきて、ダムの必要性にも理解が広がっている。ダムがあっても魚が棲める川であってほしいという願いをもつようになった子どもたちは、まとめの学年末の発表会を通して、「人間と自然の共生」へと、学びを深めることとなった。

是垣高志さんの実践は、地域の干潟を訪れることから出発した。海辺で遊ぶことだけを楽しみにしているように見えた中学生が、「干潟観察会」を重ねたことで海辺に棲む生き物への関心を高めていった。干潟では生き物を探しに夢中になり、見つけた生き物の観察、調査、発表を通して、生き物の多様性や棲み分けに気付いている。その後、グループを編成して、希少価値の高い海辺の小動物や植物の観察会・報告会が行われている。文化祭での「小さな生き物」から見た「瀬戸内海の変化」の展示は、今までの学びの意味を考え、まとめる大作となった。このような経験を通した学びのなかで、自然や周りの環境の変化が見えてきたという事実は注目に値する。

これらの実践は、事実に出合い、「はてな、ほんと！」、「なぜだろう」、「やってみよう」、「調べてみよう」、「考えよう」、「確かめよう」という子どもの感覚・感性から出発したものであり、そこから科学的な知覚・知性へと発展するという教育のあり方を示している。

第4章

地域とつながる学校

——子どもが主体となる教育課程

特産物の栽培に夢が広がる畑づくり（写真：神崎和広）

実践1 蚕と桑の木のものがたり

浦沢朱美（埼玉県越谷市立大沢北小学校元教諭）

桑の木と蚕との出合い

当時、私が担当した三年生の総合的な学習のテーマは、「自然のひみつをさぐろう」であった。学校は、半径一キロ以内に三つの小学校があるということからも分かるように、住宅地に囲まれ、決して自然が豊かとは言えない環境に位置している。このような環境で「自然のひみつをさぐろう」ということをテーマにするわけだから、かなりの知恵を絞る必要があった。まずは、校庭にある木々の名前を調べることからスタートした。

ぶら下がっているプレートを頼りに木々の名前を調べていくと、二株の桑の木があった。子どもたちは、ほかの木と違って葉っぱの形が一種類でないところに興味をもったようだ。この桑の木がこのときの学習の入り口となった。翌日、「祖父に聞いた」と、桑の葉が「蚕の餌になる」ということを調べてきた子どもがいたが、蚕そのものを見たことはないと言っていた。

五月になって、学校のある埼葛地区でただ一軒の養蚕農家福田斉夫さんから三齢の幼虫三〇〇頭を分けてもらって、学年集会で初対面となった。埼玉県における養蚕の歴史は古い。県の産業振興課によると、「紀元前後に大陸から、養蚕と機織りの技術が日本に伝わった」とされている。つまり、二〇〇〇年を超える歴史があるということである。さらに埼玉県の養蚕を調べると、養蚕農家は現在二桁台になってしまったこと、埼葛地区でただ一軒養蚕を生業としている福田さんが居られることを知った。そして、五月は桑の葉が出はじめ、長きにわたって受け継がれてきた「春蚕（はるご）」の飼育がはじまるというシーズンである。

初めて実物を見た子どもたちは、「イモムシ？　アオムシ？」と言いながら気味悪そうに見て大騒ぎになった。そこで私は、「この虫はお蚕さま」と言い、虫のなかで「お」と「さま」を付けて呼ばれるのはこの虫だけと説明し、

桑の葉は、形が一種類でない!?

「どうしてだと思う？」と問いかけた。子どもたちからは、「大事なもの」とか「大切にするもの」という発言があったので、今日のために着てきた絹の服を見せて、「この服はお蚕さまがつくった（繭を見せて）これでつくりました。何か気が付きましたか？」と尋ねたところ、繭をじっと見ていた子どもが「糸が出てる！」と答えた。

そこで、お蚕さまは繭をつくる虫であること、刺したり、噛みついたりしないことなどを話し、昔はこの地域（越谷市）でも飼っていて、「お蚕さま」と呼んで大切にしていたことなどを話したところ、子どもたちは少し安心したようで、教室で飼うことに期待を寄せるようになった。

蚕を育てよう

その日から、順番に蚕の世話がはじまった。やることは、①桑の葉を与える、②前の日の桑の枝を片づける、③蚕の様子を観察日記につける、④書いた日記をみんなに発表する。蚕の観察に関して、日記をつけることで子どもたちの「気付き」が確かなものになっていった。

・ぼくはカイコのせわをしてカイコのとくちょうを見つけました。カイコの歩く足は八本。食べる足は六本。ぼくはカイコがせいちゅうになるまで、だいじにそだてていきたいと思いました。（まさひろ）

・長さは３㎝８㎜ぐらいでした。うごくときに、なみのようにうごいていました。カイコのふんのにおいはクワのにおいだった。頭のところはおこっているみたいでした。（りょうへい）

初めは曖昧なイモムシのように思っていた蚕の尾角（びかく）に気付いたり、桑を食べるときに使う足は六本（胸脚）、歩く足は八本（腹脚）、脱皮をするときに枝をしっかりと掴む足が二本（尾脚）などを発見していった。また、じっと動かない眠（みん）（脱皮の準備期間にあたる活動停止期）のあと、頭から皮を脱いで脱皮する姿に感動して見入ったり、桑の食べ方に感心したり、シャワシャワという蚕時雨（こしぐれ）を静かに聞き入ったりと、三齢で来た蚕が「眠→四齢→眠→五齢」と大きくなっていく様子を目の当たりにするという発見と感動の日が続いた。これらを通信に載せ、一人の発見が共同の学びになっていった。

子どもたちは好奇心も高めたようで、図書館で見つけた蚕の本を見入るようになったり、インターネットで調べたことなどをそれぞれが発表するようにもなった。

蚕に桑を与える子どもたち

繭をつくった蚕——その中には？

六月になると、蚕は六センチ以上に成長した。もちろん、食べる桑の葉も大量になった。市内の道端などに生える桑の木は年々切られて減少しているため、わずかに残る桑を探し回るという想定外の作業に追われたが、それでも足りないという場合は福田さんの桑畑まで出向いていただいてきた。

五齢になって八日目、とうとう蚕が糸を吐きはじめた。体が透き通るようになった蚕は桑を食べなくなる。そして、糸をかけるところを探して歩き回る。繭をつくる場所が決まると、蚕は最後の糞と尿を飛ばすようにして出すわけだが、この発見にも子どもたちは大興奮となった。

繭をつくる場所は、マブシのほかにトイレットペーパーの筒もぴったりである。蚕は足場になるところに糸をしっかりかけると、頭を動かしながら自分の体を包む繭をつくりはじめた（営繭）。その様子が初めのうちは透けて見えるので、子どもたちは休み時間になるのが待ちきれない様子で変わっていく蚕を見つめ続けていた。

二、三日ほど経過すると、繭がすっかり固くなった。ある日、普段から注意深いゆめさんが「繭を振ってみるとコトコト音がする」ことに気付いた。子どもたちは興味津々となり、繭の中に何が入っているのかと予想しはじめた。糸をかけて繭の中に入っていった姿が印象深かった子どもは「蚕（の幼虫）が入っている」と考えた。一方、繭から蚕蛾が出てくることを知っている子どもは「カイコガが入ってる」と答えていた。

そこで、繭を切って中を見ることにした。幼虫でもない、成虫でもない、サナギであった。「すごーい！」「蚕が変身した！」と、子どもたちは大きな感動をもって昆虫の四変態を認識したのだった。ちなみに、繭の中には最後に脱皮した皮もあった。また、繭を脱いだサナギも、その後に羽化して立派なカイコガになっている。

カイコガを見つめて

営繭から二週間ほどが経つと、カイコガが出てきた。次々と羽化したカイコガに、子どもたちは釘づけとなってしまった。早目に羽化するのがオスで、少し遅れてメスが羽化すると、それまで動かなかったオスが活発に動きだしてメスと交尾した。そして、間もなく産卵がはじまった。黄色い一ミリ位の卵を五〇〇個ほど産むという。成虫になってからは何も食べないカイコガについて子どもたちは、①交尾をすること、②卵を産むこと、③卵という命を残して死ぬこと、という三つの仕事に気付いた。

筒の中につくられた繭

蚕を育てることは、生きものの生命をリアルに見つめる時間となった。命には発生があり終末があるという事実を、蚕をとおして学ぶ機会となった。カイコガは死んでしまったが、卵を残したから生命は続いているということ、そして命は繰り返されるということを学んだのである。このときに書かれた子どもたちの感想を紹介しておこう。

・カイコガはおしりのところをくっつけて、オスがたまごのもとをメスにあげていました。よくみたら、太っているのがメスで、やせているのがオスだと思います。なぜかというとオスがメスにたまごをうむもとをあげていたからです。（かな）

・わたしはおカイコさんはすごいなと思いました。カイコは大きくなってたまごをうんで、さいごにしんじゃったけど、小さないのちがくりかえしていることがわかりました。わたしはカイコをかってよかったなと思ってます。（あいこ）

おカイコさんとぼく（画・たくや）

繭から糸を取って繭人形づくり

繭を煮て、糸を取ることを提案すると、中にサナギがいることを知っている子どもたちは「可哀想だ」と言って大反対をした。しかし、生糸を取るために飼われてきた蚕なので、糸取りは大切な学習である。ここでは怯むことなく、長い時間をかけて人間が飼いやすいようにつくり替え、暮らしを支えてきた蚕のことや絹布について丁寧に話して説得をし、一〇個だけ使うということで子どもたちの了解を得た。残りは、カイコガとして生命を全うするところまで観察することにした。

糸取りは、水で煮た繭を割箸で触れて糸口を出し、一〇本を一本にまとめて板に巻き付けていく作業となる。二五センチ幅の板を用意して、二巻きすると一メートルになるようにし、二〇回ずつ回した。全員で一三〇人（三クラス）もいたので一人一〇メートルずつとしたが、全員が巻き終わっても繭の糸は終わらず、一〇〇〇メートル以上あることが分かった。

繭の糸取り

取った糸で織りまでやりたかったが、糸が細すぎて無理だったので、「ずり出し」というやり方で煮た繭を引き延ばし、太い糸にして使うことにした。この糸は、冷凍しておいた桑の実で濃紫（こむらさき）に染めた。初めて行う「染め」という作業を子どもたちは興味深く、楽しそうに学んだ。

染めた糸を緯（よこ）糸にして栞（しおり）を織った。小さな作品だが、自分の手でモノがつくり出せるという体験を大事にしたい。また、この体験は繭が自分の生活とつながる一歩になると考える。一方、カイコガが出たあとの穴の開いた繭は繭人形になった。ネズミやネコ、ハムスター、ウサギと、みんなが楽しそうに仕上げてお互いに見せあっていた。

実は、この時期に桑の実を食べるという学習も行っている。六月になると、桑の実は赤から黒に変化していく。この黒い実を食べてみると、甘くておいしいのだ。食べることで関心が広がり、学びが深くなるのだが、学校で食べるときには細心の配慮が必要となる。事前に家庭にも知らせて、了解を得るというのもその一つである。子どもたちがどどめ色になった舌を見せあってはしゃいでいたことをお伝えしたい。

桑の木の皮から紙を漉く

子どもたちは、蚕に桑を与えるとき、枝を折ろうとしてもなかなか折れなくて困ったという体験をしている。そのとき、「桑の枝の皮の繊維は長くて強いので、桑皮紙という紙になる」という話をすると、子どもたちは、枝の皮が紙になるという変化に大きな関心を示した。そこで、実際に紙を漉いてみることにした。

桑の枝から皮を剥ぎ、ハサミで小さく刻んだ。その皮を水で煮て繊維を柔らかくし、ミキサーに三分ほどかけたあと、つなぎに洗濯糊を少し入れて紙の素ができた。ハガキ型の漉き枠にこの紙の素を流して、初めての紙漉きを子どもたちは体験した。世界に一枚だけのハガキは、それぞれが宛名と文面を書き、切手を貼って好きな人に届けられている。

養蚕のしごと

紹介したような蚕の飼育を体験した子どもたちは、学習のまとめとして「養蚕のしごと（埼玉県寄居町）」というビデオを観ることにした。すると、「もっと知りたくなったことを福田さんに聞いてみたい」と言い出したのだ。そこで、福田さんに学校に来てもらい、学年集会で話をしていただくことにした。

福田さんは、本物の蔟（まぶし）や自家製の紡いだ生糸、そして桑摘に使う刃のついた爪などを見せながら子どもたちの質問に丁寧に答えてくれた。そのなかで、「若い人は養蚕の仕事をしないので、後を継ぐ人がいなくて困っている」という話が出た。これに子どもたちがこだわる様子を見せた。最初は気持ち悪いと言っていた子どもたちだが、体験した蚕の飼育は感動の毎日であった。「大き

養蚕家の福田さん

くなったら養蚕の仕事がしてみたい」と話す子どももいた。

福田さんの話から子どもたちは、今もっとも地域が内包する課題や矛盾にも三年生なりに気が付いたようだ。今は解決できなくとも、成長したのち多くの体験が自らの課題と結び、より良く生きる力になるよう願っている。

・ぼくははじめて知ったことは、わかい人は仕事をやりたがらないことでした。わけは、あさ早くやったり、よるおそくなるからやらないのがわかりました。（よしき）

・さいしょにくわの木を見たときはどうでもいいやって思った。でもそんなことなかった。くわの木はいろいろなことができる。いろいろ使い方がある。クモのすみたいに（ウェビングのこと）。くわは中国から日本にやってきた。そのつかい方はすばらしいと思った。小さいくわの木が大きく思えた。（ひろき）

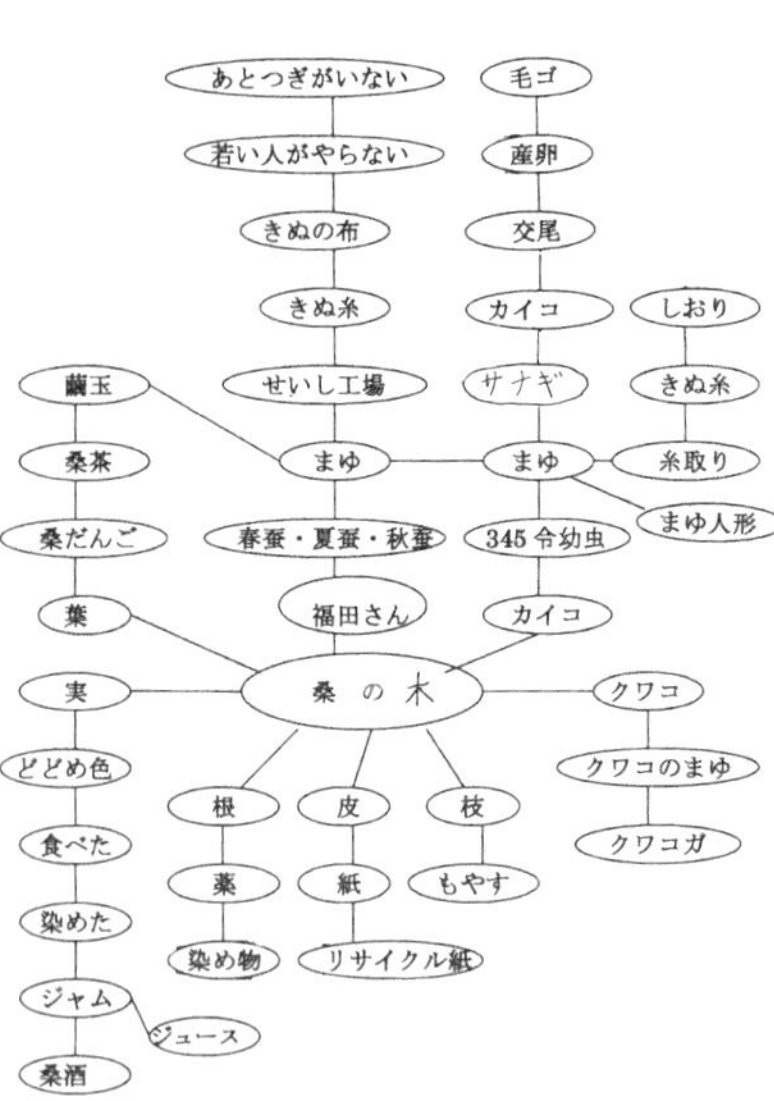

桑の木から広がる学習（ウェビング）

桑茶・桑だんご・繭玉

桑の葉は人の健康にもよいということを福田さんから聞いたので「桑茶」として販売しているものを購入して、給食のときに飲んでみた。緑茶のように苦くなく、「甘くて香ばしい」と好評だった。また、桑の葉の粉末も手に入ったので、「桑だんご」にも挑戦している。米粉を蒸したあとに桑粉を入れて練り込み、手の平で丸めてつくるのだが、それを黄粉でいただくと緑色の桑の香りがして、やさしい味であった。

埼玉県の養蚕地域では、蚕や繭に寄せる感謝の思いを、小正月（一五日）に「繭玉飾り」にしてお供えをしている。福田さんの話を聞いて、蚕に寄せる養蚕農家の深い思いを知った子どもたちは、桑の学習に感謝して、桑の枝に繭玉をつけて教室に飾ったのだった。

本物に出合った学習は、子どもたちの「気付き」を育て、認識を耕して広がっていった。自然の中にあるものを利用し、つくり替え、生活を営んできた人間の豊かな知恵を、先人が育んできた地域の文化を、子どもたちは自ら体験し、事実をしっかりと見つめることで感じることができたのではないだろうか。

その広がりは、私が想像したものよりはるかに大きいものであった。

子どもと親でつくる綿物語

中河原良子（東京都青梅市立第二小学校元教諭）

「花の色が変わるなんて、ふしぎ！」

「ほんとかなあ……」

「色がかわるのを見てみたい！」

「コットンボールからどうやって綿が出てくるんだろう？」


これらは、『わた』（〈かがくのとも〉一九八八年一一月号、文・宮川桃子、絵・今井真利子、福音館書店）という絵本を二年生に読み聞かせしたときの、子どもたちの感想である。このような疑問がきっかけとなり、「綿の種をまいて育ててみようか。どんなふうになるのか調べてみよう」ということになった。

早速、和綿を栽培・普及している「鴨川和棉農園」（〒299-2856　千葉県鴨川市西３１７－１）から種を分けてもらうことにした。東京の、それもかなり西部に位置する青梅市で教師をしている私が、なぜ千葉県鴨川市にあるこの農園を知っていたかというと、代表者の田畑健さんの活動を取り上げた新聞記事を読み、その思いを知るとともに綿の種をプレゼントしてくださることを知って、早速、種を申し込んだのがはじまりである。

さて、ここで紹介する実践は、私が青梅市立第二小学校で教師として働いていたときに行ったものである。今から二三年前となる一九九七年での実践となるが、低学年を担任するたびに学年の先生方と実践したり、現在も興味のある先生に教えたりしている。青梅では綿栽培が行われている学校があり、綿織物青梅夜具地の魅力が伝えられている。生活科や図工、総合の時間などでも取り上げられている地域学習教材である。

また、自分の周りにある綿製品がどうやってできたのか、身に着けているものが何でできているか気付かずにいる子どもたちに、「○○は何でできているか」と探究していくという学習は、驚き、不思議発見の探究学習として実践されている。

青梅市というところ

東京西部の山間部に位置する青梅市は、かつて「ガチャッと織れば、万と儲かる」と言われたほど、綿織物・夜具地（やぐじ）の生産で栄え、全国に知られた町であった。同僚の先生の家も機屋（はたや）で、若いときは隣の山梨県や東北地方まで、主要商品であった夜具地を行商するために出掛けたという。

赴任した小学校のある長淵地区は、そのなかでも中心となって栄えた地区であった。赴任した当時、高い煙突が目立つ染色工場があり、ノコギリの刃のような屋根をした工場が今も各地に残っている。

ある児童のおじいさんが経営する「吉紡」という夜具地の工場は、広大な敷地のなかに、染色工場、従業員の宿舎や浴場、洒落た造りの事務所、そして食堂なども備えていた。地区内に住む人たちは、何らかの形で織物にかかわっていて、あちこちから機織りの音が聞こえてきて賑やかだったという。また「吉紡」の染色工場から流れてくる水で、近くの小川は赤、黄色、オレンジ色など色とりどりに染まってきれいだった、と児童のお母さんから聞いたことがある。

　このような歴史をもつ青梅に住む子どもたちは、三年生になると地区にある高級タオル工場として成功した「ホットマン」に見学へ行き、綿糸からタオルになる過程を見学している。

　私は、このような町から登校してくる子どもたちと「地域の織物・綿について学習したい」と考えてきた。それを実現したのが、以下で示す教育実践である。二年生から三年生への綿栽培からタオル工場への実践であるが、三年生の総合学習としても取り組んでいる学校もある。是非とも参考にしていただきたい実践である。

現在も残るノコギリ屋根

染色場から流れる水路

綿の芽が出てない！

五月の連休明け、虫メガネを使って種の観察をすると、「たねは、わたの中にあった」、「たねにけがついている」、指で潰そうとして「かたい」などといろいろ試しながら多くの発見があった。その後、草木灰（そうもくばい）をまいておいた花壇に指で穴を開け、種を入れ、そっと土をかぶせている。子どもたちは、「はやくめがでてほしいな」と期待に胸を膨らましていた。

ちなみに、「草木灰（そうもくばい）」とは、草や木を燃焼させたあとの灰で、石灰分とともに水溶性のカリウムが多く含まれていることもあり、即効性の肥料となるものである。家庭菜園などでも利用されている。

種まきから一週間後（六月）、観察に行くと綿のふたばが出ていた。ほとんどの子どもたちの綿は、芽が出たり、ふたばが開いたりしているのに、昭子さんがまいたものは芽も出ておらず、じっとうなだれていた。

「残念だけど、たまに芽が出ないのもあるんだよ。芽が出ても雨で腐ってしまったり、大豆などは鳩に食べられてしまったり……」

と、これまでの経験を話して慰めてみたが、どうも納得がいかないようで、そのうち友達と熱心に土をほじくり出してしまった。

――わたしのまいたたねは、まだ土の中にありました。（めは）ぜんぜん出てなかったです。土の中のすごいおくにありました。

自分から種の様子を探ろうと土をほじくる昭子さん。普段はおとなしくて目立たない児童の、「どうして芽が出ないのだろう」と探究する行動力に思わず感服してしまった。昭子さんの行動は、どの子どもにもつけたい探究心と行動力であった。しばらくしたら、昭子さんの種も芽を出し、「わたしのうえたのは、やっと出てきました。はっぱにはわたがついていました。わたはかたかったです」と、うれしそうに観察していた。

どうして花の色は変わるのだろう

七月になり、花が咲きはじめた。毎日の観察で発せられる子どもたちの言葉は、非常に細かなものとなっている。

「はなびらは、ばらよりちょっと少ないぐらいだった。クリーム色の花はひらいていて、ピンクの花はとじていた」

このように、絵本で花をよく見ていた裕太君は、花の色が変化することに驚いていた。一方、由佳さんのコメントも興味深いものであった。

「わたの花は、はじめの日はクリーム色で、しぼむときには、ピンクになった。わたのはっぱは、あさがおのはっぱみたいでした。はっぱは、ざらざらでした。はなびらはやわらかかった」

単に花の色だけでなく、葉の色や形を手ざわりで確認をしていたのだ。そして、先に紹介した昭子さんは、「どうして、色がかわるんだろう」と、科学的なものの見方をすでにもっており、その観点からの疑問を出していた。これこそ、生活科の授業において大切に育てたいことである。

グリーンボールに興味深々

一〇月になると、緑色をした、小さい丸いものが見えてきた。「つぼみかな?」とか「花が咲いたあとにできたから、実じゃないの?」という疑問が湧いてきたので、前掲の絵本『わた』で確認することにした。やはり「実」であった。綿がそこから出てくることになる。この実を「グリーンボール」と名付けて、

綿の花が咲いた

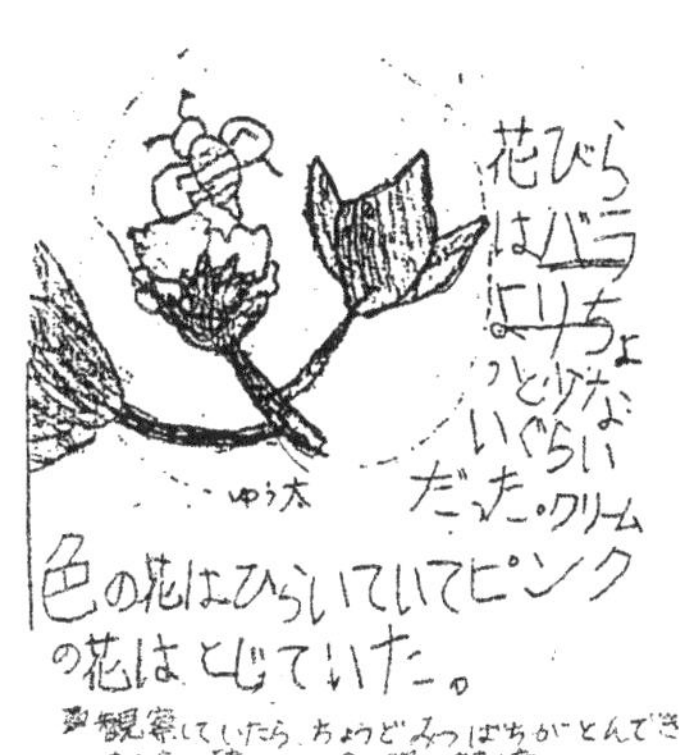

花や葉の色や形をよく見て書く

毎日、観察・記録することにした。

やる気十分の子どもたちではあったが、みんなで交代して、忘れることなく休み時間に校舎裏の学級園に行くためには「日直がいい」と話し合いで決め、形・大きさ・色などの様子を表に記録することにした。

一一月、グリーンボールが萼（がく）から出るくらい大きくなり、「グリーンボールがちゃいろになったら、わたがそこからでてくるのかなあ」と期待する子どもたちの声が聞かれるようになった。

「実が大きくなったよ。これくらい」と、俊君が親指と人差し指で輪をつくってみせてくれたので、「どれくらいっていうのかな?」と尋ねると、「鉛筆の削った分!」という答えであった。このとき、横にいた健二君が、「でもさ、おれのとおまえの削った分が違う」と言葉を挟んできた。「それじゃ、ものさし使おう!」と、共通する道具を見つけた二人はそれで測ることにした。

健二君がグリーンボールに竹のものさしを当て、苦心して大きさを測っていた様子を見て、「もっといいのがあるよ」と私が言って、身近にあった紙テープを配った。紙テープをグリーンボールの周囲にまいて測り、「その紙テープの長さをものさしで測ればいい」と教えた。このことは、算数の「長さ測定」の体験となった。

グリーンボールの大きさを工夫して測った

「先生　たいへん！　ぼく、なにもしていないのに、グリーンボールにひびがはいっちゃったよ！」と言って、日直の祐介君が学級園から走りながら戻ってきた。

「え〜！」、「どういうこと！」という疑問が生まれ、その場にいたみんなで急いで見に行くことにした。

「中に白いものがみえるよ」と祐介君が言うので、みんなでよーく観察したところ、「綿じゃないの？」とか「そうかな？」と、ワイワイ大騒ぎとなった。

　実は、私も綿がどのようにして出てくるのかについて、細かいところは知らなかったのでとても興奮したことを覚えている。

「みんな、このグリーンボールの中に綿があるらしい。割れ目からどうやって綿が出てくるのか見ていこう。今日のように大発見したときは、大発見カードに大きくかくことにしよう」と私が言って、まずは祐介君に「大発見カード」に書いてもらい、教室に掲示することにした。

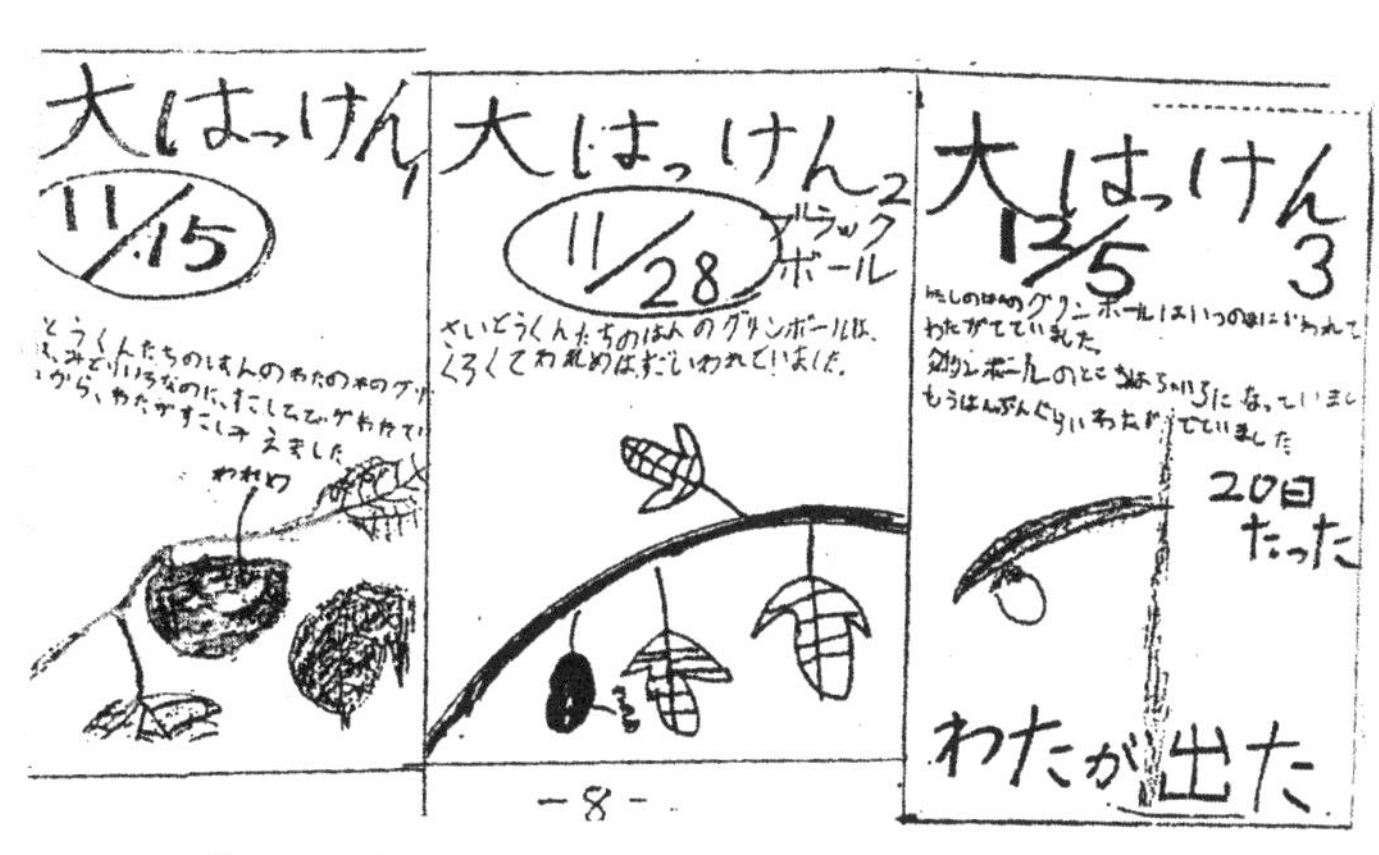

グリーンボールに「ひび」→「われめ」→「わたが出た」

──一一月一五日　さいとうくんたちのはんのわたの木のグリーンボールは、みどりいろなのにすこしひびがわれていた。中からすこしわたがみえました。

子どもたちは興味が湧いたようだ。日直に連れ添って多くの子どもたちが観察に行くようになった。

グリーンボールが割れて綿が飛び出した！

「先生、わたがでた！」という日直の知らせを聞き、学級園に行ってみると、白い房状のものが三つ、茶色に反り返ったコットンボールの皮から飛び出していた。割れ目ができて二〇日、ついに綿が出てきたのである。

──一二月五日　わたしのはんのグリーンボールは、いつのまにかわれて、わたがでていました。グリーンボールのところは、ちゃいろになっていました。もう　はんぶんくらいわたがでていました。

そして、翌日の一二月六日、今年初めて降りる霜に葉はクシャクシャとなり、茎が茶色に枯れはじめていた。「元気だったのに枯れちゃって口惜しい」と言う子どもたちに、「綿は、暑い地方でよく育つ植物なの」と話し聞かせると、なんとか納得してくれた。

たねは、黒かった。わたの中にたねが入っていた。わたのひとへやぶんには、たねが六こ入っていた。たねからせんいは手でとりにくかった。つよくひっぱったら、とりにくかったけど、よくやったら、うまくとれた。わたのほわほわのところの名まえは、「せんい」という。ひとつのたねからいっぱいいっぱいそだって、なんこもたねができた。

本の中でしか見たことのなかった綿の生長の様子を、不思議・驚き・発見しながら育て、一つのたねからたくさんの綿花ができ、またたくさんの種ができるという自然の仕組みに気付く実践となったわけだが、子どもたちに「もっと調べたいことは？」と聞いたら、以下の四つが出てきた。

①綿でできたものには何があるか？
②木綿糸はどうやってできているのか？
③綿一〇〇パーセントかどうかは、どうやって分かるのか？
④どうやって色をつけるのか？

木綿糸はどうやってできるのか

綿の栽培活動を通して、綿でできているものを調べるという活動に発展していくことになった。まず、種を取った綿のまとまりから繊維を引き出し、指でこすりあわせて「撚る」という作業を行った。

太かったり、細かったりしながらも綿は糸状になっていく。もし、糸が切れても、繊維を重ねて撚るとまたつながっていく様子を目の当たりにした子どもたちは、「たのしかった。糸が切れるかと思ってきんちょうした」とか「よるのがむずかしかったけど、おもしろかった」と言っていた。

こだわりやの正人くんは、すっかり夢中になって、次の時間になっても撚る作業を続け、一メートルもの長い糸にしてしまった。丈夫でたくさんの糸が必要なときは「スピンドル」という手軽な道具や「糸車」という道具のあることを図で示してみせ、「道具を使うと便利、人間は必要に応じて道具を発明してきた」という歴史を説明したところ、子どもたちからは「あたまいい！」の声が上がった。それとともに、「撚る」という仕事の難しさにも気付いたのだろう、納得した表情をしていた。

木綿糸から「綿」発見

「普段使っている木綿糸は、どうやってできているのか調べてみよう」と提案するとともに、五センチほどの長さの木綿糸と虫メガネをみんなに配った。すると、真由美さんが、「みつけた！　もめん糸をほぐしてみたら、三本の糸だった。わたでこんな細い糸ができるなんてすごい！」と糸の細さに驚いた様子をしていた。ほかの子どもたちも、「糸をよって、糸にしたのがもめん糸。虫めがねでみつけた」、「糸は細いロープみたい」、「糸から綿がでている」、「ほぐした糸はきれやすい」などと、試しながらいろいろ発見をしていた。

しばらくすると、「先生、誠くんがへんなことしているよ」と言うので行ってみると、困った表情をした誠君がいた。「三本の糸でできている」とみんなが言うので一生懸命ほぐしていたら、ふわふわの綿になってしまったのだ。「すごい！　新発見だね。糸が綿になっちゃって、糸が綿からできていることが分かったね」と言うと、ほかの子どもたちも真似をするようにほぐしはじめた。「ほんとだ！」と言って騒ぐ子どもたちのなか、咲子さんが「先生、綿は細い糸みたいだよ」と言うので、「どれどれ？」とまたみんなが集まってきた。綿の繊維そのものが見えてきたのだ。

一見すると悪戯のように見え、無駄なことをしているような行動でも、子どもたちにとっては多くのことを体験しつつ学んでいることになる。このようなときは、可能なかぎりの時間を与えたい。

ガーゼはたくさんの糸でおられている

ガーゼ布は経糸（たていと）と緯糸（よこいと）の関係がよく見え、「織っている」ことが分かりやすい。そこで、小片を配って虫メガネで観察することにした。

「糸がたくさんみえる！」と言うので、「ばらばらの糸にしてみよう」と提案した。一本の経糸を引っ張ると、途中の緯糸を上下しながらスルッと抜けてきて、織られた過程を見ることができる。抜けた経糸と緯糸がでこぼこしているのは、上下して織られているからである。

抜ける様子を見た子どもたちは、糸を引っ張り出すと、ガーゼ布が見る見る小さくなるので夢中になってしまい、気が付いたら机の上は小さな糸の山になっていた。そのうち、「糸が綿になっちゃった！」とまた綿を発見した。そう、ガーゼは綿の糸で織られているのだ！

本物の青梅夜具地から機織り体験

冒頭で述べたように、青梅夜具地はかつて青梅市の主要産業であった。私の家からその反物が見つかったので、早速子どもたちに見せることにした。

「糸が細くておるのはたいへんだろうな。おっているとちゅうで糸がきれたら、どうするんだろう」、「何か月、何年ぐらいでおれるのか」、「糸はどこからもってきたか」、「つくるのにおかねがかかるかな」などと、授業での体験からさまざまな問いが出てきた。しばらくして、ある児童の家に本物の機織り機があることが分かり、見学させてもらうことにした。その家に行くと、部屋いっぱいに糸を張りめぐらせた機織り機が用意されており、一人ずつ織機に座って、手取り足取り教えていただくことになった。このときの子どもたちの感想を紹介しておこう。

「糸の間に『杼（ひ）』を通して、つぎに手で『おさ』をひいて、つぎに足でへんないたみたいのをおして、それをやりつづけて楽しかった。がったんとなったり、がっちゃんとなったり音がしました。足で木をふむのがちょっとむずかしかった。布にどんどんなっていくとき、すごく細かくてきれいだなと思いました」

「どんどん糸が布になっていくのがふしぎだった。布をさわったとき、細い糸がかたい糸になるんだなって思った」

教室での経験が生きたわけだが、さらにこのときの体験から多くのことを学んでいる。のちに、この家のお母さんが一人ひとりの織りの続きをして、コースターに仕上げて届けてくださっている。

実践から学んだこと、それは「綿っておもしろい！」ということである。綿の成長は変化に富み、子どもたちが興味をもって栽培・観察し、自然認識の糸口となる。また、子どもたちは自分が着ているもののラベルに「綿」とか「コットン」という文字を見つけ、綿が身近な生活のなかにあることをこれまでの学習を通して知ることになった。

「家は没落した」と話すお母さんだが、機織り体験させてくれたほか、一人ひとりにコースターに仕上げて届けてくれた。子どもたちへの熱い想いが感じられた。隣の本家が貸してくれた「吉紡」の工場写真は金縁の額に収められており、いかに大切にしているか、工場主の誇りを感じるとともに地域の綿織物の歴史、そして地域を取り上げることの意義を私は再確認した。

どの学年で行うのがよいのかについてはさまざまな意見があると思うが、綿花から、アメリカ南部の綿花栽培の苛酷な労働と労働者、産業革命のはじまりは紡織などにつながる歴史を学ぶこともできるし、ものづくり体験授業として、織物のコースターをつくったり、草木染めといったこともできる。「綿学習」は、魅力的でエンドレスと言えるものである。

畑づくりからはじまるジンジャーエールづくり

神崎和広（和歌山市立有功東小学校）

私が取り組んだ実践は、前任校となる和歌山市立和歌浦小学校でのものである。四年生とともに畑を開墾して新生姜の栽培に取り組み、ジンジャーエールをつくって運動会で販売した。

和歌浦小学校は和歌山市の南部に位置し、すぐ北には紀州東照宮、西には和歌浦天満宮が隣接している。そして、少し南に行けば『万葉集』に詠まれた和歌の浦に「片男波（かたおなみ）」という大きな干潟や海水浴場があるほか、観光ホテルも立地している。二〇一七年には「日本遺産」にも認定されたという、風光明媚な地域である。「紀三井寺の西」と言ったほうが、みなさんには分かりやすいかもしれない。

海水浴場があるような地域で「畑？」、という疑問が聞こえてきそうである。それでは、なぜ私が総合的な学習の時間で畑づくりをすることになったのかについて紹介していきたい。「体験活動」と「課題の設定」を中心に、やんちゃな子どもたちと行った実践、楽しんでいただきたい。

学習材との出会い――「みんなで畑つくろうよ！」

二〇一七年に実践を行った学級は、一年と二年のときに学級崩壊を経験した子どもたちが多いためだろうか、エネルギッシュで体験活動が大好きな子どもたちが非常に多かった。昨年度の総合的な学習の時間では、二〇年前までは潮干狩りができていた片男波の干潟でアサリを復活させるという「あさり姫プロジェクト」に取り組み、アサリの保護活動や干潟の生き物観察を思いっきり体験している。この活動は、和歌浦漁港と和歌山大学との連携事業となり、子どもたちは自らの活動に大きな手応えを感じることができていた。

そんな子どもたちなので、新学年早々の四月初め、「先生！　四年生の総合は何するん？」、「あさり姫の続きしたいな！」、「早く総合のこと決めやんと！」という声が上がるほどの勢いであった。

ある日、一番のやんちゃな男の子が野草の根っこをかじり、お腹が痛くなってしまうということがあった。それが理由で、「そんなわけ分からんもんかじるんやったら、ちゃんと食べられるものつくろうよ。先生、総合でできないか？」という声が上がり、全員一致で畑づくりを行うことにした。

子どもたちと学習材の出会いは、こんなとんでもない出来事が切っ掛けであったのだ。

課題の設定――「しょうがをうえようよ！」

総合的な学習の時間を進めるにあたって私は、子どもたちにどんなことをしたいのか、どんなことをやり切りたいのか、何のためにするのかについて考える時間を大切にしている。もちろん、一年間の見通しを子どもたちとともに共有しておきたいからである。

「畑づくりをして、農作物をつくって、今までお世話になった人に、お礼をする」、これが子どもたちの最終目標となった。そのために、何をつくって、どのような活動をするのかについて話し合った。

実は、和歌山市は新生姜の栽培が盛んで、全国シェアが第二位となっている。さらに、三年生の地域教材において新生姜を取り扱う学校が多く、副読本を配布するなどして新生姜の学習を促している。

このような背景もあり、子どもたちは、

「三年でしょうがを勉強したし、しょうがをつくろうよ！」

「俺ジンジャーエール好きやし、しょうがができたら作れるやん！」

「えっ、ジンジャーエールってしょうがなん？　めっちゃいいやん！」

「運動会の練習のときとかに飲めたら最高やでなぁ！」

「先生、運動会で販売とかできやんの？　育友会でもアイスとかジュース売ってるし！」

といった声の大合唱となり、私も生姜の栽培に葉っぱをかけてしまった。

「みんなが本気でやるんだったら先生も本気で応援するけど、先生も畑の素人やし、まったく分からんのやけど、みんなこれホンマに大丈夫？」

一旦ここで教師が壁となり、いつごろ生姜を植えたらいいのか、世話はどうしたらいいのかと投げかけることにした。すると、家から「野菜の育て方辞典」を持ってくる子どもや、インターネットで調べてくるという子どもが出てきた。そして、朝の会で提案するという姿が見られはじめた。

この段階では、子どもたちはまだ「新生姜」と「土生姜」の違いをはっきりと分かっているわけではない。もちろん、ジンジャーエールをつくるためにはどちらの生姜が必要なのかについても分かっていない。それゆえ、「販売活動なんて無理だ、夢のまた夢だ」と思っている子どもたちのほうが多かったと思われる。にもかかわらず、課題が設定された子どもたちは、自らが掲げた販売活動へ向け、主体的に動き出していった。

体験活動――「先生早く土づくりしないと！」

子どもたちが持ってきた資料を参考にして、朝の会のときにみんなで考え、本当に大丈夫なのかと話し合った。資料では、生姜の植え付けは四月末となっている。畑には腐葉土、牛糞、鶏糞、苦土石灰を混ぜて、少しの間、寝かせる必要があると書かれている。そして、この日は四月一九日である。「えっ！　時間ないやん‼」、「やばいやん‼」、「先生、早く土づくりしないと！」という声に押されて、急ピッチで畑づくりを行うことにした。

学級園に指定されている場所は、前学年のニンニクが植わっていたために使うことができない。子どもたちは別の候補地を探すこととなった。すると、校舎の裏に数年間放置されたままの雑草だらけ場所に気付いた。そこが候補地となり、校長先生に直談判し、畑の場所を確保することができた。

しばらくの間、子どもたちはスコップを持って、ひたすら土を掘り返し、木の根っこや雑草を取り除くという作業に熱中することになった。この頑張りが報われ、五月二日、無事に生姜を植えることができた。掲載した写真に、温度計を持っている男の子がいるのが分かるだろうか。この子どもは、生姜の発芽について個人的に追究しており、地温が関係することを知っている。そのため、生姜を植える前に地温を確認していた。理科で学習したことを生かし、教科を横断する形で思考をしているのだ。翌日の朝の会では、満面の笑みでみんなに発芽の適正温度について発表していた。

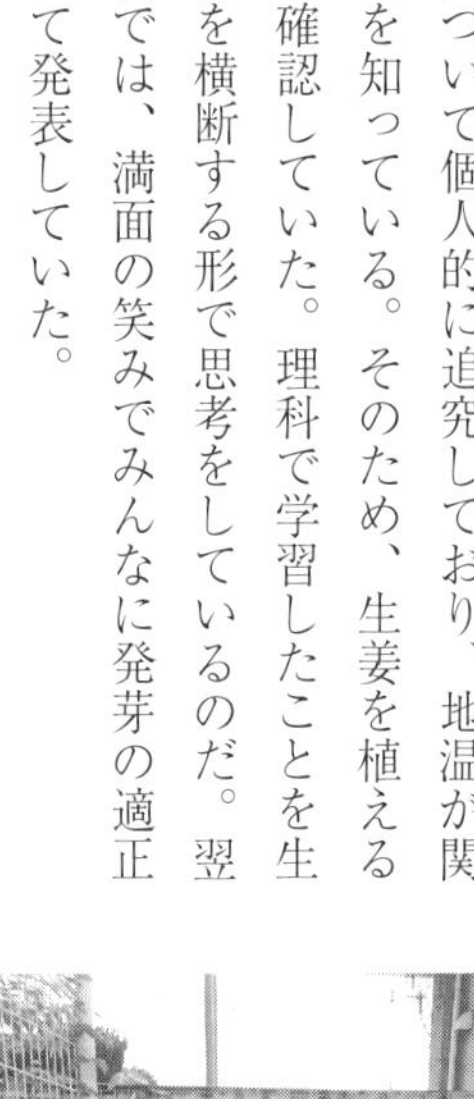

地温を測っている子ども

課題の設定——「発芽しない！」

生姜を植えたが、思うようには発芽しなかった。すると、またまた子どもたちの大合唱である。

「地温は十分なのになぁ？」

「本当に大丈夫なの？」

「プロに教えてもらったほうがいいんじゃないの？」

「先生、去年の担任の増田先生の家は生姜農家って言ってたで！」

「えっ！　そしたら、今から増田先生の家にいこうよ！」

言うまでもなく、学級全体が勢いづいた。本当にやりたいことの前に現れた壁を乗り越えるため、「なんとかしよう」という本気の姿が見られたのだ。

「そんな、友達の家に行くんじゃないんだから、相手の都合もあるし、ちゃんと約束をしないといけないでしょ。大人のルールだよ。それに、どうやって行くの？」

と、子どもたちに投げかけ、このときの話し合いを終えた。

休憩時間が終わったあと、大勢の子どもたちが増田先生のところに行き、なんと約束を取り付けてきてしまった。それで、私が実家に電話をさせてもらって日時を決め、近くにある「布引南」というバス停で下車すればいいことも教えてもらった。すると、ある子どもがバスの時刻表を眺めつつ、何時のバスに乗ればいいのかと計画を立て、増田農園への見学が実現してしまった。もちろん、私が事前に増田先生や増田農園さんへのお願いをし、バスの時刻表もあらかじめ把握していた。

体験活動――「増田農園さんを見学しよう！」

「せっかくプロの畑を見せてもらえるのだから、発芽のこと以外に『はてな』を持っていかないともったいないよね。『増田農園の秘密』を、みんなでたくさん持って帰ってこようね」と投げかけたところ、子どもたちは見学前に生姜づくりについて、一人ひとりが調べ学習を行った。

その後、調べたことを出し合うなかで、増田農園で聞いてみたいことをまとめ、「4の2のはてな」

を持って増田農園に見学へ行くことになった。普段、私の学級の子どもたちは並ぶことにも時間がかかり手を焼いていたのだが、このときばかりは見事に整列して歩いた。みんな、自分たちが取り付けた見学という機会にドキドキワクワクという状態であった。

見学が終了したあと、「増田農園の秘密」についてみんなで話し合っている。ビニールハウスを使っていたり、肥料、土、水に秘密があったりと、子どもたちにとっては新たな発見だらけであった。そして見学後、学校の生姜が発芽し、みんなで大喜びした。

ドキドキワクワクの農園見学

見学のとき、増田さんから「露地栽培だと、敷き藁をするといいよ」というアドバイスとともに藁をいただいていたので、休憩時間に藁を畝に敷いている。藁を敷くと畝が乾きにくくなり、微生物も増えてきた様子がうかがえた。藁の威力を実感することができた瞬間である。

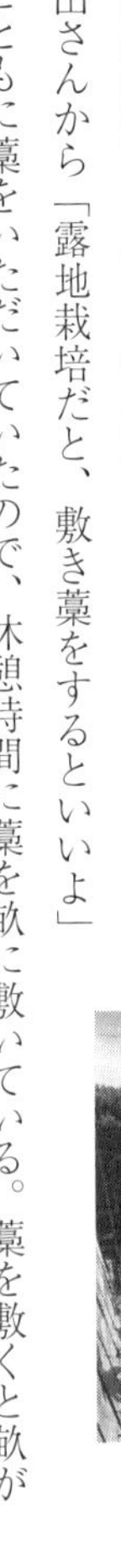

課題の設定──「お父さん野菜ソムリエやで!」

二学期に入り、いよいよ運動会が迫ってきた。生姜も順調に成長している。収穫後、どのようにしてジンジャーエールをつくればいいのか、誰に何を聞けばいいのかなどについて学級で話し合った。

「JAのジンジャーエール(農協で制作・販売されているジンジャーエール)の裏を見れば、電話番号とか分かるんちがう？　JAに聞いたらいいんじゃない」
「クックパッドで調べたら出るで！　私、調べたで！」
「中西さんのお父さん料理人やん。野菜ソムリエやで！」

といった意見が出てきた。その翌日、中西さんから、「お父さんが来て教えてくれるよ！」という報告があった。そして、実際にお父さんに来てもらい、野菜ソムリエでもある中西さんに手伝ってもらうことにした。

中西さんから生姜の効能について教えてもらい、その後、ジンジャーエールづくりを実演してもらった。それを試飲したのだが、その辛さに子どもたちとともに驚いてしまった。これが理由で、甘口をつくったほうがよい、という課題が生まれている。

自分たちでつくる際には、①レモン汁を多めに入れるグループ、②炭酸を多めに入れるグループ、③ミキサーにかけず、スライスしたままの生姜を煮出してシロップをつくるグループ、に分けて試作することになった。試飲の結果、スライスした生姜を煮出してつくったものを販売することが決まった。とはいえ、運動会では大人もたくさん来るので、辛口も用意することにした。

ジンジャーエールづくり

体験活動――「運動会で販売活動をしよう！」

ジンジャーエールの味が決まってから、急ピッチで準備を進めた。子どもたちとどんな係が必要なのかと話し合い、宣伝係、会計係、ジンジャーエール係、パンフレット係に大きく分けて、それぞれ休憩時間を返上しながら準備を進めていった。そして、運動会当日、休憩時間に二〇〇杯弱用意したジンジャーエールを一五分ほどで完売し、大成功で終えることができた。実は、この運動会での販売活動は、地元新聞の取材を受け、後日記事となって掲載されている。掲載紙を見た子どもたちの喜びようを、想像していただきたい。

その後、売上金の使い道についての話し合いとなった。さまざまな意見が飛び交ったが、みんなで協力したもので「特別なお金」であることを全体で共有し、次の畑の資金にあてること、学年でのお楽しみ会で使うこととなった。

運動会での販売活動は大成功で終えることができたが、四月に子どもたちと立てた目標は、「畑づくりをして、農作物をつくって、今までお世話になった人にお礼をする」である。これが子どもたちの最終目標なのだ。四年生の総合学習の最終章へ向け、ＪＡの「和歌山ジン

ジンジャーエールの販売大成功

ジャーエールしょうがまるしぼり」の販売政策課に勤務する松本暁伯（あきのり）さんに会うことにした。

課題の設定――「和歌山ジンジャーエールへ込めた願いとは？」

一〇月、松本さんに会ったわけだが、その前に「はてな」を見つけ出すという授業を行っている。そして、松本さんの話を聞いて子どもたちは、和歌山ジンジャーエールづくりの苦労や誰向けにつくったのか、何度味見をして完成したのか、まるしぼりってなんなのか、パッケージに込められた思い、値段設定の理由、容器をビンにしたわけなど、和歌山ジンジャーエールの秘密をたくさん聞くことができた。ある児童が書いた授業後の「ふりかえり」を紹介しておこう。

私がいちばん心にのこったのは、「誰に向けて作ったか」です。

誰に向けて作ったかを選んだ理由は、ＪＡさんの気持ちになってみたら、ＪＡさんの皆さんは誰かのために作る！と言う気持ちが強いと思いました。

ふつうに考えると、お客さんのためと思いますが、私がＪＡさんの一人だったら、お客さんとまた違う人を思って作るのでそれを聞いてみたいです。

人の思いに迫っていることが分かる。ジンジャーエールづくりだけに留まらず、深い思考へと向か

っているようにも感じる。このことから、参観日には、お世話になった家の人に感謝する気持ちを込めて、ジンジャーシロップをつくってプレゼントすることが決まった。

実は、この小単元は、研究授業を行うために教師（私）が組み込んでしまったものである。そのため、単元のつなぎ目や流れにぎこちなさが残ってしまった。子どもたちの願いでなく、教師の勝手で授業を組んでしまったことを反省している。

体験活動――「授業参観でおうちの方にプレゼントしよう！」

畑づくりからはじまったジンジャーエールづくりは、前述したように、「畑づくりをして、農作物をつくって、今までお世話になった人にお礼をする」を目的に進めてきた取り組みである。子どもたちが掲げたゴールへ向け、最後のジンジャーシロップづくりに取り組んだ。

甘口か辛口か、子どもたちが選び、それぞれの感謝の思いを込め、ジンジャーシロップをつくることができた。また、ジンジャーシロップに添えて、自分の思いや総合学習での学びを学級新聞にまとめ、日曜参観では、歌や合奏のプレゼントとともにジンジャーシロップをプレゼントすることができた。もちろん、お世話になった「増田農園」、野菜ソムリエの中西さんにも感謝の手紙をわたし、この単元の目標を達成することができた。

そして、ＪＡの「農業教育賞」の受賞というビッグニュースが飛び込んできた。四年生の学習が他者から評価されたことで、子どもたちも大きな手応えを感じ取ることができた。表彰式では賞金までいただいているが、代表して受け取った児童は、もちろん根っこを食べていたやんちゃ坊主である。畑の仕事も人一倍行い、みんなからも推薦されたうえでの代表であった。その後、この学習を広める活動へと移っていくことになった。

体験活動――「総合の学習発表をしよう！」

「農業教育賞」を受賞したことで、これまでの学習経過を集会で発表することになったわけだが、どのような発表にすればよいのかと子どもたちと考えた。その結果、「呼びかけ」や「クイズ」、そして「寸劇」で伝えることにした。

JA農業教育賞を受賞

全員が本気で取り組んできただけに、子どもたちは発表の練習にも一生懸命に取り組んでいた。そして集会の当日、とくに寸劇では会場から笑いをとるシーンも見られ、とても楽しく発表することができたように思う。単元のまとめとして、これ以上のものがあるのかと、自己満足ながら感じてしまった。

集会の最後に、根っこをかじったやんちゃ坊主がスピーチをしているので、それを紹介しておこう。

ぼくたちは畑作りからジンジャーエールを作って運動会で販売活動を行いました。そして、農業教育賞を受賞して、賞金を頂きました。畑の活動は大変だけど、とってもおもしろいです。来年度、畑の活動に使ってください。

この一年間、ケンカやトラブルで一番手を焼いたのがこの子どもである。しかし、一番成長したのもこの子どもである。校長先生に賞金が入った封筒を手わたしたやんちゃ坊主の姿、凛々しいものであった。こうして、「畑づくりからはじまるジンジャーエールづくり」の学習が、大きな拍手とともに終了した。

地域の復興なくして学校の再建なし

——復興教育

徳水博志（石巻市立雄勝小学校元教諭）

被災後の地域と学校を取り巻く状況

石巻市立雄勝（おがつ）小学校は、宮城県石巻市雄勝町の中心部に立地していたが、二〇一一年三月一一日の巨大津波によって校舎が全壊したほか、町の中心部も壊滅状態となった。そこで、一五キロ離れた内陸部の河北中学校に間借りして、教育活動を行うことになった。保護者の大半は河北中学校の周辺にある避難所に仮住まいとなり、子どもたちはその避難所から通ってきた。自宅が流失したことによる転校によって、二〇一一年四月には児童数が一〇八名から四〇名へと激減した。

二〇〇五年、平成の大合併で石巻市と合併した雄勝町は、地場産業となっているホタテの養殖と伝統的工芸品「雄勝硯」で有名な町である。六〇〇年という歴史を誇る雄勝硯の原材料となっている玄昌石（げんしょうせき）は、泥岩（でいがん）が層状に堆積した「スレート（粘板岩）」という石で、堆積した層に沿って薄くはがれるという特性があるため屋根材としても加工されている。有名なところでは、創建当時の姿に復元されたJR東京駅舎の屋根材としても使われている。

震災後の転出によって、雄勝町の人口は四三〇〇人から一〇〇〇人までに激減し、「震災」と「過疎化」という二重の課題を突き付けられた。しかしながら、故郷を愛する地域住民は、石巻市では最速となる「まちづくり協議会」を組織し、地域復興に立ち上がった。筆者も、教員という身分のまま委員の一人として復興に参画し、学校再建の部署を担当することになった。

「まちづくり協議会」がまず取り組んだことは、地域復興に必要不可欠な学校再建だった。当初、雄勝町内への校舎再建には否定的だった石巻市は、住民の再三にわたる強い要望を無視することができずに校舎再建を決定した。ただし、建設時期は町の復興状況によって決めるとし、未定とした。したがって、「地域の復興なくして学校の再建なし」となる。このような状況が、被災した雄勝町地域と雄勝小学校を取り巻く状況であった。

その一方で、教育行政の動きに対峙する必要性もあった。一つ目は、「学校正常化」という名のもとで行われる「学力向上策」である。震災直後は、子どものために一刻も早く「学校正常化」を果たしたいという教育行政の声をよく聞いた。また、被災児の心のケアが最優先という声も聞いた。しかし、心のケアがいつのまにか「学力向上」にすり替わっていた。五月、校長からは、「中止となった指導主事訪問を復活させること、これが学校復興だ」という言葉が飛び出した。

筆者は唖然とした。これが宮城県教育委員会の方針であったのだ。一学期現在、子どもたちはいまだに体育館や公民館での避難所暮らしである。避難所では、三度の食事さえも満足に与えられていない。筆者たち担任教師にとって「学校復興」とは、被災児とその家族が一日も早く生活再建を果たし、震災の傷から立ち直り、希望をもって生活することである。それを支える教育課程をつくり直すこと、これこそが筆者たちが考える学校復興であった。

　阪神・淡路大震災のときには、震災の数年後に不登校などといった問題行動が増えたという例がある。そのような問題行動がすでに芽生えていると認識する必要がある。だからこそ、被災児と保護者に寄り添った学校経営を実施していく必要があったのだ。しかし、教育行政の考え方は違うらしい。教育行政にとっては学校復興とは、機能不全に陥った教育行政を指導主事の訪問で復活させ、一刻も早く学力競争の世界に子どもたちを連れ戻し、学力向上を図ることであるらしい。学校の与える「学力向上策」が、果たして被災児に必要な学びとなるのだろうか。筆者の疑問は膨らむばかりだったが、この時点では、まだ代替案を出せるだけの余裕はなかった。

　教育行政の動きに対峙すべき二つ目は、「被災校の統廃合」である。二〇一一年九月から石巻市教育委員会は、住民説明会を開始した。市内で被災した一五校のうち九校が統廃合の対象となり、筆者の勤務校もその対象となった。住民説明会に先立つ五月、校長から次のような指示が出た。

「児童数激減で来年は複式学級になり、教員定数が三名減となる。今から転出希望者を募る」

　勤務年数が長い筆者ら三名の教員が校長に呼ばれて、転出を促された。転出？　それはないだろう！　これから全職員で学校を復興させようという時期だ！　憤りを飲み込んで、その場では校長の説明を黙って聞いていた。ところが六月、新たに次のような指示が出た。

「学区外の避難所から通ってくる児童は法令違反である。避難所がある学区の小学校に転校することが必要だ。担任は、避難所がある学区の小学校に転校する手続きをとるように保護者に伝えること。これが教育行政の法令だ」

雄勝小学校に在籍している児童四〇名のうち三八名は、学区外となる避難所から親の送迎によって通っていた。仮に転校するとなれば、雄勝小学校はいずれ閉校になってしまう。そうなると、地域住民の学校再建の願いも露と消えてしまう。そして、学校がなくなれば、いずれ地域も消滅することになる。よって、校長の指示は大変な事態を招く恐れがあった。いや、それ以上に、校長の指示は被災児の声や保護者の願いを無視するものであったと言える。

「被災したみんなと一緒にいたい」というのが子どもの声だった。親も、せめて子どもだけにはこれ以上辛い思いをさせたくない、転校だけはさせたくない、と考えてきた。自宅も仕事場も流され、生きる希望を失くした寄る辺のない親にとって、子どもの笑顔こそが救いであり、希望となる。それを保障するのが学校と教師である。

親にとって学校とは、子どもを守ってくれる最後の砦であった。しかし、校長の指示は被災児と保護者の願いにまったく寄り添うことなく、平常時の法令を被災校に平然と適用して、問題を事務的に処理しようとする発想にしか見えなかった。初めに法令ありき、である。目の前にいる、被災した子どもたちの実態からは出発していない。

さすがの筆者も堪忍袋の緒が切れた。何という冷淡な指示だろうか。文科省の中央官僚さえもこんな指示は出さないはずだ。そう思うと、腹の底からメラメラと義憤が突き上げてきた。こんな指示を親に伝えられるはずがないではないか！

ほかの担任たちからも疑問の声が次々と上がった。放課後に行われる打ち合せの時間に、筆者は校長と厳しく対峙し、全教職員の前で指示を撤回させた。それでも校長は、「法令に忠実に従っており、間違ってはいない」と言いながら帰宅していった。

そこで、翌日の朝、再度校長に話し合いを求めた。そして、校長の了解を得て、午後に新しい学校経営案を全教職員に提案することとなった。それが、「震災復興教育を中心にした学校経営案の提案」である。空き時間を利用して、半日で一気に書き上げた経営案である。

復興教育の提案

全教職員に提案した「震災復興教育を中心にした学校経営案の提案」の基本方針を説明しておく。

筆者は、学習指導要領の目指す学力は、被災地が求める学力とは大きなずれを生じていると認識する。つまり、学習指導要領の学力観は、もはや被災地には通用しないということだ。経済競争のための「学力向上策」は「村を捨てる学力」を育ててしまう。要するに、被災地を捨てるための学力を育てることになり、子どもが被災地から都会に出ていくという大きな矛盾を生み出すことになる。

被災地には、被災地の教育課題を乗り越えるための、独自の教育観が必要とされる。「３・11」は、我々に子ども観、学力観、学校経営観などの大転換を突き付けていると認識しなくてはならない。

子ども観の転換

第一に必要なことは、「子どもは一〇年後の地域復興の主体となるべき地域の宝」という子ども観への転換である。被災地の住民は、子どもが地域に残って、地域復興を担ってほしいという願いをもっている。そして、子どもたちも地域復興に参加したいと願っているのだ。

地域の子どもたちは、愛すべき故郷の復興を担う未来の主権者である。決して、国家の人材でも多国籍企業の人材でもない。そのような人材観は、もはや被災地には不要である。

学力観の転換

第二は、学力観の転換である。被災地が求める学力とは、大企業が言うところの経済的価値を求めるために競争力を養うという「生きる力」ではなく、ましてや「村を捨てる学力」でもない。被災地が求めている学力とは、「故郷を愛し、故郷を復興する社会参加の学力」である。この学力観に立ってこそ、子どもたちは学ぶ目的を明確にもつことができる。言うまでもなく、学力形成と地域復興が結び付き、学習意欲の向上にも役立つ。

学校経営観の転換

第三に、「地域の復興なくして学校の再生なし」である。今こそ、地域復興に貢献するための学校経営に転換するときである。地域には、復興に立ち上がった住民がたくさんいる。そんな身近な大人こそが子どもたちの自己形成のモデルとなり、子どもたちに希望を与えるのだ。一方、学校は住民の復興活動を教材化し、子どもたちがそれを学び、自主的に復興活動に参加するように促していく。その結果、地域復興を担う未来の主権者に生まれ変わっていくことになる。

このような新しい教育を目指す「学校経営案」は、筆者の意識のなかで、学校と地域の関係が逆転した体験から生まれた。これまで学校は、教育目標を達成するために地域を「利用」してきたと言える。そうではなく、「学校のための地域」という見方から「地域のための学校」という見方へ学校観を転換する必要がある。すると、学校が果たすべき役割が見えてくる。地域復興と地域の持続可能性のために、学校として何ができるのかと発想すればいいだけである。具体的には以下のようになる。

教育課程編成において、地域の復興課題を学校の教育課題として組み替え、学習目標を設定する。そして、基本的人権としての教育を受ける権利をもつ子どもたちに、地域を学ばせ、将来の住民自治の担い手・主権者として育てていく教育を行えばいいのである。

この教育は、一九四七年に公布・施行された教育基本法のもとで、当時の文部省から「試案」として出された「学習指導要領」を体現する、古くて新しい教育と言えよう。その実践例が、二〇一一年の二学期から正規の教育課程として実施した「地域復興を学び、参加する総合学習」である。

その手はじめとして、七月に開催された地域主催の「雄勝復興市」において、四年生から六年生までの子どもたちが「南中ソーラン」を踊ることになった。瓦礫に囲まれた広場で一生懸命に踊る子どもたちに、アンコールが二回も起こった。「なぜか涙が出るねえ……」と話す住民たちの涙に濡れた表情は、晴れやかなものだった。心を込めて踊る子どもたちの健気さは、被災者の心を癒し、「よし！　前を向こう」という力を与えてくれるのだ。

一方、子どもたちは、地域の人が涙を流して喜ぶ姿を見て、町の復興のために役に立つことができたという自己有用感を抱くとともに、地域復興の当事者であるという自覚に目覚めていった。四年生のりゅうじの感想を紹介しよう。ちなみに、一番やんちゃな子どもである。

南中ソーランを踊る子どもたち

南中ソーランをさいしょやるときは、めんどくせってゆってたけど、だんだんやる気が出てきて、徳水先生にリーダーをやれとゆわれたときは、その一〇〇〇倍のやる気がでました。本番です。練習より一〇〇〇〇倍がんばって、みんなであいさつをゆおうとしたら、さいごにアンコールが出ました。アンコールが出たしゅんかん、なみだがちょっと出ました。そして、終わりました。そして、二回目をやりました。終わった後、またアンコールが出ました。また、なみだがちょっと出ました。みんなが見てくれて、うれしかったです。ありがとうございました。こんど運動会や学習発表会でもやりたいです。みなさん、ありがとうございました。

夏休みが明け、二学期から本格的に取り組んだ「地域復興を学び、参加する総合学習」の概略を紹介しよう。

二〇一一年の六年生は、「雄勝硯の復興とまちづくりについて考えよう」というテーマのもと、硯製作を再開した職人の遠藤弘行さんに出会った。瓦礫のなかに掘立小屋を建て、電気も水もないという悪環境のもとで硯を彫る遠藤さんの姿に、子どもたちは驚くとともに、雄勝硯の復活の夢を熱く語る遠藤さんに感動して、多くの励ましと勇気をもらった。それがきっかけとなって、子どもたちは自力で雄勝の復興プランの作成に乗り出し、「まちづくり協議会」で発表した。その結果、復興プランの一部が町の復興計画案に採用されるという快挙を生み出した。

震災二年目の二〇一二年度の五年生は、「雄勝湾のホタテ養殖と漁業の復興を調べよう」というテーマのもと、漁師さんが設立した合同会社「ＯＨガッツ」でホタテの養殖体験学習を行いながら地域復興を学んだ。代表者の伊藤宏光さんには、養殖体験学習での指導だけでなく、外部講師として授業をしてもらっている。津波災害を乗り越えていく漁師の伊藤さんの生き様を見た子どもたちは、「かっこいい！」

「まちづくり協議会」で発表した６年生

硯を掘ってみせる遠藤弘行さん

と口々に言って自己形成のモデルにしている。

このように、地域復興に社会参加することで、子どもたちは地域復興の当事者性を獲得し、「社会参加の学力」を身に付けることができ、そして地域復興における未来の主権者に育つという確信を筆者は得た。

続いて、同じ五年生に、「震災体験を記録しよう」というテーマで心のケアに関する授業を行った。震災から二年目に入り、その影響が顕著に現れはじめたからである。震災のトラウマや喪失感を語らせ、作文や絵画で表現させて震災体験を対象化し、意味づけることをねらいとした。これは、震災を人生の一部として受け入れて、前を向く力を育てることを意図した「ナラティブ・セラピー」の要素をもつ実践である。

本実践からは、震災体験を後世に伝えるという固い決意を表した『わたしはわすれない』という詩と、共同木版画『希望の船』が生まれた。この『希望の船』はアメリカに渡り、毎年、ニューヨークで開催される「3・11追悼式」において、礼拝堂の正面に掲げられている。二つの実践の詳細について

共同木版画［希望の船］90cm ×180cm

は、拙著『震災と向き合う子どもたち』（新日本出版社、二〇一八年）を参照してほしい。

「雄勝花物語」の設立へ

震災から丸六年が経過した二〇一七年、住民の念願が叶って「雄勝小中併設校」の新校舎が完成した。雄勝町における復興課題の一つが達成できたのである。しかしながら、子どもたちを地域再生の主体に育てる「復興教育」を実践してきた手前、地域に受け皿となる会社が存在しないことが残念であった。なければ自分でつくるしかない、と思い立ち、六〇歳で教員を退職した二〇一四年三月、一般社団法人「雄勝花物語（ogatsu-flowerstory.com/）」を設立した。その活動拠点は、一〇〇〇人のボランティアの協力で造り上げた「雄勝ローズファクトリーガーデン」である。経営方針は、「地域復興に貢献する会社経営と復興の後継者育成」である。ビジネスモデルとしては、地域課題の解決を自社の利益とする「ソーシャルビジネス」を目指している。その事業内容は以下の四部門である。

支援部門――被災地緑化支援・ローズガーデンの無料開放。

教育部門――防災教育・ＥＳＤ、社員研修・ボランティアの受け入れ。

事業部門――「北限のオリーブ」の栽培。現在はまだ助成金頼みの運営であるが、石巻市と本団体の連携事業である「北限のオリーブ」では、六次産業化によって若者の雇用創出を目指している。

まちづくり活動部門――石巻市と住民との連携事業である「雄勝ガーデンパーク事業」では、本団体が中心的な役割を担っている。事業の目的は移転元地を利活用することである。元雄勝中学校の跡地二ヘクタールには、オリーブの栽培のほか、地元の「公益社団法人モリウミアス」と連携してワイン用のブドウ栽培を計画している。このまちづくり活動では、首都圏の企業から社員の異業種研修の一つとして本事業に参加してもらっている。企業にとっては、ＣＳＲ（企業の社会的責任）やＣＳＶ（共通価値の創造）という意義をもつ。地域づくりと企業との新しい連携である。

「雄勝ローズファクトリーガーデン」
住所：石巻市雄勝町雄勝字味噌作43の2。震災遺構の旧大川小学校から車で6分。仙台駅から車で90分。

ところで、なぜ会社設立かと言えば、学校の教育実践だけでは地域を変革することができないからである。つまり、地域に根ざした教育と地域経済の構築をセットにして地域づくりを行わないかぎり、地域の持続可能性は開けないからである。具体的には、公共事業と企業誘致に依存した経済から地域資源を活用した「地域内循環型経済」に転換するその方向性に、地域未来の展望が開けてくるのではないかと考えている。そして、社会変革上の問題意識として「ソーシャルビジネス」からポスト資本主義を探りたいと考えている。

筆者の役割のもう一つは、地域の変革主体の育成である。石巻市社会教育委員として、雄勝町の青年層を対象とした地域づくり学習会をまもなく開始する予定である。

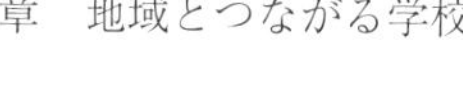

実践5　ふるさとにひたり、ふるさとに学ぶ

高尾和伸（高知県四万十町立北ノ川小学校元教諭）

自信と誇りをもてない子どもたち

四万十町は高知県の西南部にあり、「日本最後の清流」と呼ばれる四万十川の中流域に位置している。ここで紹介する実践（二〇一七年度）に取り組んだのは、四万十町の真ん中あたりに位置する北ノ川小学校（四万十町大正北ノ川358-20）である。校区の中心を四万十川が流れていることから、沈下橋を渡るなどして両岸から子どもたちがやって来る。

想像されるように、自然豊かな環境にあるこの学校には、三〇人ほどの子どもたちしか在籍していない。それゆえ、二〇一八年以降は完全複式学級となった。こんな長閑な地域の学校にも、「学力テスト体制」は容赦なく迫ってきている。「学力向上」のため、点数が学校評価、管理職評価、教員評価の中心を占めることとなり、教師のなかでは、自ずと「全国学力テスト」や「高知県版学力テスト」向けの対策が優先されるようになっている。

学校の息苦しさが増加し、子どもたちの自主性や自治が軽視されてきている。子どもは学校管理のなかに閉じ込められ、自由に遊ぶ時間が奪われている。さまざまなアンケート調査では、常に自尊感情の低さが目立ち、自信のない子どもたちの姿が気になるという状況である。また、「高知県は好きですか?」や「北ノ川が好きですか?」という問いに、高学年では六割の子どもが「何もないから好きではない」と答えるという現実があった。

そこで、六年生六名の学級担任を受け持ち、総合の時間は五年生三名と合同で行っている私は、「地域のなかに飛び出す」ことをテーマにしようと考え、川遊びやウナギ捕り、そして川下りをすることを子どもたちとともに計画した。

夏の取り組み——川で思いっきり遊ぼう!

川にふれあうという機会は、前期のクラブ活動の時間(四月～九月)からはじまった。男子が中心になってつくった「探険クラブ」が、学校のすぐ北を流れる相去川(あいざれがわ)に行くことを計画したのだ。

まず、川にアクセスしやすいように、体育館の裏手から川に下りる道づくりを行った。竹を切り分けながら二〇メートルほど進んで、やっと川原にたどり着いた。子どもたちは、下に着込んでいた水着姿になって早速川に飛び込んだが、第一声は「寒い」という叫び声であった。

周りから大歓声が上がったので、何事かと思って視線を向けると、ある子どもが素手で魚を捕まえていた。魚の名前は、吻(ふん)(口まわり)が長く尖り、一対の口ひげがある、体長二〇センチほどの「カマカツ」であった。食用魚だけでなく観賞魚としても人気のある魚である。その後、川を歩いて上り、上流から流れにまかせて川下りを楽しんだり、網で魚を捕ったりしたのだが、さすがに体力いっぱいの男子、この活動は五時間にも及んだ。

授業の一環で行った川遊びだが、その楽しさが下級生にも広がり、一学期最後の体育の時間では、「川で水泳をしたい」と言い出した。そこで、一〜三年生は相去川で水遊びを行い、四〜六年生は、地元で「くじら山」と呼ばれている深い淵で「飛び込み」に挑戦することになった。淀みになっているところへ、周りの岩場から飛び込むというものだ。高さの違う岩が周りを囲んでおり、それぞれ自分の実力にあわせての挑戦を楽しんでいた。

深い淵に飛び込む

「ころばし」でウナギを捕ろう！

ウナギ捕りの仕掛けとなる「ころばし」づくりを工作の時間に行うことにした。講師としてお願いしたのは、「学校の未来を考える会（開かれた学校づくり推進委員会）」のメンバーであり、大工をされている吉良文雄さんである。

吉良さんがつくられる「ころばし」は、細長い四角形の箱型になっている。四枚の細長い板を釘で留め、ウナギの入り口となるところにプラスチックの板を斜めに付け、もう一方に餌のミミズを入れるところと、入ったウナギを取り出すところがあった。

吉良さんの指導もあって、一人ひとりが「マイころばし」を手にすることができた。また、漁の仕方も伝授してもらっている。ミミズを五～六匹入れることや、入り口を下流に向けて、それが川底にくっつくようにすること、そして、ウナギが通りそうな瀬がどこなのかを教えてもらっている。

早速、ミミズ捕りにかかった。家の畑で捕ってくる子ども、学校の花壇や茶畑などで捕る子ども、自分ではつかめないので男子に頼むという女子、なかには父親に大きなカンタロー（シーボルトミミズ）を捕ってもらったという子どももいた。みんなが、それぞれのアプローチでミミズを確保している。

マイころばしをつくる

さて放課後、玄関に集合して、「探検クラブ」がつくった竹やぶの近道を通って川に出掛けた。吉良さんに教えてもらったとおり、ウナギの通りそうな瀬を探し、川底を平らにして「ころばし」を仕掛けていった。

翌朝、勇んでみんなで川に向かった。「なんか入っちゅうぜ」とか「ナマズの子どもみたい」と大騒ぎである。見てみると、入っていたのは「アカザ」という口に棘のある魚だった。すると、「あっ、逃げた」という叫び声が上がった。川の真ん中で「ころばし」のフタを開けてしまったのだ。「ウナギはおるがや」と俄然みんなのやる気が高まったのだが、二回目、三回目にはウナギの姿がなかった。やや意気消沈していたところ、四回目にズシリとした手ごたえがあった。川で開けないようにして、急いで学校に戻った。すぐさま理科室の流しに水を張り、フタを開けた途端、黒くて長いウナギがスルリと床に逃げてしまった。大さわぎで、みんなでウナギを捕まえることになった。ついに出合えたウナギ、その興奮はなかなか冷めなかった。計測すると、三八〇グラム、四二センチという、いい型のウナギであった。

解体ショー！

早速、吉良さんに報告すると、「氷でしめてからさばいて、冷凍保存したほうがよい」ということであった。教師の腕の見せどころである。氷で弱ったウナギをキリで固定して、関東式の背開きにした。まな板の周りをみんなが取り囲み、「おう！」という声が漏れた。もっとも、骨を取るところになると「身がいっぱいついた」と厳しい指摘に変わったが、何とかさばき終えることができた。少しだが、私の評価が上がったように思えた。

ウナギ捕り。「ころばし」を上げる

その後、夏休みに行う「お泊り合宿」でウナギを食べようということになった。となると、二匹目を捕らなければならない。すでに捕っているミミズも少なくなっていた。幸い、「ころばし」の中でひと晩餌になっても朝まで生きているミミズがいたので、それを土に戻して再利用することにした。

二匹目は、本流である四万十川（川の漁には鑑札がいるが、子どもは免除されている）で捕ることにした。一見すると緩やかに見える四万十川だが、その流れが速いことを実感することになった。かなりの苦労をしながら、前回同様「ころばし」を設置していった。

翌日、ゆみ（六年女子）の「ころばし」に小さいのが入っていた。もう少し捕れたら「うな丼」をつくろうということで、学校に持って帰った。

夏休みに再挑戦！

夏休みに入ったある日の夕方、相去川（あいざれがわ）に仕掛けをすることにした。ミミズが捕れなくなったので、今度は小魚を針に付けた「ハヤナ」という方法で挑戦することにした。「くじら山」で泳いだあと、ウナギがいそうな淵に三本仕掛けることにした。

朝の水泳練習の前にその仕掛けを見に行ったところ、なんと、大きなナマズがあきらとたくみ（6年男子）の「ハヤナ」にかかっていたのだ。この巨大ナマズをどうすればいいのか。早速吉良さんに相談すると、「焼いても、唐揚げもおいしいよ」ということなので、さばき方を伝授してもらって一匹を調理することにした。とてもきれいな白身だったので冷凍保存した。もう一匹は、持って帰ってもらうことにした。翌日、持って帰ったあきらのお父さんから、「めっちゃ、おいしかったよ」という報告があった。

こんな報告があったせいか、夏休みの「お泊り合宿」では、家族も呼んで「ウナギまつり」にしようということになってしまった。学校で捕獲できたウナギは二匹。それに、あき（五年女子）が夏休みにおじいちゃんと捕った一匹を加えて合計三匹となった。さらに、冷凍保存しておいたナマズを加えて蒲焼きをみんなでつくった。小さな「うな丼」になったが、みんなで分け合って試食した。

八家族二三人が参加しての「ウナギまつり」、昼間はボートとシーカヤックで川下りを体験し、夜は学校に泊まるという夏休み最後の親子行事、このうえなく楽しいものであった。

絵本『うなぎのうーちゃん』

「ウナギまつり」の余韻を残しながら二学期を迎えた。ウナギにかかわるまとめにしようと、絵本『うなぎのうーちゃんだいぼうけん』（文・黒木真理、イラスト・須飼秀和、福音館書店、二〇一四年）を読みながら、日本ウナギについての学習を行った。

ウナギの生態や絶滅危惧種になっていることを考えながらの授業となったわけだが、ウナギがフィリピン沖の海で誕生すること、変態をしながら黒潮に乗って日本までやって来ること、日本の川を遡上して数年間過ごして帰っていくこと、そしてミミズが大好物であることなどをともに学んだ。「ミミズを求めて、川を上ってくるがやない」、「ウナギはおいしいけど、大変な思いをして、やってくるがやね」、「一メートル位のつかまえてみたい」、「でも、取りすぎたら、いかんがやない」と、子どもたちの「うなぎ談義」はかなり盛り上がった。

数か月後、冬休みに入る前に「シラスウナギ不良、例年の二割」という見出しの新聞記事に、シラスウナギの規制が必要だという意見が出ていた。「やっぱり、絶命危惧種だから捕らないほうがいいのでは」という意見が子どもたちから聞かれるようになった。その後、「シラスが増えてきた」という記事や、「潜ってみたら意外におった」というコラムも新聞で見つけたが、その都度、みんなで読み合いをしながら「うなぎ談義」が続いていった。

冬の取り組み——北ノ川地区にも戦争はあったのか？

三学期、最後となる「ふるさと学習」は、四万十町にかかわる戦争の歴史にふれることにした。一学期には「ヒロシマ」を通しての平和学習を行っているので、それにつながるものにしたかったのだ。また、五年生には、翌年に行く「広島への修学旅行」につながるようになればよいとも考えた。

四万十町には、多くの人を「満蒙開拓団」に送り出したという歴史がある。当時の様子を絵として記録した資料『戦争の狂気——万山十川開拓団難民移動状況絵図』（田辺末隆著、四万十町人権教育研究協議会、二〇一五年）を利用することができると考えた。

まず、日清、日露、日中、太平洋戦争の歴史を振り返りながら、「北ノ川にも戦争があったのか」という問いを子どもたちにぶつけてみた。そして、「その証拠がないか探しに行こう」と提案してみた。子どもたちは、また探険がはじまると思ったのか、すぐさま身を乗り出してきた。行先は、学校から歩いて五分足らずの、校歌にも登場する「光城址（ひかりじょうし）」（小さな山城なので地図にはない）のある山だった。実は、二学期の探検クラブで「野イチゴ摘み」に来たとき、古いお墓があることに目をつけていて、子どもたちに見つけてほしいと思っていたのである。

すぐに、ニューギニアやビルマで「戦死」という文字を苔のなかから子どもたちが見つけた。さらに、城跡から学校側に下りるところにもたくさんのお墓があり、そのなかの真新しいお墓で、満蒙開拓団でなくなった家族三人の名前を見つけた。

合併前の町史『大正町史』で調べる

この北ノ川地区から戦争に行って亡くなった人がいるという事実は、子どもたちには驚きであった。教科書のなかでしか知らない戦争が、現実のこととして迫ってくるように感じたのであろう。

図書館にある『大正町史』を借りて、戦争にかかわる記述をゆっくり読んでいった。すると、北ノ川地区に四九人の戦死者がいることや、旧大正町では戦死者が二〇〇人に及んでいたことが分かった。

そして、昭和の初めに戦争に行った兵士を迎える「凱旋門」が北ノ川地区の三か所（船戸越、鳥打場、地蔵峠）に設置され、戦後、そのうちの一つを北ノ川小学校の正門に移したという記録も見つけた。

子どもたちは、「えー、あの柱かな」と、今は隣にある北ノ川中学校（校庭を挟んで建っている）の正門になっている二つの大きな石柱を窓から見ていた。そして、すぐに門のところまで行き、今まで読んだこともなかった石柱に刻まれた文字をノートに写した。右には「村醫　武内政衛　寄附」、左側には「昭和五年十月建立」と刻まれていた。

正門は「戦争遺跡」だった

「凱旋門」が置かれた一つである「鳥打場」は打井川地区にあり、山道だが県道になっていて、海側の街に出掛けるときによく通るということを子どもたちが教えてくれた。もう一つの「地蔵峠」は、同じ打井川地区の最奥に住むひかる（六年男子）の家の裏手にあることを彼のお母さんが教えてくれた。やはり、海のほうへ抜ける近道であったそうだ。高知県の地図を見ていただければ分かるが、四万十川はいったん内陸に向かい、中流で大きく蛇行してから下流部で海に近づくように流れている。そのため、山越えで海側に出たほうが便利であったと思われる。

歩いても一時間ほどで行けるというので、春休みに行くことにした。そして、三つ目の「船戸越」については、月に一度読み聞かせに来てくれる武内文治さん（元役場職員）が地名研究をしていると聞いていたので、相談することにした。

文治さんによると、「船戸は船の着くところで、そこを越える峠のことではないか」ということだった。学校から一キロほどのところに昔の村境があり、旧道の峠であった場所である。そして、門の石柱については、「古い『大正町史』に記録がある」と教えてくれた。あとで調べると、「村の医者が凱旋門を寄付し船戸越に建てたこと」、「その医者は、とても流行っていたが腕はあまりよくなかった」（思わず笑いが出る）と記されていた。

「凱旋門」に間違いないだろうということになったので、記録に残そうと拓本に挑戦したが、残念ながら表面にある凸凹のために何度やってもうまくいかなかった。しかし、門柱にこびり付いていた苔がきれいに取れて、みんなで喜んだ。

「満蒙開拓団」の絵は、当時の様子がていねいに描かれており、悲惨な状況が子どもたちにも伝わった。旧大正町、旧十和村、さらに下流の旧西土佐村（現、四万十市）などから数百名に上る満蒙開拓団が編成さ

凱旋門で拓本

れていた。先発隊が一九四四（昭和一九）年ごろに入り、本体が入植したのは一九四五年の三月頃だという。すぐに戦局が悪化し、満州からの逃避行という状況に置かれたことが分かった。

戦争に行くことが免除されるという約束が守られずに動員されて行方不明になった人がいたこと、小さな子どもたちが次々に犠牲になったり、親と離れて残されたり、売られていく子どもがいたことなど、胸に迫ることがたくさん描かれていた。ふと子どもたちの様子を見ると、静かに、真剣に、それぞれが見入っていた。

自分たちが住んでいる地域にも戦争につながるものがあると分かり、子どもたちにとっては「驚き」であったと同時に、ふるさとを「深く知る」ことができた学びになったと思う。ちなみに、この最後の学習では、子どもたちの希望もあって、満蒙開拓団で亡くなった子どもたちの魂を鎮める

木彫りのお地蔵さん

ために、木彫りの小さなお地蔵さんをつくろうというプロジェクトに参加している。一人が一体ずつ彫っていったのだが、それぞれ違った表情のお地蔵さんに仕上がり、味わい深い作品ができあがった。これらは、旧西土佐村にある「満蒙開拓資料館」（権谷せせらぎ交流館：住所 高知県四万十市西土佐江川二九四〇）に置かれることになっている。

一年間を振り返ると、一学期には「広島の平和学習旅行」、「田植え・炭焼き」、「宿泊体験」、「ウナギ捕り」、「夏休みキャンプ・川遊び」、二学期には「稲刈りと餅つき」、「中学校と合同の文化祭」、「お遍路のおせったい」、そして三学期には地域から考える「平和学習」に取り組んだわけだが、子どもたちにはどのように伝わったのだろうか。

ここには「何もないから好きではない」と話す子どもたちに、川や山にはたくさんの楽しみがあることを少しでも実感してもらいたくて走り回った一年であった。実は、「先生が一番楽しんでない」と保護者に言われたことがあるが、そのとおりだと思っている。しかし、子どもたちに新たな発見があったことだけは間違いない。「驚き」や「感動」というさまざまな発見を通して、自分の「ふるさと」が素敵なところであると感じたのではないだろうか。少なくとも、私はそのように確信している。

実践ナビ

地域とつながる学校――子どもが主体となる教育課程

（笹ケ瀬浩人）

二〇二〇年、新型コロナウイルスが猛威を振るうなか、それぞれの地域が、それぞれの学校が、未来を切り開くために何を考え、何をしなければならないのかが問われている。本章で紹介されたのは、人と人が確かにつながり、人間らしく生きていくことができる社会を目指して、地域を見つめ、地域とつながり、子どもが主体となる教育課程づくりを目指した五本の実践である。地域の自然、地域の人々、時には困難とされるさまざまな出来事とのかかわりのなかで子どもたちが学び、成長していく過程を、それぞれの実践が示してくれている。

浦沢朱美さんの「蚕と桑の木のものがたり」は、学校にある二本の桑の木からはじまる。桑の葉を食草とする「蚕」という昆虫と出合った子どもたちは、育てる活動のなかで親しみを感じ、その生態の不思議さに気付いていく。「まぶし」に糸を吐きながら繭をつくる様子を真剣に見つめる子どもたち、繭から出てくるカイコガに驚く子どもたちの様子が文章からリアルに伝わってくる。

成虫になったカイコガの生きられる時間は短い。より良い生糸をとるために改良を続け、家畜化されてきた蚕の宿命にも触れ、蚕の命を全うさせながら、苦悩しつつ糸取りに挑戦する子どもたちの過程を浦沢さんは、「本物に出合った学習は、子どもたちの『気付き』を育て、認識を耕して広がっていった」とまとめている。まさしく、子どもたちが主体的に学びの世界を広げていった実践である。

中河原良子さんの実践は、綿の種をまき、子どもたちと成長を楽しみながら観察するものである。「先生、たいへん、グリーンボールにひびが入っちゃったよ」と言う優斗さんの驚きの声から、綿が生まれる様子を興味深く見つめる子どもたち。さらに、綿からどうやって糸にするのかと子どもたちの疑問は深まり、「撚る」体験を経て、実際にやってみることで疑問が解決されていった。

そして、地域の伝統工芸である「青梅夜具地」を大事に守っている子どものお母さんに出会い、機織りの体験をさせてもらうなかで学びが深まり、自分が住む青梅市のことをより深く知ることになった。綿に魅せられ、さまざまなかかわりのなかで子どもたちが新たな疑問を抱き、自分たちで調べ、学びを深めていくという「新しい教育課程づくり」がここにある。

神崎和広さんの「畑づくりからはじまるジンジャーエールづくり」は、地域の特産である生姜を育てることからはじまった。子どもたち自身が約束を取り付けて増田農園の見学を計画し、生姜づくりの工夫を学ぶというものである。同じクラスの子どもの父であるソムリエを招いて、よりおいしいジンジャーエールをつくる方法を学び、自分たちのつくったジンジャーエールを運動会で販売してしまうという大胆な取り組みには驚いた。さらに、この取り組みが地元新聞に紹介されたうえ、「ＪＡ農業大賞」まで受賞している。

このような学びの過程で、地域における生姜生産の歴史や生産販売の工夫を学んでいったわけだが、そこに見えたものは、やんちゃな子どもたちが本物の学びのなかで大きく変わっていく姿であった。

徳水博志さんの「地域の復興なくして学校の再建なし——復興教育」は、東日本大震災で壊滅的な打撃を受けた宮城県石巻市雄勝（おがつ）地区において、子ども、父母、教師、そして地域の人々が真に願う復興のための新しい教育課程づくりを目指した取り組みであった。言うまでもなく、これは教育委員会が進めようとする「学力向上」のための教育課程ではない。被災地の教育課題を乗り越えるべく、新たな子ども観、学力観、学校経営観への大転換を提起していくことになった。

徳水さんは、退職後、より確かな復興の具体化のために公社をつくり、地域づくりに取り組んでいる。人と人をつなぎ、地域の未来を仲間とともに切り開いていこうとするその「覚悟」に感動してしまう。

高尾和伸さんの実践では、「ここには何もない」と思っていた地域の自然の素晴らしさや戦争の歴史を学んでいくなかにおいて、子どもたちが変わっていく様子が見られた。相去川（あいざれがわ）と四万十川を舞台に、岩から飛び込んで遊んだり、ウナギ捕りの漁法を山口さんから学んだりする。大工である山口さんは、ウナギを捕る仕掛けである「ころばし」のつくり方も本格的である。ここでしかできない本物の価値ある体験の連続、それに魅了された子どもたちは地域の素晴らしさを知ることになった。

全国的に、さまざまな困難や課題を抱えている学校が多い。それらを、すべての子どもたちのための学校づくりを進めるチャンスととらえて、狭い意味での「授業づくり」だけに矮小化せず、学校の教育活動全体を見直すことが求められている。それぞれの実践は、子どもたちの姿や地域の実態、特色をふまえており、子どもと教師が紡ぎ出したかけがえのない実践であると言える。

第5章

子どもは未来に生きる主人公

——問題解決を自分事とする学びを

発芽。育つ先を見通す（写真：神崎和広）

子どもがマチの未来を語る

山本　民（北海道枝幸郡中頓別町立中頓別小学校）

ここで紹介するのは、北海道のてっぺん、宗谷地方の中頓別町(なかとんべつちょう)で行われた実践である。宗谷では、学校だけでなく地域に住む大人がかかわって授業づくりをしていくことが多い。この実践においても、町役場教育委員会・まちづくり推進課・町のお菓子屋・プロのシェフ・「新ご当地グルメ」の企画者といったたくさんの大人がかかわっている。また、校内でも、総合的な学習の時間の担当者だけでなく、管理職も含めて議論を繰り返してつくりあげた実践である。

中頓別町は宗谷管内の南部に位置しており、宗谷管内で唯一海に接していない山間の町である。主要産業は酪農、人口は当時（二〇一一年）二〇〇〇人足らずあった。私が赴任した五年前（二〇〇七年）と比べても人口は減っており、管内でも一番少ない町となっている。管内には小学校と中学校が一校ずつしかなく、各学年とも一学級だけである。実践を行った中頓別小学校の全校児童は八二人（二〇一一年）であった。

中頓別小学校では、二〇〇六年から総合的な学習の時間に「中頓別探検隊」という取り組みを行っている。自分が住む地域を学ぶというものだが、当時、六年目であった。中頓別探検隊では、三〜六年生がともに学んでいる。体験をもとにして自分で課題を決め、調べていくという形で進めるスタイルが基本となっているが、試行錯誤を繰り返しながら変化を遂げている。前述したように、学校と地域が近いということもあり、「中頓別探検隊発表会」のときには保護者だけでなく地域の人々も見学に来ている。地域に住む大人から学ぶという貴重な機会であるこの取り組みを、子どもたちは楽しみにしている。

三年生以上の担任として、私は五年間、この探検隊にかかわってきた。ここでは、「開校一〇〇周年」となった二〇〇九年度と、その取り組みをもとにさらに発展させた二〇一〇年度の取り組みを中心に紹介していくことにする。

「中頓別探検隊」における学習活動の流れ

中頓別探検隊のねらいは、「歴史、人、自然に興味をもつ」、「直接体験や、伝承によって知りたい、やりたいことを見つける」、「学んだことを分かりやすく伝え、以後の学習に生かす」の三点である。このねらいに沿って学習の流れを追っていく。

この取り組みは、「直接体験」をするところからはじまる。地域の素材について、「生活職人[1]」と名

(1)　中頓別町役場まちづくり推進課が中心となってつくっている町の人材バンクのことで、「食の達人」、「自然体験の達人」、「文化・スポーツの達人」という三分野に分かれており、五〇以上の個人・団体が登録されている。

中頓別探検隊の直接体験

年度	平成18年度	平成19年度	平成20年度	平成21年度	平成22年度	平成23年度
体験	炭焼き 山菜 鍾乳洞 養蜂 草花	化石発掘 野鳥観察 酪農体験 鍾乳洞	砂金掘り 川釣り ツリーハウス	中頓別の歴史 ・生活 ・産業 ・鉄道	養蜂 酪農 木の花	敏音知（ピンネシリ） ・温泉 ・山菜 ・山 ・化石

生活職人が子どもに話す

付けられた地域の大人がゲストティーチャーとなって、子どもたちに説明や体験談を話してもらうというものである。前年度までに体験したものは表のとおりであるが、全員が各年度のすべてのテーマを体験している。地域の素材のそれぞれについてポイントを見たり聞いたりしたときの子どもたちの表情や反応を、教師だけでなく生活職人たちも目を細めて見守っている。

次に、「テーマ」と「課題」（この取り組みでは、「テーマ」を体験名、「課題」を発表物のタイトルとしている）を決める。直接体験の素材（表を参照）から一つを選んで、感想や疑問のなかから「課題」を見つけていくことになる。

そして、次は「一斉追体験」となる。自らの課題をもとに質問を考え、直接体験の際に教えてもらった生活職人に来校してもらい、インタビューをする。その後、発表物にまとめる。まとめの方法も、ポスター・紙芝居・絵本・模造紙・壁新聞・巻物などから自分で選ぶ。課題が似ていても同じ形式のまとめにはならないので、オリジナルの発表物ができる。

最初の三年間（二〇〇六年～二〇〇八年）は、三～六年生が一斉にテーマごとに分かれて学習していた。自然にテーマ内で教え合いが生まれ、下級生は上級生を真似して工夫するようになり、まとめ方も上手になっていった。

発表物が完成すると「発表会」となる。発表の準備として指示棒をつくったり、発表原稿を書いたり、時間が余ったときの

町民センターでの発表会

ことを考えてクイズをつくったりもしている。それぞれが、「見せる・聞かせる」といった工夫も凝らしていく姿には感心させられる。

発表会は、ポスターセッションの形で、近くにある町民センターで三日間に分けて行われるのだが、子どもたちは生活職人への招待状を書いてわたしたり、発表会の案内となるポスターをつくって、町内のお店に貼らせてもらったりと大忙しとなる。

子どもの考えが町の大人を動かした

前述したように二〇〇九年度に中頓別小学校は「開校一〇〇周年」を迎えたわけだが、この年は「中頓別の歴史」を大テーマとして、高学年のプロジェクトチームによる「まちが元気になる提言」を考えた。直接体験は、昔の生活・炭焼き・養蜂である。

前年度の六年生による発表で、テーマ同士のつながりが見えたことや、一人ずつの発表では「学び」の深まりに限界を感じたために九つのプロジェクトチームをつくり、提言を考えた。次年度につながりそうな提言は次のとおりである。

提言①——町の中心部に集まれる場所をつくり、地元産のもので料理教室をする。

提言②——中頓別の特産品を使ってオリジナル製品をつくる。

提言③――おじいちゃん、おばあちゃんから知恵を学べる場をつくる。
提言④――来て、体験して、口コミで広げてもらう。

「探検隊発表会」の折、これらの提言は地域のみなさんに新鮮な気付きをもたらした。来場者の感想のなかに、「一つでも実現できないか」というものがあったり、役場の「まちづくり推進課」からは「できることがあったら協力します」というコメントをもらったこともあり、次年度につながる活動となった。

事実、二〇一〇年度の活動は「特産品を発展・発達させよう」となった。昨年度の活動をふまえて、新年度は町を元気にする取り組みを具体的に考えることになったわけである。直接体験と一斉追体験までを例年と同じように行い、その後は、五・六年生の子どもたちの思考に寄り添って周りの大人たちが動くことになった。

出前授業――「町の元気の源は」

六年生のA君が夏休みの自由研究で「新・ご当地グルメ」を取り上げ、「北海道の名物はカニやじゃがいも、とうきびだけじゃない。いろいろあるんだ」とまとめた。この学びを共有し、「新・ご当地グルメ」にかかわっている人に話を聞くことにした。

この出前授業では、まちづくり推進課が講師のリストアップをはじめとして、日程の調整や交渉などにおいて尽力してくれている。その結果、別海町（根室総合振興局管内）の松本博史さん（当時：別海町役場商工観光課主任）と美瑛町（上川総合振興局管内）の栗原弘志さん（当時：美瑛町商工会経営指導課長）をゲストティーチャーとして迎えることができた。「新・ご当地グルメ」を考えたきっかけや、取り組むなかでの「人のつながり」の重要性を話していただいた。また、このとき、栄養教諭の協力のもと、給食に二つの町の「新・ご当地グルメ」である「別海ジャンボホタテバーガー」と「美瑛カレーうどん」を食べている。「今年は特別」というワクワク感が子どもたちのなかに高まってきているのを感じた。

出前授業で「新・ご当地グルメ」を扱ったことが大きな理由だが、子どもたちは「まちを元気にする新メニュー」を考えていくことになった。子どもたちそれぞれが考えたものを集約して、以下に挙げる一二種類のメニューが考え出された。

・中頓別健康三六五日カップ（野菜を使ったカップケーキ）
・中頓別ジャングルラーメン
・おしゃれソフトクリーム
・赤鹿・牛の赤い森（鹿肉を使った生タイプのふりかけ）
・チーズたっぷりカツ&ハンバーグ
・のびーるカリカリくん（お好み焼き）

・中頓別チーズふりかけ
・とろとろフライ&新鮮牛乳スープ
・ナチュラルスペシャル
・中頓別牧草ロールバーグ
・ふっくらあたたか中頓別焼き（たこ焼き）
・野菜とハチミツのバタースターズ☆

当然のことながら、子どもたちから「実際につくってみたい」という声が上がり、試作することになった。これにも、町の教育委員会やまちづくり推進課をはじめとして、地域の人たちにもたくさん協力してもらっている。五・六年生合わせて三〇人を一二種類のメニューに振り分け、そこに一一人の大人が入るという手厚い体制となった。地域のみなさんのおかげもあり、各グループともメニューの料理をつくることができた。

しかし、「もっとおいしくしたい」という子どもたちの思いが募り、栄養教諭やフードコーディネーターの小畑友理香さん（株式会社カルナ）、中村賀香さん（当時：旭川市経済部ものづくり推進室産業振興課）に協力してもらってレシピの改良を行った。フードコーディネーターを紹介してくれたのも「まちづくり推進課」である。

探検隊発表会へ

この年は、一枚の模造紙に「メニューができた理由」や「試作・試食について」などをまとめていった。共通事項以外にも「今年の探検隊で印象的だったこと」や「中頓別の未来」など、各グループともに大いなる工夫が見られた。

発表会に合わせて、レストラン「オルト」（名寄市）の古屋敏浩さん、レストラン「クロ・ド・ソレイユ」（札幌市）の佐藤和彦さん、町のお菓子屋「とらや」と「すずや」、そして町内の体験工房「もうもう」などで働くプロの料理人が改良したレシピでつくり、試食コーナーを設けて「まとめ」の発表を行った。この発表会には、町長、役場職員、商工会、観光協会、町内の店主などといった人までが来られ、これまでにない広がりを示した。

二〇一〇年度の最後に、町民のみなさんに知らせることを目的としてパンフレットをつくることになった。このパンフレット（写真参照）は、二年後の二〇一二年六月に、町の広報誌とともに町内の全戸に配布されている。また、稚内信用金庫の機関紙である「Just now」でも紹介され、子どもたちが考えた「野菜とハチミツのバタースターズ☆」が札幌で行われた「稚内マルシェ」というイベント

Chibitom パンフレット

で売られたり、町内のお菓子屋で商品化されたりもしている。

小学校での取り組みが終わったあとも、大人たちの活動が止まることはなかった。試食した人たちの笑顔や感想が「ＮＨＫテレビ」、「北海道新聞」、「日刊宗谷」に取り上げられたのだ。子どもたちが考えたことが具体的な形となり、周りの大人が動いてくれたことについて、子どもたちは作文でその感動を見事に表現している。

今日は、探検隊発表会でした。たこ焼きで、どうしてこのたこ焼きになったのか、材料は何、などのたこ焼きについてまとめ、発表しました。（中略）およそ六〇人の方が来てくれました。生活職人さんも、名人（生活職人のこと）さん、町長さんも来てくれました。しかもテレビ会社のＮＨＫのかたも来てくれました。おどろきです。

試食会のとき、人が集まるように「中頓別の特産品がたくさん入ったたこ焼きです。食べてみてください。」と声をかけました。（中略）私が食べたとき、キムチが辛かったけど、みんなはおいしいと食べてくれました。特にみんなが食べていたのは、中頓別流鹿肉焼きです。鹿肉を食べたことがない人も、おいしく食べてくれたのでよかったと思いました。チーズも高橋さんが作ってくれたものを使いました。おいしかったです。

次の時間で探検隊は最後だけど、町が元気になれることを考えたのでやり残したものはないです。探検隊、四年間ありがとう！（六年女子）――ふっくらあたたか中頓別焼きを考案。

今日の探検隊、いつもとはちがう発表の仕方で私たちは発表しました。たぶん、これからこの小学校ではこんな大きな発表会は、できないでしょう。その分、私たちがいい発表をしなくては、歴史に残るようなことを……と深く考えていた自分がいたかもしれません。

「最初は、町の人から」こんな言葉、私たちにはピッタリだと思います。原稿には多くの人に、たくさんの人に、ときれい事ばかり。もちろん、ただの夢で書いたわけではありません。でも最初は、町の人から知ってもらいたいと思いました。フードコーディネーターの二人は町外の人です。今日は、「町の人」に食べてもらいました。フードコーディネーターの二人とはちがった視点で……たくさんの意見をもらいました。私たちが完ぺきだと思っていたものには、まだ町の人からの意見が足りなかったのです!!いままで作ったものには、私たち、つまり中頓別町民流の言葉が入ってなかったのです。今日、食べてもらって「なぜ名前に赤が入っているの?」「辛さは何を入れているの?」というプロの方の視点も大事ですが町民の意見を目の前で聞けました。びっくりするくらいに気付けなかった所まで質問してくれて本当に感謝の気持ちでいっぱいです。

(六年女子)――赤鹿・牛の赤い森を考案。

成果と課題

このような活動において得られた「成果」と「課題」は以下のとおりである。

成果①――発表物づくりが上手になった。他教科でのまとめや、係・児童会役員の選挙などでポスターをつくる際にも生かされている。

成果②――積極的に学ぶ。受け身になりがちな傾向があるが、学んでいる姿からは受動的な感じがしない。探検隊の学習活動に地域の大人たちがたくさんかかわって、魅力的な学習を展開できていることが考えられる。

成果③――地域の大人、普段の学校生活では出会うことのない大人とつながることができた。まちづくり推進課の協力で、予想を超えた広がりが生み出された。

課題①――学習の進め方。テーマ（体験活動）から課題を立て、学習をどのように進めていくかは教師の教材研究や見通しにかかっている。忙しい日々のなかで地域の素材について研究し、子どもたちとの出会わせ方や学びの道筋のつくり方にかなりの工夫が必要とされる。

課題②――教職員の入れ替わり。地域の人とのつながりが薄くなってしまう。我が校の特色の一つともなっている探検隊の取り組みを続けていくためには、担当者だけでなく学校として地域とつながっていることが必要である。

二〇一二年二月、「体感動画　北海道魅力発信動画コンテスト」（北海道主催）において、街の電気屋が、町内に住むアメリカ人青年の目を通して街の魅力を伝えるという動画を発表した。この動画を見た子どもたちからは、次のような感想が聞かれた。

「もっとこのマチを好きになり、もっとこのマチを大切にしたいと思いました」（四年女子）
「わたしはやってないけど、やったようにかんじました」（三年女子）
「このマチの自然を動画にしてひとつにまとめたら、いろいろな人にこのマチの自然を知ってもらえると思いました」（三年女子）

前掲した六年女子の感想に、「中頓別町民流の言葉が入っていなかった」というものがあった。地域に住む人の意見を大事にすることが地域を元気にしていくことになる、と子ども自身が気付いた証拠である。探検隊の学習をしたことで、地域について考え、深めてきた成果であると私は思っている。

あるゲストティーチャーが、探検隊の発表会の様子をブログに書いてくれた。そのなかに、「○○さんちの子どもであると同時に、マチの子どもである」というフレーズがあったが、まさしく、中頓別探検隊として子どもたちが地域に出て学んでいることを地域も歓迎していることが分かる。

教室を飛び出して「本物」を学ぶという「中頓別探検隊」の学習を深め、子どもたちがさらに発信できるような仕掛けをこれからも大切にしていきたい。

森の中を進む探検隊

実践2 未来への誓い――「キュウリ」から米、そして未来へ

河野修三（愛媛県西予市立野村小学校元教諭）

故郷の自慢を応援したい

西予市は愛媛県南西部に位置している。西部は九州との間の豊後水道に面し、東部は高知県境に接している。二〇〇四年に東宇和郡の宇和町・野村町・城川町・明浜町と西宇和郡の三瓶町の五町が合併して西予市となり、人口は五万人を超えたが、その後人口減少や高齢化が進み、二〇一九年末現在、三万七二四八人となっている。

多様な地形や地質学的な貴重さから、二〇一三年には日本ジオパーク（四国西予ジオパーク）に認定されたことで全国にその名を知らしめたが、それ以上に有名なのが、一八八二（明治一五）年に宇和町に建てられた四国最古の小学校「開明学校」である。一九九七年に国の重要文化財に指定された木造二階建ての校舎は、一九七六年から、戦前の教科書や学校経営資料など約六〇〇〇点が展示されている教育資料館として公開されている。

このような歴史をもつ西予市の東部にある野村町は、川沿いの河岸段丘に集落が点在する地区とな

っており、酪農や野菜づくりを主要産業としている。ここで紹介する野村小学校の実践は、二〇〇七年度および二〇〇九年度のもので、当時の児童数は約二四〇名、九クラスであった。

六月のある日、三年生（二三名）の三瀬さん宅で栽培されたキュウリが給食に使われることになった。私がそのことを子どもたちに紹介し、野村町で栽培されているキュウリの品質の高さを話したところ、子どもたちからは、「ほんとだ。このキュウリは、いつものキュウリとちがう」とか「やっぱ、野村の野菜はすごい」といった声が一斉に出てきた。野菜嫌いの子どもも、この日はキュウリをペロリと平らげてしまったぐらいである。

「もっとキュウリについて調べてみたい」

「なぜ、こんなにおいしいのか」

という声が子どもたちから上がったので話し合いを続けると、社会科の「農家の仕事」と総合学習の時間を合わせてキュウリについて調べることが決まった。

学習は、キュウリを含めた野村町の農業特産品を調べることからはじまり、家族やＪＡ（農業協同組合）、「百姓百品」[1]への取材をしたほか、「キュウリ日本一のなぞ」を探るためにキュウリづくり農家の見学へと進んでいった。

農家の方々などから教わったことについて発表会を開くと、キュウリづくりの工夫や苦労はもちろん、後継者不足や生産者の高齢化、不安定な収穫と収入、消費者の好みが変化したことへの対応など、数多くの課題が出された。

　野村町のキュウリは、一九九七年に放映された日本テレビの「新どっちの料理ショー」という番組のレギュラーコーナー「本日の特選素材」で紹介されて注文が殺到したこともあるが、しばらくして出荷量が横ばいとなった。その後は、生産者の高齢化に伴う栽培縮小によって注文にこたえることができなくなり、「日本一」が守られるかどうか危うい状況にあった。

　発表会のあと、子どもたちから「キュウリづくり日本一を守るため、自分たちも役に立ちたい」という強い声が出て、野村町のキュウリのよさを

（1）高齢化する農業従事者を力づけたいと元役場職員の和氣數男氏が立ち上げた産直組合である。その後、市内に増えていく耕作放棄地を活用してネギを栽培し、その加工作業に地域の障害者を雇用するなど、疲弊する地域社会への大きな力となっている。

野村のキュウリを応援するポスター

ボクらキュウリ応援団

西予・野村小児童　特産品販促に一役

ポスター作り美味ＰＲ

「日本一」の野村キュウリを応援するポスターを作った野村小学校３年２組の児童たち

愛媛新聞で紹介された！

訴えるポスターをつくることが決まった。キュウリのキャラクターをつくるなどの工夫をして描き上げた一三枚のポスターは、「百姓百品」が運営する野村町と松山市の直売所のほか、「えひめ生協」の店舗にも掲示されることになった。

学校には、可愛いポスターの出来映えをほめる声が次々と届いた。そのポスターが地元新聞社の記者の目に留まり、「ボクらキュウリ応援団」として大きく紹介されている。さらに、「地方自治研究愛媛県集会」では、市役所職員の手によって子どもたちの活動が報告もされている。自分たちの思いが教室を出て社会とつながったという喜びに、子どもたちの顔は輝いていた。

農業の課題を調べよう

この子どもたちが五年生になったとき、私は再び担任を務めることになった。総合学習について子どもたちと相談すると、「三年生のときに学んだ農業についての学習をしたい」という声が多く出され、五年生全体（二クラス・四五名）で農業の大切さや課題について改めて深めていくことにした。

農業について知るためには、まず稲作の大変さと収穫の喜びを体験させたいと考えたが、かつて学校近くの水田を借りて稲作体験学習を行っていた水田はコンビニの駐車場に変わっていた。そこで、地元高校との交流活動を生かし、農業科が所有する実習園の一角を使って、農業科の生徒とともに稲作体験に取り組むことにした。

五月初め、高校生の指導を受けながら餅米の苗を使った田植えを行った。農村部の小学校でありながら、田植えを体験したことがある子どもは四五名中わずか九名であった。泥に足を取られながら、子どもたちは楽しそうに田植えに取り組んだ。

体験活動の一方、子どもたちは日本の農業の根幹である「米」についての調べ学習にも取り組んだ。調べ学習のテーマは、「米の栄養」、「米の良さ」、「イネの歴史」、「昔と今の米づくり」、「米づくりの仕事」、「世界の米」、「米の品種の特徴」、「各県の米料理」、「米を使ったお菓子」、「米を使った料理」、「世界の米料理」、「米の仲間の穀物」、「米づくりと環境」、「酒づくり」と多岐にわたっている。

図鑑やインターネットを使った調査のほか、市役所やＪＡ、歴史資料館、造り酒屋、農家への訪問、他県の県庁や料理学校・菓子メーカーへ質問状を送付するといったことを手分けして行っている。そして、調べたことを画用紙にまとめて、発表会を開いた。米粒や菓子、米料理の実物を示して発表するグループをはじめとして、食料としての米の良さや米と日本人との長い歴史、米づくりの工夫などが発表され、楽しい交流となった。また、大気を清浄化し、水を蓄え、洪水を緩和し、地域の気温を下げ、各種の生物を養い、地域の伝統文化を守るといった稲作や水田の大切さについても認識を深めることができた。

しかし、多方面にわたる知識を交流するだけではやはり物足りない。直に農業にかかわる人の思いを聞く場がどうしても必要だ、と考えた。そこで、二年前にお世話になった[2]「百姓百品」の和氣数男さんに、「子どもたちの前で話していただきたい」とお願いした。農民連運動などでも活躍されている和氣さんは、「農業とは何か」、「野村町の農業の昔と今」、「食糧自給率とその変化」、「これから予想されるの世界の食糧不足」、「食料自給率を上げるためにできること」、そして「農業が守っているもの」などについて中身の濃い話をしてくれた。

話を聞いた子どもたちから、「日本の国は、なぜこんなに農業を大切にしないのか」とか「こんなメチャクチャなこととして、これからどうするのか」という声が出てきた。子どもたちの心の奥底に、和氣さんのお話がとても大切なものとして残ったことがうかがえる。

農業科の実習園での稲刈りのあと、とれた餅米を使って餅つきを行った。たくさんの餅を家族などといっしょに味わったあと、今後の活動について再び話し合うことにした。子どもたちの多くが「農業と環境」について調べてみたいと発言したことには、正直なところ少し驚いた。農村部に住んでいるとはいえ、田植えの経験が九名しかいない子どもたちが、短期間でこのようなテーマを出してきたのだ。

子どもたちの希望を取り入れ、「学び」をより深いものにするためには、環境問題について具体的に活動している人から学ぶ必要があるし、その生き方にも触れてほしかった。そこで、地域内の各環境グループと協力しながら水源の森育成や水生生物の調査、河川の清掃、原生林の観察会、ホタルの里の復元、絶滅危惧植物の保護などに取り組まれている河野一男さんに教室まで来ていただくことにした。

河野さんからは、自ら活動されていることの紹介をはじめとして、私たちの身の周りの動植物や水、大気などが減少・汚染されている実態と、それを改善するために取り組んでいる人たちのこと、そして、人間の手によって引き起こされた問題は人間の努力で改善できるはずであることなどを熱く語っていただいた。

そのほか、樹木医の浅野晋司さんにも教室に来ていただき、身近な植物の不思議や自然環境の繊細さ、地球環境全体の密接なつながり、自然とともに生きていると実感した出来事など、豊かな体験談を話してもらった。お二人の話を聞くことと平行して、環境について各自がテーマをもって調べる活動も行った。

より良い未来のために訴えたい

学んだことのまとめ方について子どもたちと相談すると、「学年内で子どもたちだけで発表するのでなく、大人の人たちにも大切なことを訴えたい」という意見が出された。これをふまえて、年末に開かれる学習発表会で「劇にして発表する」ことにし、以下のようなストーリーが決定した。

（２）　農民運動全国連合会のことで、検査機関「農民連食品分析センター」をもち、加盟農家の農産物の安全検査や、輸入野菜などの安全検査なども行っている。

一　美しい地球上の風景や動植物の映像が音楽と共に幕に映った後、妖怪や神様たちが、幕の前に出て来て、環境を破壊している人間について怒る。さらにその前を、「未来」という少女が、「まだ間に合うかなあ。」と心配しながら通り過ぎる。

二　幕が上がると、机といすが並んだ教室で、司会の子どもが発表会の開会を宣言する。
発表①「米」の発表チームが、米の素晴らしさと米の自給率の低さを発表。

発表②「木」の発表チームが、木の大切さとその破壊の様子を発表。最後に、客席の浅野さんからメッセージ。

発表③「自然」の発表チームが、ふるさとの自然を守る人たちの活動を発表。最後に、客席の河野さんからメッセージ。

発表④「農業」の発表チームが、農業の現状や問題点と農業を守ることの大切さ、産直組合の取り組みなどを発表。最後に、客席の和氣さんからメッセージ。

三　発表会が終わった教室の子どもたちから、食糧不足や環境破壊を疑う声が出てくる。それを聞いた「未来」が、突然泣いて怒り始め、突然の大音響と暗転の後、「未来」の姿が消える。不思議な装置を見つけスイッチを入れると、「未来」のメッセージが流れる。「未来」は、地球全体の環境が壊され飢餓に苦しむ二〇七〇年から、その原因と解決策を見つけるためにやって来た少女であったことがわかる。

四　スクリーンには、環境破壊の様子とそれに苦しむ人々の映像が流れ、「あなたたちにできる

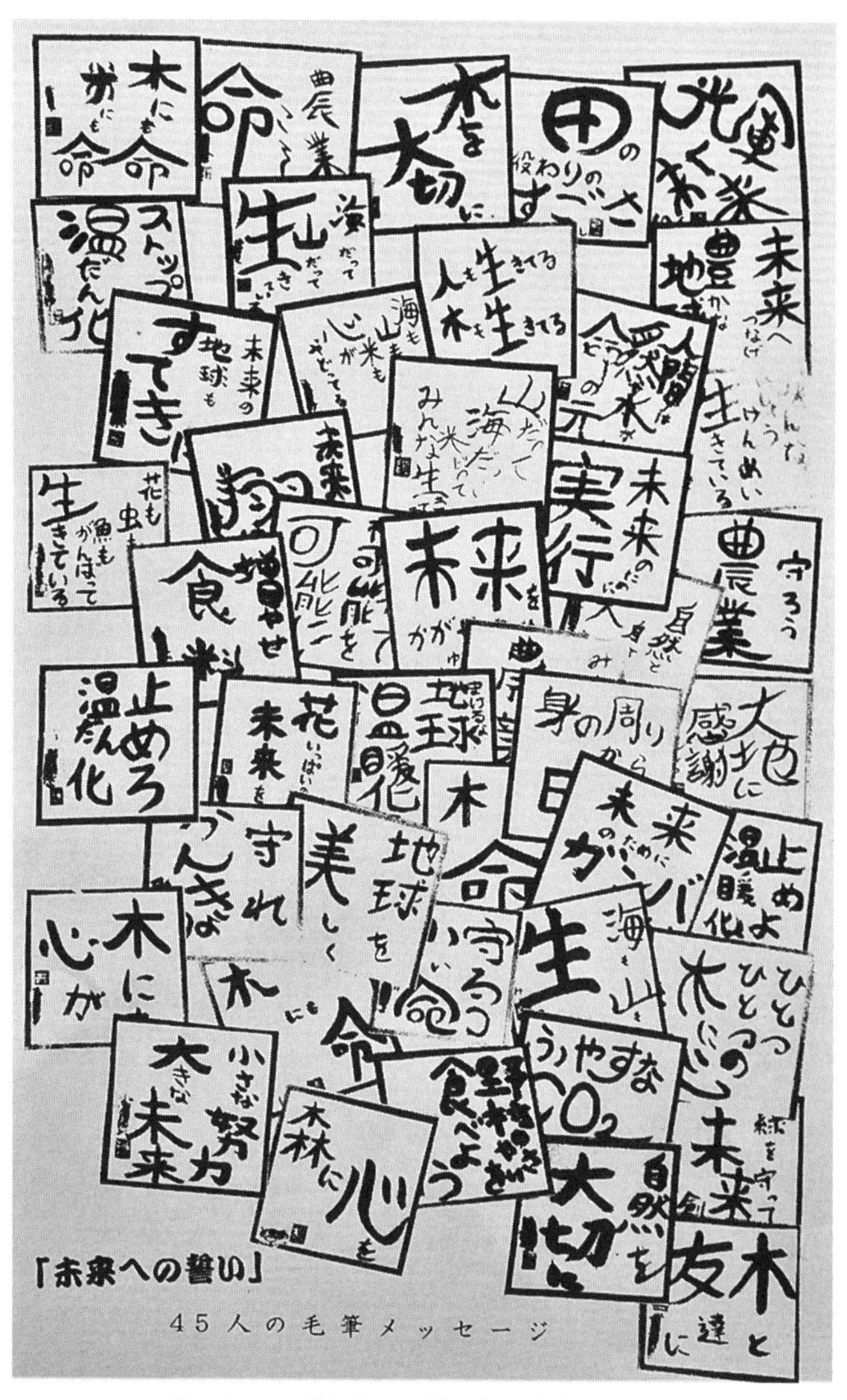

一人ひとりの「未来への誓い」を毛筆に込めた！

ことを、今すぐ始めて。」という「未来」からのメッセージが流れる。舞台上に全員が整列し、客先に向かって、「みなさんの力を貸してください。みんなで力を合わせましょう。」と言いながら、会場全体で手をつなぐことを呼びかける。美しい自然や田畑の映像と共に、フィナーレの替え歌を歌う。舞台上に「未来」も合流し、一緒に歌い手を振りながら幕が下りる。

五年生が考えたストーリーを、どのように感じられるだろうか。劇の発表は、大成功となった。子どもたちの感想の一部を紹介しておく。

・みんなに伝えたいことは、全て伝えられたと思います。今までいろんな人に教えてもらったことをむだにせず、発表できました。この発表を、総理大臣に見せたかったです。お母さんは、「やっぱり、五年生はすごいわ。」と、言っていました。

・自分たちの劇が一番良かったと思います。五年生が良かったと思うのは、みんなの強い思いと、かんきょうなどの問題をアピールできたからです。

・自分たちの明るい未来のためにも、地球のためにも、いろいろなエコなどをしていきたいです。三人の方に教えてもらったことを、これからもがんばっていきたいです。

自分たちにもできることから

発表会のあと、「自分や自分の家庭からできることをやってみよう」ということになり、家族と相談しながらの実践に取り組むことになった。年度末に開いた報告会では、ゴミの分別・再利用や無包装によるゴミの削減、節電、節水、コンポストを使った生ゴミ処理と野菜づくり、そして驚くことに、テレビやゲームの時間短縮などといった結果が発表された。

それから一〇年後の二〇一八年、西日本を襲った集中豪雨の際、豪雨に対応した操作を行わなかったダムの放流によって野村町は濁流にのまれ、町中の家屋や田畑が甚大な被害を受けている。キュウリの収穫を迎えていた三瀬さん宅の畑も濁流に流されてしまった。

しかし、その一年後、三瀬さんのお父さんから、「少しずつ復旧しています」の声とともに収穫箱一杯のキュウリが届いた。そして、さらに一年が経とうという二〇二〇年三月、三瀬さんから「管理栄養士試験に合格しました」という知らせが届いた。確かな未来に向け、今も子どもたちと野村町住民の歩みは続いている。

そして自分は、戦争にとてもかかわる人間だと気付きました

和田　仁（東京・和光鶴川小学校）

総合学習「沖縄」

六年生の総合学習である「沖縄」は、五年生の一二月からはじめている。「沖縄を伝える会」を開催し、六年生が学んできた「沖縄」に関することを伝えてもらい、バトンを受け取る形を取っている。渡嘉敷（とかしき）の青い海、米軍基地における戦闘機の爆音、子どもたちが圧倒された浦添市の「内間青年会」のエイサー、そして戦跡ガイドの先生から聞いた心に残る言葉をはじめとして、自らの言葉で真剣に語る先輩の姿から五年生たちは「沖縄」に期待をもつことになる。

そして、「いよいよ」という思いで六年生になると、一学期は沖縄の自然や文化についてたくさん学ぶ。「ゴーヤチャンプルー」や「ちんすこう」などの沖縄料理づくりに挑戦し、エイサーは、豚皮を加工して自分でつくった締め太鼓で踊り込むことになる。歌、言葉、三線（さんしん）……子どもたちは実際にやっていくことで自分の好きな沖縄に出会い、興味や関心を広げていく。

また、沖縄県が制定している六月二三日の「慰霊の日」、六月三〇日の「宮森小学校ジェット機墜落事故」といった節目となる日には、その日に何があったのかについて、「琉球新報」や「沖縄タイムス」を読んで知っていく。「沖縄学習を通して日本の現実を見つめ、自分自身の生き方を考える」

これが総合学習「沖縄」の大きなねらいである。沖縄をまるごと学ぶなかで、沖縄を体にくぐらせ、たくさんの人に出会い、何を感じたのか、どう考えるのかなど、仲間とともに学び合ったり、自分自身と向き合うことを大切にしている。

六年一組をもっと風通しのいいクラスに

担任するクラスは、入学式の準備もはりきって行うし、運動会ではリーダー学級として下級生をよく組織していた。よく頑張るクラスだとは思っていたが、一方では気になることがあった。

学級委員が意見を整理できずにいると、「何してんだ、早く進めろよ！」といった強い言葉が飛び、教室に緊張が走り出す。Tを中心に、男女数名がクラスを仕切り出すのだ。周りのことはあ

ガマ（自然洞窟）で沖縄戦の実相を学ぶ。識名壕（那覇市識名４）で、証言「このガマであったこと」を聴く。

まり考えないし、それに対して誰も声を上げることはなかった。授業中でも、はっきりと答えの分かる発問に手は上がるが、自分の考えを求められる発問になると途端に発言が減る。「それってどうなっているの?」と考える面白さより、周りにどのように思われるのかが気になっている様子であった。

私は、引っ張っていく子どもたちのエネルギーを活かしながら、みんなが考えていることに気付いて、さらにみんなで考え合うことができれば、それぞれの学びが深まるという感覚が育つのではないかと考えた。簡単なことではないが、一人ひとりが何を考えているのか見えることが大切だと思い、子どもの疑問から授業をはじめたり、「えっ、載せたの～」と言われながらも、みんなが書いた感想を学級通信に載せたりもした。少しでも風通しのよいクラスにしたいと思ったわけである。

基地の問題が見えてくることで少しずつ変わっていく子どもたち

二学期に入り、沖縄への学習旅行を前にして子どもたちと何を学習していくのか。夏休み中に「辺野古への基地移設」という具体的な動きがあったので、今起こっていることを子どもたちと考えることにした。

「辺野古が話題になっているのはなぜ?」と、まずは知っていることを聞いてみた。すると子どもたちからは、「基地移転が進んでいる」、「その海にはジュゴンがいる」、「ボーリング調査がはじまった」などと、結構、沖縄にアンテナを張っていたことが分かった。そして、普天間基地の辺野古への移設について名護市がつくったパンフレットを使って学習したが、そのときには、「大浦湾の豊かな自然」と「どんな基地が新しく造られようとしているのか」について話し合い、子どもたちは次のようなやり取りを行っている。

「ジュゴンと基地とどっちが大切?」→「ジュゴンはここにしかいない」

「基地をアメリカに返せば?」→「返せるならもっと前にそうしていた」

「でも、基地のおかげで生活する人もいる」→「それっていいことなの?　悪いことなの?」

ここに挙げたのは一例でしかないが、いつもよりもたくさんの意見が出た。「それっていいことなの?　悪いことなの?」をはじめとして疑問もたくさん出たので、次の時間は、Kが発した疑問「何が問題で辺野古に移設されることになったの?」について授業をはじめることにした。

普天間基地の航空写真を見せると、「こんなに住宅地近く、その真ん中に基地がある!」、「基地は通れないから回り道をするの?」、「騒音問題がすごいと思う」、「オスプレイが配備されている」、「先生、事故は起こってないの?」と次から次に質問があり、二〇〇四年に起こった沖縄国際大学への米軍ヘリ墜落事故の話をした。それぞれから発せられる疑問に意識が集中しているのであろう。子どもたちは、「世界一危険な基地」ということをすぐに理解した。

次の授業では、前の週に私が沖縄まで下見に行って撮影してきた辺野古の風景ビデオを見せることにした。きれいな海、砂浜の向こうに見えるボーリング調査のやぐら、そして反対派のカヌー隊と海上保安庁の船がにらみ合っている様子などである。カヌー隊を近づけないようにしているのは地元の漁船である。また、ゲート前で行われている反対運動の様子なども、私の話を聞きながら子どもたちはじーっと見ていた。

そのなかで子どもたちが驚いたのが、海辺にある座り込みテントの表示「３７９９日」であった。「えっ、そんなに長い間……」、「っていうことは、一〇年以上も続いてるっていうこと?!」と、この問題が長期にわたっていることを確認した。

「オスプレイが墜落したら、普天間基地の住人たちの生活がたいへんになる！　普天間もなくしたほうがいいけど、辺野古に移転してもジュゴンが……やっぱり移転じゃなくてなくしたほうがいいと思う」

いつももの静かなＫの発言に、みんなが共感していた。

辺野古テント村での座り込み3799日
（2014年現在）

そういうことだったのか！

子どもたちの疑問はまだまだ続く。Ｙが「なぜ辺野古になったのか?」と書いていた。これについて知るためには、一九九五年に起こった事件を知る必要がある。子どもたちは、「米兵による少女乱暴事件」を知ることになる。

昔の「琉球新報」を見せると、「また反対集会があったの？」と子どもたちが言う。「8万5千人『基地』に怒り」という大きな見出しと公園を埋め尽くす県民の写真が掲載されている。私は、「実はね……」と切り出し、事件の概要を話した。被害者が自分たちと同じ一二歳の女の子だったことは衝撃的なことだった。教室が静まり返っている。「米兵におびえ　事故におびえ……このままの状態でいいのでしょうか？」と書かれた記事のフレーズが子どもたちにストレートに刺さった。

「この集会があって日米両政府は、一九九六年に移設を決めました。ただし、条件付きです」と話すと、「分かった！　違うところに移す！」と、するどい意見が飛んできた。

「そうです。代替基地を造ること。そうして、辺野古が移設先に挙がりました。そして、ボーリング調査をはじめようとしたのが二〇〇四年、今から一〇年前です。一〇年前、辺野古、と聞いて何かピンときませんか？」

「……」一瞬の静寂のあと、Ｙが「三七九九日！」と言うと、みんなから「あっ、そういうことだったのか！」という声が上がった。今起こっていることと過去がつながった瞬間である。このときの学びによって子どもたちが書いた感想は以下のようなものである。

・米兵が起こした犯罪がすごくいっぱいあるということにびっくりしました。基地がなくならない以上これから事件がなくなることもないと思うのでこわい。

――

・この時から辺野古の基地移設が決まり、座り込みが始まったんだと思った。
・今日の授業で今までのほとんどのコトがくっついた気がするし、Yが考えていてすごいなーと思った。
・どう考えても事件はアメリカが悪い！　なのになぜ条件がついてくんだ!?

もちろん、これらの感想は学級通信に掲載している。これを配ったとき、子どもたちが読む様子は真剣そのものであった。

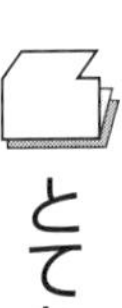

とても困っているからみんなに話したい

二学期も中盤、いよいよ沖縄への学習旅行という一週間前、Aの母親から相談がもち込まれた。沖縄の学習が進むにつれてAが悩んでいる、ということだった。Aは帰国子女で、五年生のときに編入し、とくに言葉の面で課題があった。日本語で伝えることが苦手なので、みんなと学習を進めるなかで意思疎通がうまく図れず、強く言われたりすると萎縮してしまうということがこれまでにもよくあった。

しかし、夏休みの自由研究ではみんなに評価されていた。「モスとマックのハンバーガー比べ」を発表し、同じ日に買ったハンバーガーの変化に関する記録を行っていた。モスは数日ですぐにカビが生えたが、マックは二週間経っても変化しない。「マック強え～」と言っていた子どもたちも、最後に一か月経ってもまったく変化しない実物を「これです！」と見せられると、「えっ！」と初めてその意味を理解した。「この発表はすごい！」ということになり、クラスの代表に選ばれたのだ。

このあと、事件が起こった。Tがそのハンバーガーをグチャグチャにしたのだ。「おれの好きなマックを……」と悪口を言い続け、ほかの数名がその後押しをしてしまった。結局、このときは話し合いをして、形だけだがTはAに謝っている。

一方、クラスのほとんどはAに対して丁寧に接してくれている。しかし、今回のAの悩みはアイデンティティーにかかわることなので、たったひと言でも深く傷ついてしまう。それだけに、Tたちは何と言うだろうか……と不安だった。でもAは、「とても困っているから、みんなにそのことを話したい。一緒に考えてほしい」と言ってきた。心配はあったが、みんなに真っ直ぐぶつけることにした。

Aには悩みが二つあった。私は「沖縄の学習のことで悩んでいる人がいます」と紹介し、Aが作文を読みはじめた。

ぼくやアメリカ人をみんなはどう思いますか？

今アメリカ米軍基地のことで思っていることがあります。それは自分にアメリカ人の血が流れていることです。沖縄の勉強をして、初めて沖縄に基地があると知りました。そして、勉強していくうちに、基地の問題や基地被害について今のままではいけない、犯罪をなくし、戦争のために使う基地はなくさないといけないと考えるようになりました。自分と同じアメリカ人がやっていることなので、やめてほしいと思うし、責任も感じます。でも、ぼくの知っているアメリカ人は優しい人ばかりです。ぼくやアメリカ人をみんなはどう思いますか？　ぼくはどうすればいいですか？（A）

みんな静かに聞いていた。「何か話したいことはありますか？」と尋ねると、次のようなやり取りが交わされた。

「アメリカにいたから、日本、アメリカどっちの立場で考えればいいってことで悩んでるの？」

「うん、まあ、そういうことです」

「アメリカのことでみんなが話したこと、Ａはダブルだから自分のこと言われてる気がする？」

「うん」

これまで在日米軍のことだけでなく、沖縄戦を学ぶなかでたびたび米軍は話題になってきた。Ａは、これまでずっと自分のこととして考えていたのだ。

「沖縄の軍人のことだからＡは気にしなくていいよ」、「基地のことは日米みんなで考えて、そのために沖縄に行くんだから、沖縄に行くべき」、「自分はアメリカ人と日本人とどっちだと思う？」、「アメリカ人として思ってること、日本人として思ってること、分けて言う？」、「Ａは日本人としていい人だから、大丈夫」、「日本人としてじゃなくて、人としてでしょ」といったように、子どもたちがＡの悩みを分かろうとしている様子が伝わってきた。そして、Aだけが悩むことではない、ということを一生懸命語る姿が見られた。

すると、Hが「先生、これ、どうなればいいの？」と質問してきた。

「答えは出ないけど、みんなAの悩みを分かることができたね」と私は答え、Aに向かって「みんなと話してどうだった？」と尋ねた。

「みんなの考えが分かってよかった」と、Aが明るい顔で答えてくれた。

ぼくと血のつながりのある人――仲間とともに「学ぶ」意味を考える

私が「一つ目の悩みはこれで終わり」と言うと、「まだあるのー？」とみんな呆気に取られた。二つ目の作文をAが読みはじめた。

> ぼくの遠い血のつながりのある人に沖縄で特攻隊でなくなった人がいるということをついこの間、知りました。お母さんに聞いて知りました。どうやら爆弾をもったまま戦闘機にのってそのまま何千せきのアメリカの船に突撃したようです。この人はわずか二一才でなくなりました。先生の言っていた爆弾を持ったまま突撃するのはわかりますけど、何千もの船に突撃することは想像がつきません。その人の命のことを考えると二一才は早すぎの上、たった一人で何千せきの船

――にはぜったいにかないません。本当にその人はかくごを決めていただろうか、とても心配に思います。（A）

これについては、お母さんもつい最近分かったことだという。Aの祖母の弟が鹿児島にある「知覧特攻平和会館」を訪れたとき、偶然目に留まった写真が親族の顔にそっくりだったので分かったというのだ。

遠くだが血のつながりのある人、その名前は高祖一（こうそはじめ）という。一九四五年三月二八日、沖縄戦で米軍が上陸する四日前、知覧から沖縄に向けて出発した。途中で五機がトラブルで引き返し、夕方、沖縄本島に近づいたとき、海は米軍の艦船一八〇〇隻で真っ黒だったという。艦砲で穴だらけの北飛行場になんとか着陸し、翌日の二九日の朝四時、艦砲の総攻撃を受けるなか、「二五〇キロ爆弾」を抱えて飛び立っていった。

特攻隊のことはすでに学習していた。それだけに、次のように子どもたちが発する意見に頷いてしまう。

――

・高祖一さんはアメリカの艦のすごさを知ったときは、行く意味があるのか？と後悔する気持ちはあったと思うし、当時の教育でそまっていても、本当はいきたくなかった人がほとんどじゃないかと思う。

・覚悟は、決めてないと思う。でも本当のことを言うと軍のえらい人に暴力とかをあびせられるから「覚悟を決めた」としか言いようがなかったと思う。

これ以外にも、次のような感想があった。

・Aの悩みのおかげで、みんなもとても勉強になったと思う。最初聞いたとき、なんでAがやってもないのに気にするの？って思ったけど、話を聞いてると、なんとなくだけどAが何で悩んでいるかがわかった気がする。あと、沖縄戦でなくなっている人の血が流れている人が、クラスにいるんだなと思った。

・今まで考えもしなかったことを知り、そういう人がこの世の中に何万といることがわかりました。そして、その中のひとりがこのクラスにいるということは、みんなで考えていかないといけないことだなーと思いました。でもやっぱり、親がちがう国の人の家庭のことはわかりません。その事実を持っている人は、むずかしいだろうなと思います。それでも、みんなと勉強していくことを決めたAは、強いなと思いました。

・この授業を通してAの気持ちがわかった。この話をきっかけにAはかわったと思う。平和の礎に高祖一の名前があるのかな？気になる。Aが自分のことをみんなに考えてもらうのも、いいと思った。Aにとってもみんなにとっても、意味のある２時間だと思った。

自分の存在につながる事実にAが真っ直ぐ向き合おうとする姿に、みんなも同じく真っ直ぐに共感していた。そして、沖縄について学ぶことが、自分にとっても大切なことなのだと感じていることがよく分かる。

トラブルメーカーとなったTも、「一さんも二一才いという若さでまだいろいろしたかっただろうと思います。お母さんのご飯を食べたかっただろうと思います。Yが言ったように、沖縄の軍人のことだから、Aは関係ない。だからみんなと沖縄に行くべきだと思います」という感想を書いてきた。

一方、二つの悩みを抱えていたAは、「自分の悩みを発表して、みんなに話してもらえてうれしかったです。一さんは本当にかくごを決めていただろうか、とても不思議に思いました。そして自分は、戦争にとてもかかわる人間だと気づきました」と書いていた。

みんなが悩みに答えてくれたことをうれしく感じ、みんなとともに考えることができたと実感したからこそ生み出された言葉であろう。それにしても、このクラスの子どもたちはすごい！　的確に自らの意見を述べ、相手に伝えようとする配慮がうかがえる。学習テーマが沖縄であったから、このような表現能力が身に付いたのだろうか。いや、何がテーマになっても同じであろう。

学ぶことが自分の生き方につながる

一〇月の終わり、いよいよ沖縄への学習旅行となった。その二日目、南部戦跡をめぐったあとに訪れた糸満市摩文仁（まぶに）の丘にある「平和祈念公園」でのことを紹介したい。

ここには、「平和の礎（いしじ）」という石碑が置かれている。花が絶えることのないこの石碑には、沖縄戦で亡くなった二四万人の名前が刻まれている。みんなが一斉に「高祖一（こうそはじめ）」の名前を探しはじめた。しかし、なかなか見つからない。しばらくして、「あった！」という声が上がった。そこには、うれしそうな顔をしたAとみんながいた。

Aが悩みをみんなに出せたこと、それによってAが変わるだけでなく、学級全体を変えていくだけの大きな力になったと感じている。学級のなかに、柔軟さとともに、自分が話したいことを話そうという雰囲気が少しずつだが生まれてきたように感じた。

見つけた！　「平和の礎」高祖一さんの碑銘

Aの学びはさらに続いた。三学期の最後に行われる「在校生に残す私の一冊本」づくりにおいて、彼は「特攻隊員、高祖一」というテーマで取り組むことにした。自分につながるものに触れたい、会いたい、もっと知りたい、という思いに動かされたのだろう。ひょっとしたら、それは「自分探しの旅」に向かう姿なのかもしれない。

年末、Aはお母さんとともに鹿児島の知覧に向かって旅立った。

『この思いを未来へ』

――平和の歌づくり

入澤佳菜（奈良教育大学附属小学校）

「日本は平和でよかったと思います」
「世界が平和になってほしいです」

このような言葉に、これまでたくさん出合ってきた。どこか他人事のような子どもたちに、「このままでいいのか……」と悩むことも多かった。悩みながら授業を進めていくうちに、平和学習では「事実に出合わせる」ことと、「平和のために行動する人に出会わせる」ことを大切にしたいと思うようになった。「平和が大切」という定型文さえ言っておればいいのではなく、自分で考え、行動することを大切にしたいと考えるようになったのだ。

平和について考えることは、自分の生き方を考えることであり、社会をつくることにもつながってくる。また、六年生のときに「社会のつくり手」としての自分に出会うことができればいいと思っている。それをふまえた実践において、二〇一七年度に担任した六年生は平和の歌をつくった。ここでは、その取り組みの内容を紹介していきたい。

ヒロシマでの学び

二〇一七年五月、「ヒロシマ修学旅行」に出掛けた。広島に着いて最初に訪れたのは「旧陸軍被服支廠」である。名前のとおり、軍服や軍靴を製造していたところである。この場で、被爆された中西巌さんの壮絶な体験を聞いた。話を聞いたあと、当時の爆風で折れ曲がった鉄の扉を見る。無言で語り続ける被爆建物に出合った。

また、原爆の熱線で溶けて顔がなくなってしまった空鞘稲生神社の狛犬を見たあとには、原爆ドームにほど近いところにある西向寺で墓誌調べも行った。ごく「普通の」街並み、しかし目をこらすと、七二年前の事実が見えてくる。

このあと、「せこへい像」（二〇〇一年八月六日に広島市民球場の南側緑地帯に建立）に行った。「世界の子どもの平和像」のことである。佐々木禎子（一九四三〜一九五五）さんの同級生たちがつくった「原爆の子の像」のことを知ったアメリカの子どもたちがつくった「子どもの平和像」、そこから広島、東京、京都へと「世界の子どもの平和像」の建立が広がった。

高校生を中心に子どもたちがつくったこの像から、子どもでも平和のために行動することができるという勇気をもらった。クラスの子どもたちは、この像に千羽鶴を捧げた。そこには「本当の平和のなかみを一人ひとりが考えつくる」という言葉が添えられていた。

二日目は平和公園をめぐることでさまざまな碑に出合ったほか、当時の中島地区の地図をもとにして、町が失われたことを確かめていった。レストハウスでは、本校の今正秀（こんまさひで）校長から話を聞いた。学生時代を広島で過ごした校長は、かつてレストハウスの保存運動をしていたという。子どもたちにとっては、本当に身近な人が平和のために行動していたことを知る機会となった。

奈良に帰って、ヒロシマでの学びをまとめ、縦割りグループで一人ひとりが学んだことや平和への思いを語った。その後に開かれた全校集会でのまとめの言葉が子どもたちには強烈な印象を与え、それからの「学び」の土台となった。

広島の「せこへい像」

私は、ヒロシマに行く前、「平和が大切」と言い続けてきました。「平和」と言えば、すべてが平和になると思っていたからでした。でも、それはちがって、平和と言っても、平和と人が決め、人がつくり、人がこわすものだったのです。そして、嫌な人が死ぬ＝平和ではなく、嫌な人が大切な人にかわる、自分でこの人は嫌と決めつけない＝平和ではないかなと私は思います。

「せこへい像」から歌へ

修学旅行から帰ってきて、一人の子が、「奈良にせこへい像つくりたい！　ぼくたちでつくらへん？」と、クラスのみんなに呼びかけた。つくりたいと言って盛り上がるものの、どこに建てるのか、お金をどうするのか、卒業まであと数か月でできるのか……実現するのが難しいことは子どもにも分かっていた。それだけに、実現させてやれないことが私にも辛かった。何度か有志が前に出て話し合いを進めようとするのだが、「やっぱり現実は無理よなぁ……」という話で終わっていた。

振り返ってみると、くじけそうになっていた子どもたちに対して、二つのことが背中を押したように思う。

一つは、長崎の被爆者である谷口稜曄さん。「赤い背中の少年」と呼ばれた谷口さんの生涯を描いた絵本『生きているかぎり語りつづける――谷口稜曄さんが世界中に伝えたいこと』（舘林愛、主婦の友社、二〇一六年）を読んで、被爆された方のその苦しみの「中身」に初めて出合った。被爆直後の辛さにもちろん目が向くわけだが、七二年間苦しみ続けて生きてこられたこと、そして、その七二年間を想像したことが子どもたちにとっては新たな視点の獲得となった。

もう一つは、二〇一七年に採択された「核兵器禁止条約」である。世界中の人々が抱く「核兵器をなくしたい」という思いに触れたこと、そして、この条約は広島と長崎の被爆者の方たちの力が大きかったことを知った。尽力したのは、ＩＣＡＮ（核兵器廃絶国際キャンペーン）の若者たちであった。被爆者や戦争体験者ではない人たちが思いをつなぎ、行動するという姿に出会うことができたのだ。

一方、「せこへい像」の話し合いは前述したようにうまく進まないわけだが、クラスで話し合うなかで、全校集会で平和の思いを込めて『地球星歌』（ミマス作詞・作曲、富澤 裕編曲）を歌おうということになった。子どもたちは、この合唱に次のような言葉を添えていた。

私は、「この星を全部ふるさとと言おう」の歌詞は平和につながると思います。理由は、この星を全部ふるさとと言っているから、自分の国だけがふるさとじゃない、他の国もふるさと、結果は平和だけど、戦争で他の国を傷つけることは、ふるさとを傷つけているので、原爆を落とした人は、その考えがなかったのかと思います。

それと同じで、きらいな人でも、大切な人やいなくなってほしくない人がいると思うので、それを考えていない人は、自分のことしか考えていないと思います。けど、世界中の人たちは、他の国をふるさとと思ったら、ふるさとを傷つけないように、戦争はおこらないと思います。

この歌声に込めた思いは全校生徒に届いたようで、たくさん感想を届けてもらうことができた。

「そうだ！　平和の歌をつくったらどう？　自分たちでつくった歌をみんなに届けよう」

「歌なら小学生でもできる！」

合唱がきっかけとなって、平和の歌と歌詞の意味をつづった本をつくろうということが一学期の終わりに決まった。

平和のために行動する人々との出会い

平和の歌をつくると決めたあと、平和委員を決めて行動をはじめることにした。だが、委員ではもめごとばかりが続いた。一方、委員ではない人たちは、どこか委員任せにするという雰囲気であった。

そもそも、平和について一人ひとりが違う思いをもっているのだ。それを一つの歌詞にするというのは、想像以上に難しいことであった。「平和が大事」という当たり前のことを言いたいわけではない。自分たちの言葉を歌詞にしたいのだ。でも、自分たちの言葉を探すこと、生み出すためには、たくさんの話し合いやぶつかり合いが必要になる。もちろん、話し合ったからといって生み出せないこともある。出口のないトンネルを進んでいるような感覚であった。

何度も何度も心が折れそうになっていた。難しさに立ちすくんでしまうことが続いていた。このままのペースでは卒業までに間に合わないのではないかと心配はするが、私には待つことしかできなかった。

この間も平和学習は続いている。奈良県在住の被爆体験伝承者の大田孝由さんの話も聞いた。大田さんは戦争を体験したわけではないが、平和のための行動を続けている人だ。梶本淑子さんという被爆者の体験を語っておられる。梶本さんの体験についての話を聞くのはもちろんだが、伝承者としての大田さん自身にも出会わせたいと思い、自身のことも語っていただいた。

そして、一一月には京都へ社会見学に出掛けた。「立命館大学国際平和ミュージアム」（京都府京都市北区等持院北町56－1）では日本の被害とともに加害の事実を知った。そのあと、「世界の子どもの平和像」（京都教育文化センター）を見に行った。高校生と一緒に像をつくる運動をした元高校教員の秋山吉則先生から話を聞くこともできた。このときの社会見学の感想として、ある子どもが次のように書いている。

京都の「世界の子どもの平和像」

これから、この世界を平和にしていくために、秋山先生たちのように、被爆二世の人や伝承者の人たちだけではなく、小学生から高校生までの人たちだって、そういうことをしている人たちがいる。そのことを知れてよかったし、またそれもたてわりグループで伝えたいと思った。そして自分たちも小さなことから意識していかないとなと思いました。

『この思いを未来へ』完成

このように平和についての話を聞いたり、平和のために行動する人に出会ったりすることで、「がんばって歌をつくろう！」という気持ちは盛り上がる。とはいえ、それを持続させることが本当に難しい。「自分ごと」を続けることが、何よりも困難なことであったのではないかと思っている。

それでも、あきらめることはなかった。テレビなどのニュースで北朝鮮のミサイル報道がなされるなか、子どもたちにとって「平和」が遠くなっていったような感じで危機感が日に日に強くなっていったことも大きな理由だったかもしれない。大人たちの残念な姿を目の当たりにして、自分たちが動かなければ、という思いが強くなっていった。

一人ひとりの平和への思いを集め、その思いを内容に合わせる形でグループに分けて言葉を整えていき、ようやく『この思いを未来へ』という歌詞ができた。

「この思いを未来へ」の表紙

『この思いを未来へ』 作詞・奈良教育大学附属小学校二〇一七年度六年二組
作曲・今正秀

平和って何だろう　平和って何だろう　それは遠い遠い夢じゃないはず
みんなが学校に行けること　友だちと遊べること
家族と一緒にいられること　おなかいっぱい食べられること
話し合える　笑い合える　助け合える　わかり合える
それは小さいけれど確かな平和

平和ってどうつくる　平和ってどうつくる
それは難しいことじゃないはず　平和な世界をえがいてみよう　考えよう
自由に意見を言い合おう　意見をしっかり聞き合おう
一人ひとりを　大切にしよう　思いやろう　行動しよう
小さな平和から大きな平和へ

この大空に　広がれ平和　変えていこう　この世界
小さな平和　大切にして　一人ひとりが未来をつくろう

完成した歌を、全校のみんなに届けた。また、歌声を収めたＣＤを、届けたい人々に手紙とともに送って、子どもたちは卒業していった。

まかれた種は

二年後、私はまた六年生の担任になった。このときの六年生は、先輩である彼らの歌を覚えていて、自分たちも何かしようと平和委員を早速立ち上げた。平和のための行動に出合い、学んできた彼ら自身が、すでに下の学年の子どもたちにとっては「平和のために行動する人」になっているのである。

そして、彼らがまいた種がもう一つある。国際ＮＧＯ「peaceboat」から手紙が届いたのだ。「ＩＣＡＮに歌を届けてほしい」と書いて、ＣＤと手紙を送ったことに対する返事であった。その手紙には、ＩＣＡＮのメンバーで歌を共有したこと、歌はもちろんだが、子どもたちのアクションに感動したこと、そして、その歌に触発されて新たなアクションを起こす、といったことが書かれていた。

「新たなアクション」というのが小中学校への「ＩＣＡＮ出前講座」である。ノーベル平和賞の公式レプリカメダルを持って、被爆者とＩＣＡＮのこと、そして核兵器禁止条約のことを伝えるという。子どもたちが行動したことはこのような形で実を結んでいる。行動を起こすことで新たな行動が生まれるのだ。そんな行動のつ、な、が、り、を、私は彼らに教えてもらった。では、私は何をするのか。私たちは何をするのか。子どもたちが大人に突き付けていることを、しっかりと受け止められる大人でありたい。

「帰りたくても帰れない」福島地域フィールドの学び

青山陽子・山田かおる（葛看護専門学校教員）

映画『翔んで埼玉』（武内英樹監督、東映配給、二〇一九年）のワンシーンを思い出すようなところに「勤医会東葛看護専門学校」はある。住所でいうと千葉県流山市だが、目の前を流れる江戸川の対岸は埼玉県である。このような環境において、日本国憲法と一九四七年教育基本法を教育理念に置き、平和で豊かな社会建設の形成者として貢献できるだけの、民主的で人間性豊かな看護の専門家を三年間で養成することを目指している。

本校がとくに大切にしている「学び」は、「人間の健康に生きる力を科学的に理解する！『生命活動』の取り組み」（一年生）、「患者さんの生活や労働実態を知る！『地域フィールド』の取り組み」（一年生）、「目で見て、肌で案じて、平和を考える！『研修旅行』を通して歴史の事実を学ぶ」（三年生）、「看護の魅力を知り、なりたい看護を明確にする『総合実習』の取り組み」（三年生）の四つであるが、ここでは「地域フィールド」に関する学びを紹介したい。

地域社会の実態を、フィールドワークを通して学び、国民の命・健康・生活・労働を護る医療・看護の役割を学ぶことを目的に「地域フィールド」を行っているわけだが、その背景には、「患者さんの生活や労働実態を知らずには、健康を害した原因が見えてこない」、「正確な病態の理解なしには患者さん本当の辛さを分かることはできない」という考えがある。

共同事業として取り組んでいる東京民医連のフィールドを中心に、企業・町工場で働く労働者、自営業者、医療労働者、アスベスト問題や基地問題・原発問題で被害を受けて闘っている人々に密着し、労働体験やフィールドワークを通して学びを深めていくことになるわけだが、さまざまな背景をもって入学してきた学生たちにとっては、自分の知らない世界を体験し、見聞きすることで病院から地域社会へと視野を広げることになり、医療実践は病院の中だけではないということも学ぶ。

開校以来取り組んでいるこのカリキュラムのなかから、二〇一五年に一泊二日で行った福島県でのフィールドワーク実践をここで紹介していくことにする。

福島の実態

二〇一一年三月一一日に発生した東日本大震災に基づく福島第一原子力発電所の事故から四年近くになるという二月五日、福島の今、被災地の実態、避難生活者の事実を学ぶということを目的として、一九期生四名の学生とともにフィールドワークに向かった。一日目は、浜通り医療生活協同組合の伊東達也理事長の案内を受けながら、国道6号線を北上し、いわき市から広野町、楢葉(ならは)町(まち)、富岡町と原発避難区域を見学した。

広野町は、二〇一一年一一月に避難指示が解除された町である。戻ってきた町民は三～四割程度で、若い世代はほとんど戻っていないという。さらに北上して楢葉町に入ると、そこから約四〇キロは無人の町が続く。昔からそこにあると思われる大きな民家や新築の家、そして建設途中の家がそのままの姿で残っており、そこに暮らす人々の姿を見ることはない。

基本的には、楢葉町は除染作業が終了した町である。楢葉町の至る所に「フレコンバック」と呼ばれる汚染された土が入れられた袋が置かれてある。以前は田畑であり、そこで農業が営まれ、生活されていた人々の土地がフレコンバックの仮置き場となっているのだ。

さらに北上すると富岡町、ここは原発一〇キロ圏内となる。除染が終了した地域、除染が進みはじめた地域、山に遮られ、放射線量が高くて入ることすらできない地域と、町全体が道路一本で区切られ、三分割されてしまった町である。このあたりに来ると、毎時0.1～0.2マイクロシーベルト（μSv）だった放射線量が一気に毎時0.5～1マイクロシーベルトまで上がった。一番高い計測値は毎時1.82マイクロシーベルトを示していた。

昨年まで、この近辺の放射線量は5マイクロシーベルトほどであったため、除染は進んでいるとのことであるが、現実に毎時1マイクロシーベルトほどある地域に、二四時間、三六五日生活するということを考えなければならない。国は「年間20ミリシーベルト（mSv）以下なら大丈夫」[1]と説明しているわけだが、低線量を長期にわたって浴び続けた場合の症例やデータはなく、正確には「その影響は分からない」というのが実情である。ここで学生は、「分からない＝安心」ではなく、分からないからこそ、できるだけリスクを減らすことが大事だということを学んでいる。

避難区域を回って印象的であったのは、そこで働く労働者と至る所に置かれているフレコンバック（除去した汚染土壌を充填した袋）の姿である。駅ごと津波で流されてしまったJR富岡駅付近では、三〇年にわたって保管できるとされている「中間処理施設」が建設中であった。その近辺にはフレコンバックがたくさん並んでおり、増え続ける汚染土壌の問題を目の当たりにした。ニュースなどで見る光景とはまったく違ったものであり、脳裏に焼き付いてしまった。

平日ということもあり、多くの労働者が防護服を着用せずに働いていた。除染は終了したといっても、その汚染土壌が至る所に積まれている。また、一歩先に行くと放射線量が高くて立ち入ることが困難な地域もあるのだ。安心してこの地域に住み続けることは、現状ではとても困難であると感じてしまった。

（1）政府は緊急事態における避難基準の数値を年間20ミリシーベルトと定めた。文科省はそれを基に、学校・校庭の利用基準を毎時3.8マイクロシーベルトと定めた。平常時の一般市民の被曝限度は年間1ミリシーベルト、毎時では0.19マイクロシーベルトが目安とされている。野口邦和著『原発・放射能　図解データ』（大月書店、二〇一一年）を参照。

並べられたフレコンバック

避難区域の様子

仮設住宅の夜

この日の夜は、いわき市内にある仮設住宅での生活を三年半にわたってされているAさん宅に学生とともに宿泊させていただいた。間取りは2Kで、六軒続きの長屋である。ここで、震災当時からの避難生活について、三人の方から話を聞くことにした。

Aさんは楢葉町（ならはまち）で農業を営み、息子家族とともに五人で生活をしていた。現在は家族と離れ、一人で生活をされている。最初に避難した先では、大きな扇風機が回って空気が中に入らないようになっていたり、「双葉郡の方お断り」と書かれた店もあったという。持病として糖尿病を患っており、被災当時、インスリンがなくなって大変困った、と話してくれた。また、かかりつけの病院に行くことができないためいわき市内の病院に行ったが、一年以内の受診歴がないために処方ができないと断られ、その後、体調を崩して四か月も入院されたとも言っていた。

一方、Bさんは、ご主人とともに理髪店を営み、仮設住宅に来てからも同じく理髪店を続けている。Bさんも家族とは離れ離れとなり、「原発事故のあと、孫は一度も福島に来ていない」と話していた。現在の仮設住宅に入るまでに避難場所や親戚の家などと生活場所を転々とし、七回目でこの仮設住宅に移ってきたという。

避難生活は本当に苛酷で、寒い中、毛布もない状態で一週間を過ごしたともいう。「下着もないから、同じ下着で過ごすしかなかった。着るものも何もない。家に取りに帰ることもできない。本当に辛かった。こんな経験があるから、部屋が狭くて置く場所がなくても、当時の着ていたもの、もらったものは捨てられない」と話してくれたBさん、「避難所で楢葉町から来たと言うと、入ることを断られた」とも教えてくれた。

そしてCさんは、避難先の消防団の人が、「楢葉町から避難している方がいます。家で使わないものがあれば寄付してください」と呼びかけてくれたことで、「毛布や着るものなど、とても助けられた」と話してくれた。

原発事故当時、楢葉町の人々は「南へ避難」とだけ言われ、逃げたという。また、避難するにも車がなく、一台の車に七、八人が乗り合わせている。もちろん、道路は大渋滞となり、避難するのも一苦労だったそうだ。車での避難途中、ガソリンがなくなりかけたこともある。それが理由で、今でもガソリンが半分近くなくなると不安になるとも言っていた。

こんな大変な思いをしての避難、ほとんどの人が二、三日で戻れると思っていたから行動を起こしたのだ。しかし、この時点（二〇一五年二月）で四年目を迎えている。

「今、一番困っていること、不便なことは？」と質問すると、全員が「ここに暮らしていること」と答えてくれた。ほとんどの人が農家を営み、大きな家で数人の家族とともに暮らしていた。それが、今は家族とは離れ離れとなっている。仮設での生活は、足元には常に洗濯物などがあり、体を大きく伸ばすこともできないという窮屈さである。隣のトイレの音も寝言も聞こえてくる。お互いに気を遣い、ストレスを感じる日々を過ごしている。

そういえば、梅雨時期にはナメクジが大量に発生したとも言っていた。「夏は暑く、冬は寒い。毎日やることもなく、一日がとても長く感じる」と話すみなさんの生活は、学生の想像を超える過酷なものであった。

みなさんの共通した願いは、「家族で楢葉町に帰ること」であった。「一人じゃ意味がない。家族みんなで生活がしたい。孫とケンカもしたいな。そんな小さなことが願いだよ」と話してくれたあと、楢葉町の過酷な現状を次のように訴えていた。

帰りたくないわけではない。原発事故が起こる前の生活に戻れるなら、いつでも楢葉に帰りたい。家族一緒に。でも帰れないでしょ。仕事もない。米もつくれない。若者が働く場所もなければ、病院も、学校も、生活していけるものが何にもないのに帰れって、できないよ。年寄りだけでどうやって暮らしていけばいいの。姥捨て山みたいだよね。

Aさんたちは、「若い人たちが来てくれてうれしい」と言って私たちを歓迎してくれた。大変な生活を送っているにもかかわらず、笑いが絶えることがなく、「私たちも頑張るから、あなたたちも頑張ってね」と、逆に励ましの言葉をいただいた。現状を悲観するのでなく、これからどのように生活していくのか、以前の生活を少しでも取り戻していくために、言っても変わらないのではなく、国や東京電力に言うべきことはきちんと伝える。「それが大事なのだ」と力強く語る住民の強さを感じる訪問となった。

医療現場の実態

二日目は、「小名浜生協病院」の天野ゆみ看護部長と本校の卒業生から、震災当時の状況から現在に至るまでの話を聞いた。東日本大震災以前は、火災を想定した避難訓練は行っていたが、大きな震災は想定していなかったという。大震災の二日前にも三陸沖では大きな地震があり、津波の警報が出ていたそうだが、実際の津波は一五センチぐらいのもので、「そんなものか」という感じだったという。

大震災当日は、すぐに現状を確認しようと病棟に向かったそうだ。緊急時は対策本部を立ち上げて対応していくことが当たり前とされているが、当時はマニュアルもなく、現場の状況に右往左往するという状況であった。病棟内ではカルテが散乱し、エレベータと水道が止まったが、地盤が固かったために建物の被害は駐車場にひび割れが生じた程度だったという。

「いわき市は津波の被害も大きかった地域でした。電話もつながらないため、救急車は直接患者さんを搬入、地域の方々がたくさん避難されてきました。余震も多かったので、その都度、作業が止まり、病棟内も大露わだった。不安も大きかったが、このようなときだからこそみんなで力をあわせ、できるかぎりの対応をしようと頑張っていました」

原発事故後は、情報が錯綜し、職員全員が動揺したという。事故当時はここまで深刻な事態は予測できなかったとのことである。震災、原発事故による混乱のなか、被災者でありながら医療者として被災者への支援を続けた姿に、人の命を護るという医療者の役割について深く考えさせられた瞬間である。

「自分自身が被災者でありながら、患者さんがいる以上患者さんを護らなくてはいけないという責任がある」と話す天野部長の言葉に学生は、自分は逃げ出さずに患者の命を護ることができるのだろうかと考え、改めて責任の重い職業を選んだということを実感していた。

「震災当初から全国からのたくさんの支援が届き、物資をはじめ、ボランティア、看護師、医師の支援など、全国からの温かい励ましがあり、それによって精神的にとても助けられ、励まされました」と話す天野部長の姿は、これから看護師を目指す学生には輝いて見えたことだろう。

フィールドワークを終えて、現地の問題意識から研究に取り組む

福島県でのフィールドワークをしたことで、大震災から四年が経った今でも大して変わっていないという現状を知ることができた。これをふまえて、被爆国である日本がなぜ原発を導入していったのか、また今何が問題なのかという問題意識のもとに学習を進めていった。そして、そこにはアメリカとの利害関係や国策が大きくかかわっていることを知った。

放射線被害について、日本は多くのことを隠蔽してきた。一九四五年に広島と長崎に原爆を落としたあと、アメリカは原爆被害については「最高軍事機密」として隠蔽した。また日本政府も、アメリカ政府の圧力によって被爆者を長期にわたって放置してきた。原爆投下から一か月後、アメリカは「原爆で死ぬべき者は全員死んだ。現時点で放射能に苦しむ者は皆無だ」（前田哲男監修、グローバルヒバクシャ研究会編『隠されたヒバクシャ』凱風社、二〇〇五年）と発表し、急性の外部被爆のことのみ公表し、内部被曝については隠し続けた。

また、一九五四年に起きたビギニ環礁での水爆被害についても、日本政府はアメリカ政府と一体となって事故後の放射能被害の調査を八か月で打ち切り、翌年の一一月には、日本各地で「原子力平和利用大博覧会」を開催している（一九五七年まで）。この博覧会のことを、日本政府はマスコミを活用して全国に向けて大キャンペーンを展開した。そして、「原子力の平和利用」という名目のもとに「安全神話」をつくりあげ、国民に深く浸透させていった。言うまでもなく、内部被曝の危険性については一切隠されたままである。

一方、原発の誘致を考えている自治体には、多額の「原発マネー」を出すと言って推進し、全国各地に原発が誘致されていった。地域で生活する一人ひとりの命よりも、企業や地方自治体・国の利益が優先されていたということである。

学生の学び

学生たちは、「帰りたくても帰れない」と話す仮設住宅の人々を通して学んだ「福島県の実態」によって、いかに自分たちが無知であったのかということと、知らないことの怖さを実感することになった。事実を自分の目で見て、確かめ、考えることの大切さという当たり前のことが、スムーズに行われないという現実がある。弊害となっているのが、たくさんの情報が飛び交うという現代社会である。テレビや新聞、ネットなどで流れる情報がすべてではないということ、正しい情報とは何なのか、事実を知るためには常に自らが学び続け、自らの目で確認することが重要であるということを、学生たちとともに私たちも福島で学んだ。

言うまでもなく、福島での出来事は他人事ではない。福島第一原子力発電所の電力は、人口密度の高い関東圏に送られている。日々の暮らしに欠かせない電力が、誰かの犠牲のもとに成り立っていたということについて、福島に行くまでは考えたこともなかった。除染を終えた楢葉町（ならはまち）は、全町避難を強いられている自治体のなかではもっとも放射線量が低い町である。すでに年間二〇ミリシーベルトの被曝基準を下回ることから、国は住民の帰還を推し進めようとしている。しかし、「帰りたくても帰れない」という事実がそこにある。

このような現実を考えたとき、基本となるのはやはり日本国憲法ではないかと考え、憲法についても学ぶことにした。

日本国憲法は、ご存じのように「国民主権」、「基本的人権の尊重」、「平和主義」という三つの大きな考えのもとに制定されている。福島での現状を見ると、憲法で保障されている「基本的人権」が護られていないということが分かる。それは、国連からのグローバー勧告[2]や大飯原発訴訟の福井地裁判決文からも言える。これについて学んだ学生のレポートを紹介しておこう。

グローバー勧告のように人権の視点から福島原発事故を見ると、国民の人権が保障されていないことがわかる。政府は、憲法25条（生存権）や子どもの権利条約によって保障されている「健康権」を保障する立場にあるが、現在の避難生活対応を見ると人権が無視されていると言えます。

（2）二〇一二年一一月、国連人権理事会が選任したアナンド・グローバー（Anand Grover）氏が日本を訪れ、主に福島第一原発事故後の周辺住民の健康に関する権利の実施状況を調査した結果、二〇一三年五月に提出された報告書のこと。

知らないことの怖さを学んだ学生たち

を余儀なくされ四年が経過しても故郷を離れ仮設住宅で暮らす人たちは、幸福追求権（憲法第13条）が十分に保障されているといえるだろうか。住むところや家族を奪われるということは重大な人権侵害である。原発の運転停止によって多額の赤字が出て国富が喪失されると議論されているが、「豊かな国土とそこに住む住民こそが国の財産であり、これを取り戻せなくなることが国富の喪失であるといえる。」（福井地裁判決文より）二度とこのようなことがないように事実を徹底的に検証し、国民の生活を第一に考える政策が必要だと強く感じた。

日本政府は、原発再稼働に向けて突き進もうとしている。楢葉町（ならはまち）の住民や天野部長から学んだように、このような現状を悲観するだけでは何も変わらない。日本国憲法の「前文」には、「日本国民は、国家の名誉にかけ、全力をあげてこの崇高な理想と目的に達成することを誓ふ」とある。学生とともに憲法を「前文」から読み、憲法を学ぶ意義と責任を考えさせられた。

すべてを政府の責任にするのではなく、日本国民として行動していかなければならない。事実を知ろうとする意識をもち、「人権擁護の立場に立つ医療者」として行動していくことが大切である。自らの無知さを知ったのは、学生だけではない。このときのフィールドワークを通して、教員である私たちもそのことを知ることになった。

実践ナビ　子どもは未来に生きる主人公――問題解決を自分事とする学びを（行田稔彦）

ここでは、未来の主人公（主権者としての立場の自覚）を育てる学習について、五本の実践を通して考えてみたい。

山本民さんの「子どもがマチの未来を語る」は、学校と町が連携した総合学習である。ある子どもが夏休みに取り組んだ「新・ご当地グルメ」の研究をきっかけに、ゲストを招いて出前授業が企画された。そこから、「町を元気にするメニュー」づくりがはじまった。一二品目のグループごとにメニューを考え、食品をつくった。もっとおいしいものをつくりたいという要求に、栄養教諭やフードコーディネーターが支援に入り、プロの料理人の協力でレシピを改良している。

そして、発表会では、試食コーナーを開いて町の人々の意見を聞いている。子どもたちの開発した食品はパンフレットになって町に配布され、イベントで販売されたり、お菓子屋さんの商品になったりしたほか、新聞やテレビでも取り上げられることになった。

子どもたちが町の特産品を生かした食品づくりに夢中になっているうちに、本気になって、町の未来を語る一員に変わってしまっている様子が伝わってくる。学校と町の連携が子どもの可能性を広げていることがよく分かる事例であるが、このような学校と地域の関係を日本中に広げたいものである。

河野修三さんの実践では、三年生においては、給食のキュウリがおいしい→キュウリが日本一の謎を調べたい↓キュウリ農家見学↓発表会↓キュウリを守るポスターづくり↓新聞ほかでの取材広報といった形で教室が地域とつながった。そして、五年生では、稲作体験↓米調べ↓発表会（米料理）↓農業学習会↓農業と環境についてもっと知りたい↓学習会↓発表会は劇で↓シナリオづくり↓「未来の誓い」づくり↓学びを暮らしに生かした生活へと発展し、深化していった。

「キュウリ」を核にして、子どもの問いが連鎖的に発展する三年生の学び、そして同じ子どもたちが五年生になって、「米」を核にした問いが連鎖的に発展する学びである。個々の興味関心を学級みんなの問題とし、集団で学んだことを個々の課題に戻している。まさに、「自分事とする学び」の進展がよく分かる実践である。また、この実践は、本物と出合って本格的に学ぶことが地域につながるということを明らかに示している。

和田仁さんの「そして自分は、戦争にとてもかかわる人間だとわかりました」からは、子どもの疑問から出発し、対話によって深まる授業の意義が実践に即して伝わってくる。私たちが追求したいと考える、「対話する学び」と「深い学び」のイメージを表現しているものとも言える。

まず、なぜ疑問から出発するのかについての根拠がある。分かりあえれば、クラスの人間関係も変わるという見通しをもっている。日常の授業づくりが、Aの悩み（疑問）にこたえる授業で展開されている。一つ目の疑問は、アイデンティティにかかわる問題である。二つ目は、特攻隊に志願したことは本当の覚悟かどうかにかかわることである。Aの本音から生じた疑問が、仲間の本音を引き出す「対話」となっている。この対話による学びは、Aの変化だけでなく、クラスの子どもたちの変化をも生み出すことにつながった。思春期に向かう「自分探しの旅」にふさわしい学びであると言える。

入澤佳菜さんの「『この思いを未来へ』――平和の歌づくり」では、事実に出合うことと平和の伝承者に出会うことの二つを重視している。広島で、原爆の傷跡を実感できる場所とモノに出合った。そして、旅行から帰ると、一人の男の子が「せこへい」像をつくろうと呼びかけた。クラスが動き出したわけだが、予算面などで難しいという現状があった。

一方では、体験者の証言を伝承する方々を招いて学習会を重ねている。この実践の特徴は、事実と伝承者に出会って学び、子ども自身が伝承者になっていくところにある。全校集会では、合唱を発表したことが好評を得た。そこで、自分たちでつくった詩で「平和の歌」をつくるという計画がはじまる。一人ひとりの「平和」を言葉化する難しさと、それを寄せ合って一つの詩にまとめる作成過程において、自分事として学ぶ「深い学び」が感じられる。できあがった歌は平和の種となって、後輩に伝えられるだけでなく「Peaceboat」にも注目され、実社会に広がっていった。まさに、「この思いを未来へ」である。

山田かおるさんと青山陽子さんが行った実践は、看護専門学校生による「福島フィールド学習」である。一泊二日というかぎられた日程だが、学生たちは濃密な時間を過ごすことになった。

一日目は、原発被災地の生（なま）の姿を見て、仮設住宅で聞き取り調査を行う。それによって、「帰りたくても帰れない」という理不尽な現状をリアルに学んだ。そして二日目は、地元病院の看護部長からの聞き取りを行った。被災者でありながら、医療者として被災者の支援にあたっている実情を聞き取った学生たちは、「自分たちがいかに無知だった」かを思い知らされたという。

そして、「なぜ、日本は原発を導入したのか」、「福島の現実は、日本国憲法の保障されている基本的人権に照らしてどうなのか」という問いをもとに研究をはじめ、レポートにまとめて発表していくわけだが、人権擁護の立場に立つ医療者が育っていくうえにおいて、総合学習の果たす役割が大きいことをこの実践は示している。

本章で紹介した五本の実践は、小・中・高・専門学校・大学、どの段階の学校においても、実体験を重視し、問い、調べ、深めていくという子ども主体の学習展開のなかに、「自分事とする学び」の鍵があることを示している。指導する教師は、この事実をふまえておく必要がある。

第6章

総合学習が拓いた「深い学び」と今日的課題

総合学習が学校と学びに投げかけたもの

——子どもに見る深い学び・「新しい教育」への挑戦

行田稔彦（元和光大学・和光小学校・和光鶴川小学校）

振り返れば、一九八〇年代頃から「学びの喪失」と言われる教育問題が山積しはじめた。それをふまえて、「子どもの学びの要求に応えて、学校は変わらなければならない」という課題意識をもって「総合学習の実践と創造」がはじまったわけである。一九八九年から開始された「生活科」から三〇年、一九九八年に新設された「総合的な学習の時間」から二一年が経ったことになる。

この間、総合学習が学校と学びに投げかけたものは何だったのだろうか。「学びの要求」を「子どものなかに見る」のが「子どもの側からつくる教育実践」である。それは、旧来の教育観の転換を図る「新しい教育への挑戦」となる。

1 子どもの学びの要求

学習のはじまり——おどろき・発見から生じる「問い」

「（子どもは）伝えたくなる生活があって聞いてくれる仲間がいるとき、意欲的に学ぶ、先生がおっしゃったとおり、子どもは変わることが分かりました」

この言葉は、行動面はやんちゃでトラブルメーカー、学習面では「あのねノート」を一行も書かないわが子にほとほと困っていたお母さんが、驚くべきわが子の変化を目の当たりにして、二年生の春休みが終わった新学期初め、元担任の教師に届けた手紙である。

この子どもが変わるきっかけとなったのは、『のはらうた』（六冊セット・工藤直子、童話屋、二〇〇九年）をまねた「まねっこ詩」が「朝の会」で発表され、それが学級通信に掲載され、子どもだけでなく保護者からも大いに称賛されたことであった。これ以後、学級の子どもたちも連日「朝の会」で詩を発表するようになり、学期の終わりには一〇〇編を超える「学級詩集」が発行された。さらに、その子どもは春休みも詩を書き続け、「個人詩集」までつくってしまったのだ。完成した「個人詩集」に添えられて届いたのが、先ほど紹介した母親からの手紙である。

驚きと発見の生活があって、それに共感してくれる仲間の存在があるとき子どもは意欲的になれるということは、本書で紹介しているように、各地の先生方が発表している実践報告に共通していることである。ここでは、『つながり合う学び』（竹内［現姓・高橋］かおり、和光鶴川小学校、二〇一一年「教育のつどい」発表レポート）をもとにして、「学習のはじまり」を見ていくことにする。

竹内かおりさんが勤務する学校は、東京都町田市にある私立小学校である。多摩市と川崎市に隣接しており、学校の敷地内に雑木林が保存されていることもあって、自然を教育に生かすことを学校づくりの特徴にしている。担任となった一年生学級には、乱暴な言葉で威圧感を与えるＫがいたのだが、そのKが遊びや学習を通して温かな関係を結んでいくという実践である。

Kの活躍が顕著となる「秋の虫の学習」場面から見ることにする。Kがハラビロカマキリを教室に持ち込んできた。竹内さんは子どもたちに捕食を見せたいと思って、大小のショウリョウバッタを持ち込んだ。ほかにも、ダンゴムシやクモを持ち込んだ子どももいた。虫を持ち込む子どもたちを褒めながら、「虫は何を食べるか」で分類すると、「草や葉」、「果物や実」、「ほかの虫」、「なんでも」という四つの仲間分けができた。分からない虫については、休み時間にKが友達と二人で図書館に行って調べてきた。

想像以上に子どもたちが盛り上がったので、次の時間も「生活べんきょう」（和光鶴川小学校の低学年総合学習）を続けることにした。

「カマキリの食べ物」になると、Kが「バッタを食べるよ」と言った。そこで、ハラビロカマキリと大小のショウリョウバッタを一緒の飼育水槽に入れたらどうなるかと予想しあうことになった。すると、「全部食べる」と「小さいものを食べる」に分かれた。しかし、一緒にした時間には動こうともしなかった。捕食シーンを見ることはできなかったが、感想文には「驚き」や「ドキドキ感」に満ちあふれた文章が書き込まれていた。

翌朝、「先生、食べたみたい！」と何人もの子どもが教えに来た。竹内さんは「よく気付いたね」と褒め、楽しみは「生活べんきょう」の授業時間に残しておいた。実は前日の放課後、カマキリが捕食しているところを発見し、とっさに写真に撮って、今日の授業プリントとして用意をしていたのだ。

授業がはじまる。子どもたちは写真を食い入るように見た。「虫の食べ物調べ」の発表が続く。それをつないでいくと食物連鎖のピラミッドができた。すると、「カマキリのおなかの中にいるやつ」と、Kが持ち込んだ新たな問題（不思議な生き物）が出された。ハリガネムシ（カマキリの腹に寄生する生物）である。質問が続き、それに対してKが答えていく。Kの興味がほかの子どもたちの興味に連鎖するようにつながっていった。

この虫の学習のプロセスは、私たちに次のことを教えてくれている。

❶伝えたくなる生活がある。つまり、子どもたちにとって、驚きと発見に満ちた生活がある。

❷伝える場があって、聞いてくれる仲間がいる。伝える場とは、自分を自由に表現する場があること。聞いてくれるとは、発表者の驚き発見に共感したり疑問や異論を出したりして興味関心が複合することである。

❸子どもから生じた学びは、他者とのかかわりのなかで新しい問いが生まれ、問いから問いへと発展し、深化していくということである。

こうした「子どもの学び」を保障する教育が、意欲的で主体的な学習者を育てる土台となる。

伝えたくなる生活——生活が陶冶する

ところで、「子どもの生活とは何？」と聞かれたら、みなさんはどのように答えるだろうか。川合章（埼玉大学名誉教授）は、子どもの生活を三つの層でとらえている（『生活教育の理論』民衆社、一九八一年）。

・**第一層**――衣・食・睡眠・排泄等の基礎的で日常的な生活活動である。

・**第二層**――全身を使って進める遊び・仕事・スポーツなどの実践活動である。この活動は、仲間関係を豊かにし、積極性・能動性を育て、価値観の育ちを援助する。

・**第三層**――言語、数学、科学、芸術などが位置づく。

そのうえで、現代社会では第三層が肥大化して第一と第二の層が軽視されているために、子どもたちの心身の発達に問題を引き起こしていると指摘している。

「生活が陶冶する」という言葉を遺したのは、スイスの教育研究者であり、実践家でもあるペスタロッチ（Johann Heinrich Pestalozzi, 1746～1827）である。ルソー（Jean-Jacques Rousseau, 1712～1778）の教育思想を受け継ぎ、子どもたちの直観や自発性を大切にしたペスタロッチの思想は日本の教育にも受け継がれている。「生活が陶冶する」とは、生活そのものが人間を発達させるということを意味している。「当たり前」のように感じられるだろうが、徐々に広がっていく人間関係や社会生活などが人間を成長させるということを、いったいどれくらいの人が認識しているだろうか。ちなみに、総合学習の思想はルソーやペスタロッチの思想の系譜のなかにあり、『総合学習の探究』（梅根悟、勁草書房、一九九七年）に詳しい。

「原体験」重視で育てる三つの力

和光鶴川小学校は、「私立和光学園」の二つ目の小学校として一九九二年に開校した。私は初代の主事として学校づくりにかかわったわけだが、一年ごとに新入生を受け入れ、六年かけて完成校となった。その学校づくりについては、『学校ってすてたもんじゃない』（行田稔彦編著、大月書店、一九九七年）で詳しくまとめている。

和光鶴川小学校で教育課程を編成するにあたって重視したのは「原体験で育てる三つの力」である。

❶探り、わかる力（驚き・発見・こだわりの力）
❷交わる力（遊び・発表・対話）
❸作りかえる力（物づくり・飼育・栽培・料理・表現するなど）

原体験とは、「触覚」、「臭覚」、「味覚」を基本とし、「視覚」と「聴覚」を含めた五感（五官）を重視した「直接体験」のことである。辞書には、「その人の思想が固まる前の経験で、以後の思想形成に大きな影響を与えたもの」ともあるが、人間が人間として育つ土台を形成する原初的な体験のことである。

ちなみに、ここに挙げた三つの力は、大田堯（おおたたかし）（一九一八～二〇一八）が書いた「人間性の本質と教育の理念」（『第二次教育制度検討委員会報告書』大田堯編、勁草書房、一九八三年の序論）を参考にしたものである。大田は、人間能力の特質について次のように書いている。

自らの内面からの要求によって分別し選ぶこと、ちがいを前提として結びつくこと、そうして物事の前提まで立ちかえり、出なおして、ものを創造すること、すなわち「選ぶこと」「結ぶこと」「創ること」の中に、人間能力の特質がみられる。これらの能力は長い人類進化の過程で形成され、種の存続のために、次の世代に受けつがれることが求められているといえよう。（前掲書、一八ページ）

このように考えると、前項に示した「伝えたくなる生活」とは、子どもにとって驚きと発見に満ちた生活となる。そして、「原体験」重視の教育は子どもの「伝えたい生活」となるだろう。これを具体的に示している教育実践がある。静岡市立北沼小学校の増田敦子さんが行った実践が「遊びの中で発見いっぱい〜一年生のどろんこ遊び〜二〇〇九年発表レポート」で紹介されているので、その内容を紹介していこう。

静岡市から車で四〇分のところ、北部に聳える龍爪山（りゅうそうざん）（一〇一五メートル）の中腹に学校はある。長尾川の中・上流地域に位置しており、全校児童四九名の小規模校である。七名の一年生は長尾川の両岸を挟んだ地域から登校してくるのだが、出身幼稚園・保育園が違っており、初対面という子どもの集まりである。「山の子」といっても、最近は市街地の子どもと変わらない。子どもにとって、山間地の自然と日常生活は遠い存在となっている。

初夏の活動として、「沢遊び」、「谷川遊び」、「校庭のどろんこ遊び」という学習計画を増田さんは立てた。ある雨の日、校庭にできた水たまりで「どろんこ遊び」をした。子どもたちは、校庭にできた「泥の海」のなかを、水着になってハイハイして楽しんだ。今どき、こんなワイルドな活動が許される学校は珍しい。こんな遊びが学習にどのようにかかわるのだろうかと思われる方がいるかもしれないが、この活動のなかで子どもたちに確かな変化が起きたのである。

一見「良い子」を装って、何事に対しても夢中になるという姿を示さなかった子どもが、目をランランと輝かせ、泥を投げ合い、スライディングをして遊んだのだ。また、保育園時代には「寡黙」と言われていた子どもの表情が明るくなり、それまでは拒んでいた川原の水にも進んで入るようになった。遊びで心と身体が解放されたのか、「学び」も活性化し、「沢と谷川と中洲の水の温度の違い」や「流れる水の力」に気付くなど、「事実認識の芽」の育ちを見せたのだ。増田さんは、このような原体験は、五年生理科の「流水」の学習における土台になると見通している。

直感から科学へ――直接体験を重視し、事実認識の芽を育てる

子どもの認識は、感覚・感性から概念へと発展する。この認識の発展過程は、誰もが認めるところであろう。子どもの感覚・感性の育ちの大切さを指摘した、世界的に有名な著書といえば『センス・オブ・ワンダー』（レイチェル・カーソン／上遠恵子訳、佑学社、一九九六年）である。

「私は、子どもにとっても、どのようにして教育すべきか頭を悩ましている親にとっても、『知る』

ことは『感じる』ことの半分も重要でないと固く信じている」というフレーズは、この本の核心とも言える記述である。「直感から科学へ」という学習過程は、自然科学、社会科学を含む「認識形成の原理」である。

2 生活と学習のまったくかけ離れた状況を克服して、生きる力に転化する学習を

学びのリアリティーの追求――本物志向の実践を

二〇二〇年度から本格実施となった学習指導要領（二〇一七～二〇一八年改訂）の「目玉」と言えば「アクティブ・ラーニング」である。文部科学省はその視点として、①問題発見・解決を念頭においた深い学びの過程、②自らの考えを広げ深める対話的学びの過程、③主体的な学びの過程、という三つを挙げている。また、「探究のプロセス」として、課題設定⇓情報収集⇓整理・分析⇓まとめ・表現という形式的なパターンを示している。「パターンの踏襲では能動的な学習者は育たない」と文科省自身が警戒しているわけだが、現場に対しては、画一的なアクティブ・ラーニング形式の授業が押しつけられているという事実がある。

子ども一人ひとりが「探究する主体」である。決して、学習方法だけで主体的な学習者は育たない。内容と方法が統一された授業が必要なのだ。真の問いが生まれ、それが探究につながるのは、問題解決が子ども自身にとって「真の欲求」になったときである。実物・事実・本物などの直接体験を重視し、本音のぶつけあいのなかで認識を高めあう「学びのリアリティー」がある本物志向の学びが必要となる。

子どもの探究学習を支える教師の役割とは、いったいどのようなものであろうか。それは、従来のように教える側の論理に立った授業展開ではなく、学ぶ側の論理に立った授業において実現すると思われる。通常、教師は実践するにあたって、題材にある教育内容とねらいを把握することになる。そのねらいの達成のために教材を準備し、発問、指示などによる授業展開を構想するわけだが、「そのような授業では『情報としての知』は獲得されても、『生きた知識』は獲得されない。そこで獲得された知識は、現実の生活に活用されることはほとんどない」（外山英昭「子どもの探究活動を支える教師の役割」、中野光ほか編『あっ！こんな教育もあるんだ』新評論、二〇〇六年、一八二ページ）となる。

それでは、どうしたらよいのだろうか。琵琶湖の東岸、「八幡の水郷」[1]地域の学校に務める西野雄一郎さんの実践である「八幡の水・滋賀の水」（二〇一六年発表）をもとにして「学びのリアリティー」を考えてみることにする。

西野さんは、一年目のアクティブ・ラーニング形式の授業を反省し、二年目は子どもが「自分事」

（1）滋賀県近江八幡市安土町下豊浦。「春色　安土八幡の水郷」として琵琶湖八景の一つにも数えられている。

と考えるような授業にしようと再挑戦することにした。

一つ目は、元よしず職人の指導のもとでの「よしず作り」、「ヨシ笛作り」、そして「よしずの一輪挿し作り」である。実際のものづくり体験は子どもたちを夢中にさせた。休日や夏休みに元職人さんを繰り返し訪ねて、それぞれが作品づくりに挑んだ。いつの間にか、元職人さんとの間に温かい関係が結ばれるようになり、葦原（自然）を保存することの尊さを実感していくことになった。

二つ目は、ゲストティーチャーを招いて、戦後の食糧難の時代に「人間が生きるために内湖が干拓されてきた歴史」を学んだ。その学習においてある子どもが、「魚（自然）が大事か、人間が大事か」という悩み（新たな問い）を書いてきた。この「問い」は、学級において大問題となった。討論のなかでその子どもは、涙を浮かべながら自らの考えを主張した。子どもたちは、人間と自然との共生にかかわる現代的な問題に直面したのである。

三つ目は、もっと深く考えるために「北ノ庄沢を守る会」(2)が主催する釣り大会に参加することにした。「北之庄沢」とは、近江八幡城趾の東に位置する「西の湖」を含めた水郷地帯のことであり、国の重要文化的景観にも指定されているほか、テレビの観光番組などでよく紹介される「水郷めぐり」の名所になっているところである。

釣り大会で釣れた魚は、ほとんどがリリース禁止のブルーギルだった。その事実から、「ブルーギルは悪か」、「なぜ外来種は日本に来たのか」という新たな「問い」が子どもたちに浮かんだ。こうした学びの発展・深化のプロセスを経て、子どもたちは「人間は自然破壊しながら生きている」ことに気付き、自分たちにできることは何かと考えるようになった。つまり、「自分事」としての学びをはじめたわけである。

職人から教わる「よしず作り」や環境団体に参加しての「釣り体験」などという直接体験が、子どもたちを「学習の本質」にある今日の環境問題に直面させたことになる。このようにして獲得された「リアルな知」が「生きた知性」となっていく。

体験学習は全国の学校で行われている。しかし、私たちは、単なる体験は「体験主義」でしかないと批判している。西野学級の子どもたちが夢中になった葦を使ったものづくりは、職人に教わる本物志向の実体験学習である。また、出会った人も環境問題に真剣に取り組んでおり、酸いも辛いも体験している「本物の人」である。つまり、単に机上論では動いていない人、ということである。「人間の差は体験の差」とよく言われている。人生のなかで、どれだけ「価値ある体験」にめぐりあうかによって「人間の質」も変わってくるだろう。それだけに、本物志向の学習を大切にしたいものである。

地域に根ざす教育

「地域に根ざす教育」が教育実践のなかで注目されたのは、戦後の「新生日本をつくる時代」と高度

（2）　〒523-0806　滋賀県近江八幡市北之庄町１３４０

経済成長期における地域開発計画によって「地域破壊が進んだ時代」である。『村を育てる学力』（東井義雄、明治図書、一九五七年）は戦後教育実践史のなかにおいて名著と言える本である。村を捨てて立身出世を求める学力でなく、村を守り、発展させる学力を育てるというものである。そのためには、子どもが生活で得た主体性と素朴な認識を基盤にする「生活の論理」（心の底にもっている理屈）と「教科の論理」を結ぶ教育が必要であるとしている。

地域から出発する授業を「障子の穴の論理」で語ると分かりやすい。障子の穴は少し離れたところから見るとただの穴でしかないが、穴に目を当てて覗くと広い世界が見えてくる。同じように、地域は「小さな穴」でしかないが、そこから「網の目につながる世界（自然や社会）」が見えてくるという意味である。

二〇〇六年に発表された「どうして歩いているんですか――お遍路さんから子どもたちへのメッセージ」（細木澄人）という教育実践から、「網の目につながる世界（自然や社会）」を紹介していこう。

ご存じのように、四国には遍路道がある。弘法大師（七七四～八三五）が開いたといわれる一二〇〇キロ以上の道程を、八八か所の寺をめぐりながら「歩く道」である。細木さんの学校は高知県須崎市浦ノ内にあり、近くには「三六番札所青龍寺」と「三七番札所岩本寺」がある。全校の児童数は四七名、六年生となる男子一名女子二名の学級で行われた実践である。

子どもたちが住む家は、近隣の家まで子どもの足だと五分ほどかかる森の中にある。地域において大人の姿を目にすることも少ないという状況である。細木さんは、苦労しながらも生きている大人たちの今を、実感をもって（リアルに）感じ取れる学習をしたいと考えた。なぜなら、そこから子どもの生き抜く力や大人になる希望が生じてくると考えたからである。

実践は、道路脇に簡単な陳列小屋を造り、地元の野菜や果物を売るという、高知ではよく見られる「良心市」の開店からはじまった。まずは、何を商品にするか、と相談した。道を歩いてる人といえばお遍路さんしかいない。そのとき、ある子どもが「お遍路さんはどうして歩いているのかを知らない」と言った。そこで、まず、「遍路道」の行程や装束の「いわれ」について学習することにした。

一方、商品は、お遍路さんが無事歩けるように「お守り地蔵さん」に決まった。これは、近くの海岸で拾った小石に絵を書いてつくったものである。この「石のお地蔵さん」に、使い残した年賀葉書を各家庭から寄付してもらって添えることにした。葉書の一行目に「お遍路さんが歩こうと思ったわけを教えてください」と書いて、返事を待つことになった。一セット一〇円の値段を付けたのだが、二〇〇三～二〇〇六年までの間に三〇〇個近くが持って帰られている。

返ってきた葉書に書かれたお遍路さんからのメッセージは、教師の予想をはるかに越えて子どもたちの心に響いていた。

「亡くなった父の遺品の整理をしていたら四国遍路の地図が出てきたので」
「わたしの場合は幸せになるため」
「人生をもう一度最初から考え直してみたくなって」

葉書が学校に届くと、子どもたちはドキドキして読む。それは、教師たちも同じだった。お遍路さんが歩いている風景はこの地においては当たり前のものだが、その「風景」の一人ひとりに「生きざま」があることを「良心市」が教えてくれたのだ。六年生の子どもが次のように書いている。

〝その答えを見つけるために歩いています〟の部分を読んで、このことはお遍路さんみんなに当てはまるのではないかと思いました。それがわかり、少しお遍路さんに近づいた気分です。わたしたちだって、お遍路さんと同じなんだと考えると嬉しくなった。

まさに、「良心市」という「障子の穴」から「人間の生きざま」が見えた瞬間である。子どもは子どもなりに、生き方を考える機会となったのである。

「自分事」としての学び――傾聴し、想像する知

私たちの総合学習は、「学ぶことが生きる力に転化する学習」を目指している。本書にも、「いのちの尊厳と平和を希求」するという実践が各章に掲載されているが、人類にとって持続可能な社会をつくるうえにおいて重要な課題である。ところが、昨今、「戦争の風化」、「平和教育のマンネリ化」、「若者の保守化、思考停止」などの懸念が語られるようになり、「平和の主体を育てる『平和教育』」が真剣に語られるようになった。私は、二〇一八年に開かれた「日本科学者会議第二二回総合学術研究集会・沖縄と平和教育」の分科会において発表の機会を得た。そこで強調したのは次の三点である。

❶実際に目で見て肌で感じ取る学び
❷対話する学び
❸自分と世界のつながりを読み解く学び

この三つは、小学生から大学生に至るまで共通することである。小学校の沖縄学習旅行三〇周年記念誌である「語り継ぐ平和・沖縄」（二〇一六年）において、卒業生から「自分にとって沖縄学習がどんな意味があったか」を寄稿してもらっている。そこに書かれている若者の「文章」から、教師として学ばされることが実に多いことを実感した。ある卒業生は、「傾聴する学びが研究活動を支えている」と書いていた。

大学で法学部政治学科に進学し、戦後日本政治史を専門として研究に励んでいる。一〇年前（小学生の時）と変わらないのは人々の心情に傾聴することで、現在の研究姿勢を支える「ものの見かた考え方」の土台になっている。
「あのとき、あなたは何を思いましたか」——波の音も届かない丘の上で、静寂の中、遥かな声に耳をすませた。人々の思いを汲み、引きつけて考えながら、体系的に歴史を読み解くことで見える景色がある。それを未来にどう生かすか。沖縄学習旅行で培った姿勢こそが、学びを支える永遠の財産である。

証言者の深層に下りて聞き取ろうとする学びが、「傾聴」という今の研究姿勢をつくっているということだ。この「傾聴」の力は、六年生の学び体験だけでできたわけではない。低学年からはじまる、原体験を重視し、地域を訪ね、人と出会って学ぶフィールド学習において培った力が六年生になって実を結び、彼／彼女らの「幹」となっているのだ。

「想像力の原体験は総合学習『沖縄』だった」と書いている卒業生がいるので紹介しておこう。

沖縄学習旅行で聞いた金城重明さんの『集団自決』で自分の妹と母を殺した。石で殴って殺した。戦争は人間が人間でなくなる。……生の言葉から迫りくる映像で脳内がいっぱいになった。まるで自分が体験しているように鮮明に浮かんでくるイメージ。学校で勉強している時には頭で理解していたつもりのことが、生の感覚にかわった。

小学校卒業の一〇年後、ルワンダを訪れた。友だちになったケビンという青年が自分自身の母の親族が全員虐殺された体験について話してくれた。虐殺が終わり、逃げていた幼いケビンが見た光景は道路の両脇に積み上げられた死体の山だった。私は、机上で学んだ「虐殺」が生の現実として感じられた。沖縄で感じた感覚と同じだった。

今でも、沖縄と聞くと他人事とは思えない。胸高まるエイサーの太鼓、海、広い基地、そして集団自決のイメージ。しばしば浮かんでくるこれらの記憶は、現在進行形で私に問いかけてくる。

沖縄学習は、私の平和への想像力の原体験である。現場に行き生の声を聞くことによって文字からの思考が生の感覚に変わる。生の言葉がまた次の言葉へと繋がり、歴史が紡ぎ出されていく。沖縄での体験が過去から現在へ、遠い地から身近へ、自分と歴史と世界の繋がりを感じるきっかけとなり、そして自分の生き方を考える際の核となった。

「胸高まるエイサーの鼓動」とは、彼／彼女らが小学生のとき、夢中になって踊ったエイサーのことである。また、沖縄料理をつくって沖縄調べをしたこと、そして渡嘉敷島のビーチでの水泳……これらの記憶が一体となって「生き方を考える」際の「核」となっているのだ。「想像する知」は、「リアルな知」の積み上げが総合されて形成されることを教師に教えている。

3　子どもに見る深い学び……新しい教育への挑戦

「深い学び」とは何だろうか。子どもが生き生きと学びはじめ、問いをもって調べはじめ、一つ分かったことで新たな問いが生まれ、また解決に向かって探究を深めることになる。そして、個々の興味関心が仲間のなかで広がり、さらに深まることになる。その学びの事実をつぶさにとらえることで私たち教師は、何をしなければならないかをつかんでいくことになる。言ってみれば、私たちの実践づくりの過程は、子ども発見の過程だとも言えるのではないだろうか。

子どもから生じた学びを受け止めることができないと学びの要求は見えてこない。子どもから生じたものではない学びは、間違っても「主体的な学び」と言うことはできない。また、「対話的な学び」とは、子どもから生ずる学びを仲立ちにした対話であって、ただの発言のやり取りではない。そして、「深い学び」とは、子ども自身が自分と他者をとらえ直し、新しい自分と世界のつながりを発見していく学びである。

これらのことを、現場の教師は考えていく必要がある。本物を見せ、本物を体験させる教師も、自らが「本物」であるという自覚をしなければならない。

本質に迫る〝学校ならではの学び〟と総合学習
――世界を科学的にとらえる本質的学び

三石初雄（東京学芸大学名誉教授）

1　「自然」が「不自然」という不可視のヴェール――子どもらに「原初の体験」を

「自然離れ」とか「自然体験の絶対的不足」を心配する声が、あちこちから聞こえてくる。かつて、文化人類学者の原ひろ子（一九三四～二〇一九）は、自然の中で遊ばない、自然界を苦手・嫌う子どもらの姿をとらえて、「子どもらに『自然みしり』が広がりはじめているのではないか」と警鐘を鳴らした。「人みしり」に習った用語表現で、子どもと自然界との関係の変化についての指摘だった（『子どもの文化人類学』晶文社、一九七九年）。

同じ年、『子どものからだは蝕まれている』（正木健雄・野口三千三、柏樹社、一九七九年）という本では、転んだときに顔面を地面からそらすことができないとか、手が不器用になっている、大脳の活性化水準（フリッカー値）が低下している、と膨大な生活と健康調査を基に身体保持機能低下問題が指摘された。

同じころ、教育界では、国語教育学者の国分一太郎（一九一一～一九八五）が『自然　このすばらしき教育者』（創林社、一九八〇年）のなかで、「季節感をそだててください」と題して「原初の体験」の重要さを提言していた。子どもたちに季節感を育てるような遊びと、年長者・老人と一緒の素朴な労働という「原初の経験」を用意することが、「人間の教育として、ぜひ必要」だという訴えである。「人間の教育として、ぜひ必要」と国分一太郎が考えたのは、次のような四つの知見からであった。
❶「人間の教育」として「こどもの精神や筋肉をしなやかにする」ことが必要で、「原初の経験」はそれを育んできたのではないかというものである。たとえば、「それぞれの遊びによっては、手足をしなやかにうごかさねばならぬこと、目を見はり耳をすまさねばならぬこと、鼻でかがねばならぬこと、手ざわり肌ざわりを大切にしなければならぬこと、しかしときには力をぬかねばならぬこと、爪の先まで器用にうごかさねばならぬこと、小刀やハサミを使うなら手に傷つけぬ呼吸をのみこむべきこと」などの「原初の体験」が、子どもらの敏感な感性を育てていたのではないかという。
つまり国分は、このようなしなやかな精神と筋肉を育てることとは、子どもの対象への能動的な働きかけを保障し、かつ逆に対象からの働きかけを受け取る鋭敏な感性を培い、主体的能動的で協応的な人間に育つ基盤づくりになると考えていたのであろう。
❷みずみずしい感性・感受性と旺盛な好奇心、協応性に支えられた、対象についての多面的でリアルな観察力、本質的な事実認識を蓄積してこそ、「生き生きとした子ども」を育てていける、というものである。国分は次のように言っている。
「タネナシブドウはなぜタネがないのか？　タネなしというからには、タネのあるのがあるのか？

から始まって、それではバナナに、いまタネはないが、もとはあったのか？　こう問いなおしたり考えたりする子どもを、わたくしたちはつくりたい」

また、農作業に触れるなかで、「ほかの植物は普通上へ上へと茎が葉をのばすのにどうして、キャベツや結球白菜は、あんなかっこうに生長するのか？」と「あくことなく問いつめる子ども」を「生き生きとした子ども」の姿として想定していた（前掲書三六ページ）。

❸「原初の体験」を積み重ね、そこで出合った事実で裏付けることによってこそ、ことば・文章・概念の習得・定着活動が促されるというものである。「キノウ　ガッコウヤスンダラ　アレッ　コンナニ　タンポポノハナガサイテイル」と綴った作品（小学一年生）を、「美的な感情的な興奮が、事実と結びついてなされている」と評し、このような「真に知的興奮・感情的興奮をする子どもをつくりだす教育の道を探究しなおさなければならない」と言う。

そこには、「カキのしぶさ、なにかの木の実や葉をかんだ時の舌のしびれ、……こういうことを感覚しなかった子どもたちは『しぶさ』『しびれ』『いがらっぽさ』ということばをすら自分のものとすることはできない」のではないか、という課題の提起がされていた（前掲書一六〜一七ページ）。

❹「原初の体験」を経るなかでの「あくことなく問いつめる」経験と「ものやことの発生・成長、つくりあげられる過程、その変化のふしぶしをながめること」を経験することによって、「歴史的な人間になっていく」のではないかと国分は期待していた。

子ども時代から、動植物の変化・成長過程や地域の生産活動を見聞きし、経験を重ね、「イネ」が

「米」になり、人間の食料である「ご飯」・「おにぎり」となっていく過程をたどり、人の手が加わることによって原材料名や形や状態、使い道も変わっていくことを学んでいく。つまり、ことばや概念の裏付け、方法の妥当性を学び、「先人がたどってきた労働のあしどりを経験させる」などの、洗練された典型的な「原初の経験」を重ねることで、物事の変化・生成過程・歴史性についてはげ落ちることのない「基礎的学力」が定着するのではないかと提案していた。

国分は、季節感が薄らぎ、農業・生産（実物・実在）からの離別が顕著になってきたこの時期（一九八〇年前後）に、「人類の歴史の知識とことばで、それを教える前に、五感や行動でそれをつかむ時代を経させねばならない」と、「原初の経験」の重要性、すなわち学校での学びの土台・基盤を準備することの重要性について指摘していたと言える。

これらの指摘は、桜の六枚の花びら（実物）を見て「この花びら間違っている」というような「自然が不自然」と思ってしまったり、大自然の夜空の星を見て「プラネタリウムみたい」というような「非自然を自然」と錯覚してしまう子どもが増えてきている今日の状況のなかで有益な示唆を与えている（大森亨『小学校環境教育実践試論』創風社、二〇〇四年）。

それは、旧きを懐かしむノスタルジア（郷愁）でも、経験・体験一辺倒の教育でもなく、実物・実在に潜む個別性と総合性（構造性）、固有性と典型性（多様性）、変化と規則・法則性（調和性）、具体性と抽象性（概念性）との出合いを通して知的好奇心を豊かに育てる、学校での原体験教育を提案するものであった。言い換えれば、「原初の経験」はまさに自然の謎を覆う不可視なヴェールの下にある本質を探究する、学校ならではの学びの経験を生み出す営みと言えるのではないだろうか。

2　ヴェールの下にある本質を読み解く学び――学びの土台としての「原体験」

このような「原初の体験」に着目した実践は、小学校低学年の教育課題として議論され、生活科が発足した一九九二年前後に注目され、学校教育における「原体験」、「原型」、「価値ある体験」を重視した教育実践として一定の広がりをもって試みられてきた。

本書に記載されているような草木染めからポプリづくり、小麦栽培から小麦粉にしたパンづくり、カイコを飼育して絹糸づくり・製糸・布づくり、渋柿をむいて干してつくった干し柿づくり、豆腐やコンニャクなどの食べ物づくりや紙漉き作業を入れた葉書づくりなど、さまざまである。それらは低学年の社会科や理科、総合学習において実践されてきたものでもある（梅根悟・海老原治善・丸木政臣編『総合学習の探究』勁草書房、一九七七年、臼井嘉一・三石初雄編著『生活科を創りかえる』国土社、一九九二年）。

ここでは、これら人間の衣食住を豊かにするための基礎単位となるような活動群を「原体験」と呼び、原体験に着目した学校での教育実践の意味と位置づけについて考察していく。

北海道から沖縄まで広く取り組まれてきた「草木染め」の実践を見てみたい。たとえば、山本ケイ子氏の「草木染めとポプリ作り（2年・青森）」（三石初雄・大森享編著『小学校環境教育実践シリーズ　はえてきた草木。育てた草木』旬報社、一九九八年所収）がある。学区に落ちていたドングリを煮て絞り染めをし、絞り染めに関心を示した子どもらと真っ赤にうれたガマズミとブドウで草木染めを楽しみ、草木染めでつくった布でポプリ袋をつくったという実践である。

そこには、染料をつくるために、まずドングリやヨモギ・木の皮などを探し、使えるものを選別し、それらを鍋の中で火を使ってぐつぐつ煮込む。沸騰した染料のなかに染める布を入れて染色し、一定時間が過ぎたら布を取り出して干す。染め上がった布を針と糸で縫って袋をつくる、という作業工程が組まれている。

さらに、匂い袋・ポプリをつくる実践では、この作業とは別に強い香りを出す草木の葉を集めて干して乾燥させ、適当な大きさに砕くという作業も入る。その過程で香りの強い植物には、キク科、シソ科や柑橘類が多いこと、それらは、どんな場所にいつ頃どんな状態で生えているかを子どもたちは知ることになる。道端のヨモギやシソ、アメリカセンダングサやノコンギク、ヒメジヨン、セリなどの草木の特徴と多様性に関心を示し、乾燥葉をポプリ袋に入れるとき、香りがかなり残っているのに重さが半分以上軽くなっていることに驚いたりしている。

また、ヨモギ団子づくりまで挑戦した実践では、ヨモギ探しの活動でヨモギとブタクサなどを区別する選別力（白いうぶ毛状の葉裏や独特の香り）を身につけ、薬用植物としても利用してきたことなども学び、先人の食文化、生活文化の一端を学んでもいる。つまり、ポプリやヨモギ団子づくりでは、単にその場面を「見る」、「知る」、「体験」するというだけでなく、ヨモギの葉の色や形、香り、植生・生態などの事実認識や、茹でるための道具利用や順番を含めた方法を学び、人の手が加わるなかでヨモギと餅米がヨモギ団子に変化していく過程を学んでいる。

この一連のポプリやヨモギ団子づくりの活動群に共通していることは、単に体験することだけではなく、その体験の意味を裏付ける事実認識・知識（概念）と洗練された方法が用意されていることである。言ってみれば、これらの布の染色やポプリ袋づくりという「衣」の文化、ヨモギ団子づくりという「食」の文化、土壌・土地・地形や生態を学ぶという「住」の文化、つまり「衣食住」を豊かにする生活・文化的活動に欠かせない、素朴ではあるが、「原初的な体験・働きかけ」がここには用意されていたということになる。

これらの視点は、先に触れた「原体験」の共通的な要素であるとともに、とりわけ生活科での「知的な気付き」を促し、「深い学び」を経て「本質的な学び」に迫る視点でもある。このような原体験を学校教育に位置づけたのが「原体験教育」である。

この原体験教育では教材・題材選定が極めて重要となる。この原体験は、「素材」を活動目的に即して「道具」（材料・燃料・容器等）を使って、適切な「働きかけ・方法」を用いて「目的物」をつくり出すという諸要素を、どのように設定していくのかという課題意識によって貫かれている。

これらの各要素を念頭に置いて、具体的に何を用いてどのように使うのかという教材選定、そして教育方法を考えるとき、子どもらが生活している地域（この場所）と現時点（この時）と子どもらの関心事（この学級の子どもの発達課題）という三視点から典型的な教材・題材・場面を選定するところに教材研究のポイントがあると言える。

別の言い方をすれば、原体験に着目した教育実践は、認識の対象となる事実・現象の本質に焦点をあて、その本質に子どもらが接近し得る教材・題材、学習場面を意図的に構成する、教師からの教育的働きかけが不可欠であるということだ。

これを子どもに育てたい能力・力量という点から言えば、「対象についての特徴的・本質的な事実」を判断材料にしながら、材料や道具を「選ぶ力」を育て、友達や大人・他人とかかわる「結ぶ力」を身につけ、目的物や目標を実現するのにふさわしい働きかけ方・方法を駆使して「つくりかえる力」を育むということになる。これらの「対象についての本質的な事実認識」に則した「選ぶ力」、「結ぶ力」、「つくりかえる力」を育てる過程を通じて、「人間性を豊かにする」という点に原体験教育の核心部分がある（行田稔彦「原体験重視の教育を」、行田稔彦・下鳥孝編著『おどろきはっけん生活べんきょう』旬報社、一九九九年所収）。

3 科学的なものの見方考え方はどのように育つのか

ところで、このような原体験に着目した教育実践では、どのようなものの見方考え方、意見表明・行動に連なっていく可能性があるのだろうか。

ここで取り上げるのは、沖縄県竹富町の西表島での総合的学習「ヤマネコ学習」の実践（二〇一七年度）である。

石垣島からフェリーで約四〇分にある西表島には、世界中でここにしかいないイリオモテヤマネコ（天然記念物。現在、世界自然遺産の一部として登録申請中）が推定約一〇〇頭棲んでいる。しかし、その生存が車社会や観光産業の進展との攻め際で窮地に追い込まれている。

そのようななか、「ヤマネコ学習」では、①西表島・竹富町・沖縄の自然（動植物）との意図的な出合い・知的探究活動を学校教育の外でつくり出し、②それら西表島の自然（動植物）と産業・文化・人間との関係を子ども目線で探索し、③子ども目線からの自然（動植物）と産業・文化・人間との共存への道を考え、意見表明・発信するという三つのレベルにおける教育活動を構想し、展開している。

学校での教科学習と関連させた総合的な学習では、この②と③に取り組み、学んだことを基に、野生生物と人間の共存にかかわる意見表明と環境配慮行動の在り方を考え、保護者・地域の人々へ提案するものとなっている。この部分は、知的探究と協働的学び、そして未来の主権者としての意見表明を学ぶ「学校ならではの学び」を具体化したものと言える。

授業は九月から一二月の学習発表会まで、国語・音楽・学活時間を含めて三五回行われ、展開の構成はおおよそ次のような内容となっている。

①「知ってはいるが、よく知らない自分」との出会い――生活実感のとらえ直し

西表島に在住してイリオモテヤマネコを撮り続けた写真家・横塚眞己人氏の講話機会を設け、子どもらが西表島の自然を思い起こしながら、改めて「イリオモテヤマネコがどんなヤマネコかを説明できるか」を自問自答する。子どもらは、「ヤマネコは夜でも昼のように見えているのか」、「どのくらいもぐれるか」、「自分より大きなものをおそって食べるか」、「つめが長くなったらどうするか」、「寿命は?」、「走るスピードは?」など、事前の質問事項をもとに聴き取っていた。

②イリオモテヤマネコのイリオモテヤマネコらしさは何か――本質・深い学びへの誘い

スクールバスで環境省管轄・西表野生生物保護センターに行き、高山雄介氏(NPO法人トラ・ゾウ保護基金・西表島支部事務局長)からヤマネコの特徴、獲物などについての説明のほか、交通事故や人慣れの話を聞き、ここでも新たな問いをつかみ出している。「骨ごと食べるか」、「近くの島まで泳いで渡れるか」、「どのくらいでひとり立ちするのか」、「なわばりの大きさは?」、「毒が入っているものも食べるか」など、大人が考えもつかないことが出てきている。同センターからの帰り道のフン探しでは、子どもの一人がイリオモテヤマネコのフンを発見し、その後のフン分析につながっていく。

フン分析では、学級一三人を三班に分け、プラスティック手袋をしてフンをザルに入れ、ザルごと水の入ったバット(実験器具)に浸して中のフンを割り箸を使ってほぐしていく。すると、色々なもの=食べたものの未消化物が見えてくる。各班で「骨、つめ、ウロコ(キシノウエトカゲ、魚)」、「つ

め、骨、ウロコ（イシガキトカゲ）、センダングサ、毛（毛づくろい、ネズミ）」、「歯、つめ、ウロコ、骨（トカゲ、コウモリ）」を見つけだす。

「これは何だ、何だ？」と話し合い推測しながら、このワークショップを通して、外形を見ただけでは分からないイリオモテヤマネコの生活や生態のイメージを具体化している。フンの分析を通して、「予想以上にいろいろな食べ物を食べている」というイリオモテヤマネコの食性に関する特徴（本質的事実）をつかみだしている。

③「ヤンバルクイナ観察」との交流――視野を広げる

沖縄県本島の小学校と電話交流（当初はＴＶ電話やスカイプを予定）を行い、イリオモテヤマネコとヤンバルクイナを紹介しあい、そこから出た質疑を交流し、ヤンバルクイナも交通事故や人慣れ現象があることを知り、イリオモテヤマネコの学習がひと回り広がっていく様子（固有性・独自性をふまえた本質の客観性）が見えてくる。

④探究・調査・学習の総まとめ過程を介して学習主体を育てる――学びと意見表明

年末の学習発表会への準備は、文字どおりの「総合的な学習」の時間である。授業一時間目の発表会シナリオ作成時に四場面構成を決めたあとは、子どもたちが場面に即したセリフを出し合い、それらをパソコンに入力し、プリントアウトをして読み合わせ、修正していくことを繰り返す。

そのセリフのつながりや背景などでは教師が頭をひねる。校正五回、九時間ほどかかってシナリオを完成させる。舞台練習では、読み合わせ、セリフの暗唱、立ち稽古、リハーサルと実質九日間での本番へと向かった。その内容は、学習発表会に参集した一〇〇人以上の親や親戚、地域の人々へ、夜間での「やまねこパトロール」時のスピードガンでの走行車速度調査や住民へのアンケート調査の結果報告とともに、イリオモテヤマネコの「交通事故」を減らすために行政機関の許可手続きをふみながら道路標識をつくって設置し、「時速四〇キロ以下での走行」を訴えるものであった。参加者は、西表島の主人公の学びに基づく具体的提案に、逞しさと将来性を見いだしたのではないだろうか。

これらの授業展開は、野生生物トラ・ゾウの保護について世界的視野からイリオモテヤマネコの保存活動をしている戸川久美氏（NPO法人トラ・ゾウ保護基金）らの「出前授業」と共鳴しあうなかで、そのスケールの大きさは増していた。

4 「学校ならではの学び」をどうつくるか——「深い学び」をつくりかえる

このような子どもの生活実態と地域の自然環境ならびに専門家の知見を交錯させ、旺盛に教材化し教育活動を展開している背景には、高い教職専門性を見いだすことができる。それは、①子どもらの現状分析と教育実践課題の焦点化（抽出能力）、②子どもらの感性や経験を活性化し、教育実践を展開させるための生活と地域に根ざす典型的教材開発とカリキュラム編成力量、③子どもの興味関心を触発し、学びへの意欲・知的好奇心を呼び覚ます本物志向に貫かれた子ども主体の協働的活動を編みあげる学習指導力量、そして④校内での合意づくりと地域や行政との連携・関係づくりの力量である。

とりわけ、②の典型的教材開発と教科学習をも視野に入れたカリキュラム編成において、子ども目線での徹底した実物・本物志向を貫き、実物・本物に秘めている固有性・特性を探究し、その教育的価値（意味）付けがなされている点は重要である。

イリオモテヤマネコのフンには食物の痕跡があり、その痕跡から、イエネコでは見られない多種類の獲物を採取していたことが分かった。多種多様な食物がある豊かな多様性をもつ自然環境があったからこそ、この狭い西表島に棲息し続けることができたのである。さらに発展させれば、日本列島の「大陸分離」（海面低下）にともなう、ツシマヤマネコ（対馬に棲息）、アムールヤマネコ（韓国に棲息）とは異なる亜種としての進化過程をたどっていることなどに連なっていく。

このようなフンという個別的事象などを通してイリオモテヤマネコのイリオモテヤマネコらしさ（食性、生理学や形態学、生態学的な特性＝本質）をつかみとり、西表島の自然固有性と特性、それに依拠した生態・地理・地形学習や（観光などの）産業・社会科学習での地域課題に迫り得る教材・題材を設定した授業展開構想に、「ヤマネコ学習」の総合的学習の核心があると言えよう。

そして、このような学習対象の本質に迫る教材・題材のもつ教育的価値（意味）とともに、この教育実践では、単に人の話やインターネット・書物などから断片を取り出して並べるだけではなく、同級生と探検・調査し、「何だ？　何だ？」と議論しながら学び合っていく探究過程を設けることに重要な教育的価値（意味）を置いていることは見落とせない。

ここには、「本質に迫る」教材・題材選定と主体的で探究的な学習過程づくりという教育的価値（意味）をもとにした西表島での自然保全と観光等産業との在り方・共存に関する意見表明、そして環境配慮行動ができる主体・主権者の育成をも視野に入れた「学校ならではの学び」づくりの可能性が示唆されている。

かつて生活科は、その創設時（一九九〇年前後）において、自然、社会、人間にかかわる「認識」指導を敬遠・排除し、「自然・社会・自分とのかかわり」に矮小化し、教師の働きかけへの自粛・後退を余儀なくされ、遊び・活動＝学びであると強調され、「新しい学力」観の典型教科とされていた。その後、学習指導要領（一九九七年）でも「知的気付き」に注目し、学習活動が体験だけで終わることなく、「気付きを質的に高める指導」、「思考と表現の一体化」、「児童の知的好奇心を高め、科学的な見方・考え方の基礎を養うための指導の充実」（『小学校学習指導要領解説生活編』二〇〇八年六月）を記載するに至っている。

今、生活科での「深い学び」は、「ミニトマトもナスもキュウリも、どれもはながさいたところにみがなります。べつのやさいもみんなおなじです」というような「知的気付き」と「知識・技能の構造化」に留意した指導事例として提案されている（田村学『深い学び』東洋館出版社、二〇一八年、三四〜四三ページ）。

これまで学校教育現場、とりわけ民間の教育研究会などでの主張・実践では、「身近だ」という理由を主にしてミニトマトやナスを教材に選んではいなかった。優れた現場教師は、「どれも花がさいたところに実がなる」という植物学習での本質に依拠しながら、「チューリップの球根は実なのだろうか」とか「カキのどの花にも実はなるのだろうか」などの問いを子どもらに投げかけながら、植物の多様性を学ぶ授業をつくり出していた。本稿で紹介した国分一太郎の「タネナシブドウには、もとはタネがあったのか」とか「バナナのタネはあるのか」という問いは、その一端であった。

本質的な学習内容を精選し、それに依拠した地域の実物・本物を視野に入れた多様な教材で、時には子どもらの生活実感を覆しながら、対象の本質に迫る学習をつくることこそが、「自然・実物離れ」が進行する現在、求められている。そのような本質に迫る「学校ならではの学び」づくりは、二〇二〇年度に本格実施される学習指導要領でいう「深い学び」の提案を手がかりにすればいかなる学校でも実施可能となってきた。

知的好奇心（稲垣佳世子・波多野誼余夫『知的好奇心』中公新書、一九八九年）に根ざしながら、「本質に迫る」教材・題材選定と主体的で探究的な学習過程づくりに基づいた、主体・主権者育成を目指す総合的な学習を可能とするカリキュラム編成により、「学校ならではの学び」づくりが具体化できるのではないだろうか。

生活科・総合学習を視点にした学びの転換
——子ども・教師・地域住民に学びと学校と地域を取り戻す

船越　勝（和歌山大学教育学部教授）

1　学びのスタンダード化と「日本型学力」

「学力向上」政策と教育と学びのスタンダード化

近年、文部科学省が進めてきた「学力向上」政策の決定版として、自治体や学校などで、スタンダード（Standard）が作成されるようになってきている。これは、都道府県や市町村の地方自治体の教育委員会において、教員に授業方法や指導方法の統一を求めるための基準を示したものである。このようなスタンダード化による「学力向上」競争のヒートアップした展開は、教育実践と教師の仕事、さらには学校そのものを大きく変容させることになった。

第一に、子どもたちの興味・関心や学習要求をふまえて、それに見合った教育実践を創造的に行っていくという教師の本来の仕事が、過去問の練習をはじめとした学力テストにおける「勝利」のための効率的な知識・技能の習得準備に矮小化されてしまった。

第二は、学力テストの結果や「学力向上」を最優先とした教師における仕事の変容は、コンピュータによるデータ処理など、教師の仕事の事務主義化を一層推し進めることになり、「学力向上」を目指した取り組みが、結果として逆に学力向上に取り組めないという事態をつくり出してしまうという矛盾が生まれた。

第三は、都道府県間から教員間に至るまでの重層的な「学力向上競争」の展開は、学校における職場の同僚性を大きく破壊し、教師の仕事を孤立した営みに変えてしまった。

高知県の高尾和伸氏は、このような状況のなかで生み出されている学びをめぐる矛盾を典型的に描き出している。本書で紹介されている実践は、清流で有名な四万十川の中流域に位置する小学校で行われたものである。全校児童数三〇人程度の、複式学級もある小学校は豊かな自然環境のなかにあり、地域の人々とのつながりも濃密なものであった。しかし、このような小学校でも、学力向上を目指す上からの取り組みが強要され、全国学力学習状況調査（学テ）の平均点超えが目標とされ、さらに全国上位に位置づくことが目指された。そのために県独自の学力調査（県版学テ）も行われ、点数が低いと県教委の学力向上アドバイザーが学校を訪問し、授業視察と管理職への指導を行ったという。

こうした学力テスト体制下における「学力向上」のため、過去問の練習などといったことが強要されたのだが、それに対して子どもたちの側から、「普通の授業がしたい」という切実な要求とともに批判が出されることになった。点数が、学校評価や管理職評価、教員評価の中心となり、「学テ」や「県版学テ」対策が息苦しい学校を生み出し、子どもたちの自主性や自治が軽視される学校となってしまったのだ。(1)

スタンダード化された学びの結果としての「日本型学力」

このようなスタンダード化された学びは子どもたちにどのような「学力」を育てていくのだろうか。筆者が考えるに、わが国の子どもたちは、以下のような五つの極めて特殊な性格をもった「日本型学力」を身に付けさせられてきている。

①「できる」けど、すぐに忘れる。
②「できる」けど、なぜ「できる」かが「わから」ない。
③「できる」けど、勉強は嫌い。
④「できる」けど、自信がない、自分が嫌い。
⑤「できる」けど、まわりの社会や世界に対する関心はない。

スタンダード化された学びは、生活から切り離された「制度知」や「学校知」を、そのことを学ぶことの意味を確証することなく、他者と競争的に記憶することを通して蓄積していく行為である。したがって、「できる」ようになることは求められるが、なぜ「できる」かが「わかる」ための理解は求められない。たとえ一時的には「できる」ようになったとしても、記憶したことがすぐに剥げ落ちてしまい、忘れてしまってできなくなる。

なぜ学ぶのかという意味を確証できない学びは、決して子どもにとって楽しいものではない。だから、子どもたちは学べば学ぶほど「学ぶことが嫌い」になっていく。さらに、スタンダード化された学びは、教師が考える「正答」（制度知・学校知）に合っているかいないかだけで子どもの意見を判断することになるので、子どもたちは常に「できる」／「できない」という評価的な眼差しで見つめられることになり、子どもたちから学ぶことの自信と自己肯定感、さらに言えば、世界の現実に対する興味・関心を完全に奪い取ってしまうことになる。これでは、子どもたちが次代を担うだけの市民社会の主体に育つことはありえない。

学力・授業・学校・地域づくりの転換と再定義

「ポスト3・11」で問い掛けられているもの

二〇一一年三月一一日に起こった東日本大震災は、言葉にならないほどの大きな被害を私たちにもたらした。それは、多くの尊い人命を奪っただけでなく、生活拠点としての家屋やコミュニティを破壊することを通して、日々変わることなく営まれてきた私たちの平和な暮らしやそのなかに見いだされてきた生きがいすらも崩壊させてしまった。つまり、命や暮らしや生きがいなど、私たちの生活そのものを崩壊させてしまったということである。

（1）みんなで21世紀の未来をひらく教育のつどい――教育研究全国集会２０１８実行委員会（長野）編『日本の民主教育２０１８』大月書店、二〇一九年参照。

フクシマの原発事故によって「安全神話」のもとに進められてきた原子力政策の破綻が明白になり、生活の崩壊は一層大きなものになった。放射能の除去にかかるエネルギーと時間を考えると、現在の生活を崩壊させたということに留まらず、過去の記憶が刻み込まれた生活や、これからつくり出されるはずであった生活をも奪ってしまったということができる。つまり、過去・現在・未来という時間軸の全体性を通して、私たちは取り返しの付かない被害を被ったということである。まさに、人間の尊厳にふさわしい生存のあり方と権利が問われていると言ってよいだろう。

他方、フクシマの原発事故が理由で恒常的な電力不足の状態となり、節電せざるをえない状況に私たちは追い込まれた。そして、どれだけエネルギーを使っていたかという浪費体質を意識することになった。二四時間開いているコンビニ、どこにでも設置されている自動販売機など、ヨーロッパ諸国には見られない日本の日常生活における「便利さ」への追求が、電力をはじめとするエネルギーの浪費体質を生み出していたのである。

このような「便利」なライフスタイルを、ある意味では放棄することも含めて、問い直す必要性が高まった。そして、こうした生活やライフスタイルの見直しは、開発中心の地域政策を行ってきたこれまでの自然観や政治のあり方に関しても、問い直す必要があることにつながっていった。

多くの人々に疑われることなくこうした政治が行われてきた原因の一つとして、教育とのかかわりがあるのは言うまでもない。たとえば、核によるエネルギーは人間によってコントロール可能なものなのかということについて、決して少なくない研究者から批判と指摘があったにもかかわらず、「原発は安全」という神話がこれまではまかり通ってきたという事実がある。

電力会社の利権を守るという腐敗構造に根ざした、これまでのエネルギー教育が果たしてきた責任は非常に大きい。自然に対する一方的なコントロールと、それによる開発が人間の幸せをつくり出すという「幻想」を意識化し、自覚化することは、東日本大震災の大きな被害を通して「ポスト３・11」を生きる私たちが、もっとも強く求められていることの一つだと言えるだろう。

私たちは、被害を受けた方々の声を聴き、学ぶことを通して、これまで私たちが当たり前と考えてきた日々の生活やライフスタイル、あるいは教育や地域政策をめぐる「自明性」を疑い、根源的に（ラディカルに）問い直していく必要がある。そのことからしか、「ポスト３・11」を生きる私たちの生活のあり方を考えることはできない。

学力観の転換と再定義

「ポスト３・11」のあり方について考察をしていくためには、上述した私たちの「自明性」を構築するのに関与してきた教育や学校のあり方についてどのように問い直しを行っていったらよいのだろうか。根源的に（ラディカルに）再検討を行っていくことが求められる。その際、検討の中心に置くのは、「学力」と「授業」と「学校」と「地域」という四つに焦点化したものとする。

これら四つの転換と再定義をどのように進めていったらいいのか、「ポスト３・11」の教育のあり方を一緒に考えていきたいわけだが、それを検討する場合、これまでのように支配的な政策側からではなく、子どもや教師、地域住民の側から問うてきた生活科や総合学習の実践が大きなヒントになる。この作業は、学びと学校と地域を、私たちの子ども・教師・地域住民の手に取り戻していく道筋とも重なってくると言える。

まず、学力のとらえ方の転換と再定義の問題である。この間、日本の学力をめぐっては、前述したように、スタンダード化された学びによる詰め込み教育が「日本型学力」と私が指摘している学力観を生み出してきた。

私は、これまでの支配的な学力のあり方を「物知りな傍観者を育てる学力」と呼んでいる。それは、高度成長政策がはじまる一九五〇年代末に、僧侶でもあった生活綴方教師の東井義雄（一九一二～一九九一）が「村を捨てる学力」と呼んだものと同じであるし、教育学者小川太郎（一九〇七～一九七四）が「立身出世主義の教育」を批判した、自分の営利と名声のためだけの学力と同一である。そうではなく、私たちがこれから大切にしなければならないのは、人々が生活のなかで生きて働き、それを知恵として育んできた「生活知」や「民衆知」である。

こうした「生活知」や「民衆知」は、知っていること、所有していることに意味があるのではなく、それをコミュニティやそこでの生活における問題解決に役立てることができるということだ。だから、当然、反科学の立場に立つものではなく、その裏打ちを要求するものとなる。

また、生活における問題解決を志向するものともなるから、地域の問題に無関心な傍観者ではなく、コミュニティや生活をつくる当事者を育てるための学力になっていくことになる。これは、先に紹介した東井が指摘した「村（地域）を育てる学力」と通底する学力像である。私は、こうした学力像を「地域づくりの当事者を育てる学力」と呼びたい。東日本大震災後の石巻市で震災復興教育に取り組んだ徳水博志氏の考える学力像も、この立場に位置づくと思われる（本書第4章の実践4を参照）。

ところで、ここで言うところの「地域づくりの当事者を育てる学力」は、学習指導要領などの支配的政策において強調されている「活用型学力」と同一なのかという問題がある。両者は、知識の所有ではなく、それが生活において役立つことを強調している点ではよく似ているが、何のために、誰のために活用するのかという点で違いがある。「活用型学力」の原型のＰＩＳＡ型学力は、ＯＥＣＤという経済団体が提唱したことからも分かるように、グローバルな経済活動のための学力であり、競争とそれに打ち勝つことを前提にしたものとなっている。一方、「地域づくりの当事者を育てる学力」は共生を志向したものであり、つながりあうことを目的にしている。言葉を換えれば、「みんなの幸せのための学力」とも言うことができるだろう。

このように説明して来ると、「地域づくりの当事者を育てる学力」と「物知りな傍観者を育てる学力」を比較した場合、単に知識や認識の質といった違いだけでなく、前者は地域づくりへの参加や共同を伴う行動能力や他者との関係性というものまで含み込んだ学力ということができる。それはまた、「環」（あらゆる物事がつながり合っているという認識）と「観」（当事者としての立場性）の教育によって育まれるということができるであろう。

授業づくりの転換と再定義

次に、授業づくりのあり方についての問い直しに話を進めよう。授業づくりの転換と再定義を行う際には、「詰め込み教育」による「預金行為」（パウロ・フレイレのいう「銀行型教育」）としての学力を育むような授業は当然検討対象から外れることになる。私たちの民間教育研究運動も含めて、検討すべき価値のある授業像は以下の三つとなる。現在の学校は、この三つの授業像と授業づくり像の対立とせめぎ合いのなかにあると言っても過言ではない。

第一に、人類の文化遺産における伝達としての授業である。これは、生活現実から切り離された、干からびた「学校知」ではなく、人類が育んだ最良の文化遺産から抽出されたものとしては重要だが、伝達という行為だけで地域づくりの当事者を育てることはできない。

第二は、文化創造への参加としての学びと授業づくりである。これは、知識伝達の客体なのではなく、文化創造へ参加していく主体を育てるという志向をもっていることが重要となる。しかし、その際、創造すべき文化が「正統的な文化」と呼ばれ、地域の現実とは無関係な、抽象的なものになるという危険性がある。つまり、「正統的な文化」そのものもまた、批判的に検討される必要があるということだ。

第三は、グローバルに開かれた、ローカルな知と文化の創造としての授業である。これは、グローバルな世界ともつながりながら、子どもたちが日々生活を送っているコミュニティのなかで紡ぎ出されるローカルな知と文化を重視しようとするものである。そうした日常生活に結びついた学びを行いながら、同時に、地域のなかで育まれるローカルな知と文化を子どもたちが創造していく場として授業をとらえるものである。私は、基本的にこの立場に立ってこれからの授業づくりを考えている。

グローバルに開かれたローカルな知と文化の創造の場として授業を考えていくと、まず大切なことは、地域のなかの「モノ・コト・人」を授業のなかにもち込み、それらと結んで授業づくりを進めていくこととなる。そして、こうしたプロセスで教師と子ども、ないし子どもと子どもはつながりを深めていくことになるが、つながるのは人間や教室の内部だけではない。モノやコトがもち込まれることによって子どもたちはそれらを一層深く学ぶことになり、愛着をもち、つながりを強めていくことになる。さらには、環境問題や地域の文化保存・継承など、地域の問題に積極的にかかわっている人々との出会いやつながりも子どもたちを魅力的な学びの世界へ誘うことになり、ローカルな知と文化を創造するきっかけを用意する。

こうした学びをもっとも積極的に生み出してきたのが、生活科と総合学習の実践である。このように、地域の「モノ・コト・人」とつながるなかで子どもは世界とつながり、それをともに追究する仲間ともつながり、自分自分を受け入れることでさらにつながるという三重のつながりあう学びと関係のネットワークを構築していくのである。

学校づくりの転換と再定義

学校づくりの転換と再定義についても論じることにしよう。今日、学校や教員が多忙化するなかで、地域に対して学校を閉じ、地域との関係をミニマム化しようとする傾向が見られる。第一のタイプとされるのが、こうした閉鎖的な学校づくり論である。

他方、学校の危機や崩壊が指摘されるなかで、学校再生のために地域との連携や共同が強調されてもいる。しかし、その多くは、こうした危機的状況のなかにおいても、これまでの学校のあり方を問い直すことはなく、学校づくりのために地域が一方的に貢献するという構図で論じられている。コミュニティ・スクールなどがその典型であるが、その場合、地域は学校にとっての資源・人材でしかない。これが第二のタイプである。

第三のタイプは、地域づくりのために学校が貢献するというものである。言い換えれば、地域づくりをどうしていくのかというマクロ的な目標のなかに、学校の果たすべき役割を位置づけていくというものである。先に紹介した徳水実践においては、「地域の復興なくして学校の再建なし」ということを強調しているが、こうした立場からの学校づくりの典型と言うことができる。

今日、地域主権という名のもとに地域が切り捨てられるほか、学校の統廃合が急速に進展している。東日本大震災の被害地域はその典型となるが、同時にそれは、都市部も含めて日本各地の姿ともなる。学校がこうした地域の切り捨てに抗い、地域の発展に学校が積極的にかかわるあり方を徳水氏は提起しているのだ。そのためにも学校は、地域づくりに参加する主体と、当事者としての学力形成を目的にした取り組みを進めていく必要がある。それは、①地域の問題を取り上げた学びとしての参加、②意見表明としての参加、③自主的な行動としての参加という、三つのレベルにおける子どもの参加をふまえて構想されることが求められている。

地域づくりの転換と再定義

生活科や総合学習の実践は、地域の自然や生活と遊離した教育ではなく、地域に根ざした「本物の学び」を進めていくことを志向し、そのためにも、学校における学習主体としてだけでなく、地域における生活主体でもある子どもたちの学習要求・生活要求にも応えていくことが大切である。とはいえ、生活科や総合学習などの地域を生かした学びと、それを通した子どもの成長を考えていくとき、そもそも地域をどのようにとらえるのかという問題が生じる。

地域のとらえ方については、大きく分けて二つのタイプがある。第一のタイプは、先にも指摘したが、資源として地域をとらえるものである。こうした地域のとらえ方には、学校にとって役に立つか立たないかというように評価される傾向が強いこと、子どもも含めた地域住民の意思や願い・要求が十分顧みられないこと、さらには、地域を構造的にとらえる視点が弱いなどといった問題点がある。

第二のタイプは、地域住民によって歴史的に編み直され、つくり出されてきた生活・文化拠点を地域としてとらえ、子どもも含めた地域住民・保護者を地域づくりの主体と位置づけ、地域の視点から学校や教師との連携・協働を志向するというものである。つまり、学校も含めて地域まるごとの発展を追求するのが地域づくりであるということだ。

この第二のタイプが、今日、大切になっている。このように地域をとらえたとき、地域の教育力をどのように考えるのかという構造的な把握といった問題が出てくる。増山均氏は、地域の教育力について「影響力」、「形成力」、「指導力」という三つの視点から明らかにしている(2)。

第一の「影響力」とは地域環境のもつ「影響力」のことで、地域における自然・風土と人間の交流(子どもが自然に働きかけ、鍛えられる)や、生活・労働・文化のなかの人間関係(人々が働き、交わり、つくり、そのなかで子どもが小さな住民・市民として参加したり、影響を受けたりする)のことを指している。

第二の「形成力」とは住民運動における「形成力」のことで、それは住民自身の生活改善運動と学習活動(暮らしと命を守り、自ら学び育つ運動のなかで子どもは育つ)や、子どもの生活・教育環境の改善運動(子どもたちを守る運動のなかで子どもは育つ)を意味している。

第三の「指導力」とは保護者・住民の「指導力」のことで、地域住民や保護者がもつ専門的な力量、たとえば藁縄づくりや竹細工の名人とか、地域の歴史に詳しい郷土史家などの優れた力のことである。

ここでの地域とは、「生活台」とも言っていい「生活の場」としての地域であり、地域に根ざした教育実践において「第一の層」となる地域・保護者と子どもの関係を構成している。

こうした地域・保護者と子どもの関係を基盤にして展開されるのが、「第二の層」である学校における教師と子どもの関係である。ここで教師は、第一の層である地域環境の「影響力」、住民運動の「形成力」、保護者・住民の「指導力」を生かして学びをデザインしたり、学びの対象そのものに据えることで教育実践を展開していく。すなわち、地域を「教育内容」として取り上げ、そこから「教材」

を生み出し、時には地域にも出掛けつつ学びを展開していくなかにおいて、地域についての科学的認識と個性的な表現を育てていくということである。

次に、「第三の層」である子どもと子どもの関係の説明に移ろう。先に述べた「教育内容・教材」としての地域を対象にした学びを教師は展開しながら、それらを学び合う子ども集団を育てていく。このような「教育内容・教材」としての地域は、自分たちの「生活の場」だからこそ身近に感じることができるし、興味や関心も自然と湧いてくる。つまり、切実な学びの対象となって地域に参加し、地域の問題を本気になって考える当事者として成長していくことになる。

時には、教師が準備したカリキュラムの枠を越え、小さな市民としてボランタリーに地域の問題にかかわっていくという展開もあるだろう。たとえば、地域を流れる川を中心に取り上げた実践を精力的に展開してきた中野譲氏の実践では、学習の単位でもある地域班という形を越えて、学習が終了しても川のことを考えていくために「川と自然を考える会」を子どもたちは組織した。これは、学校とは相対的に離れた独自性のある地域子ども集団である。

この会は、毎年「玉島川リバーウオッチング」などの企画を五〇人以上の参加で行い、発展していった。会での学びを積み重ねながら大学生になった彼ら／彼女らは、環境科学部などに進学し、地域のこれからのあり方を当事者・市民として問い続けるようになっている。[3]

（2）増山均『子ども組織の教育学』青木書店、一九八六年参照。

地域に根ざした教育実践は、教師が学校の子ども集団を対象にして、積極的に「教科内容・教材」としての地域を教えていくことで、「生活の場」における小さな市民・当事者として学ぶことになった。その結果、地域子ども集団を生み落とすことにつながり、新しい地域のあり方を探究していく自己学習、自己教育としても行われていくという二重性をもつことにもつながった。

改めて生活科・総合学習の価値を問う

「ポスト3・11」という視点から、これまでの学力・授業・学校・地域づくりの転換と再定義のあり方について述べてきた。こうした転換を進めていくうえにおいて、私たちが進めてきた生活科や総合学習の役割は重要である。なぜなら、こうした学力・授業・学校・地域づくりに示された新たな学びや教育のあり方を具体的な実践とかかわらせてもっとも蓄積してきたのが生活科や総合学習の実践なのであり、さらに言えば、「実生活と教育の結合」と「科学と教育の結合」という二つの教育原理の統一を何よりも大切にしてきた生活教育の思想・哲学をバックボーンにしているからである。

今こそ、生活教育を基盤に置いた生活科や総合学習の出番と考え、「ポスト3・11」の状況、さらには、今回は十分な検討ができなかったが、現在全世界的に人類に大きな危機をもたらしている「ポスト新型コロナ時代」を切り開く先頭に立って、実践を進めていく必要がある。

（3） 中野譲『地域を生きる子どもと教師』高文研、二〇一七年参照。

あとがき

本著は、「教育研究全国集会」（実行委員会参加団体：全日本教職員組合をはじめ一三団体、賛同団体二五）（二〇一九年五月一三日現在）の「生活科・総合学習分科会」（二八分科会＋三特設分科会のなかの一つ）に発表された教育実践レポートを基に、分科会の共同研究者と司会者が編集委員会を立ち上げてまとめたものである。

学習指導要領に「生活科」が新設されたのは一九八九年、そして「総合的な学習の時間」が新設されたのは一九九八年のことであり、総合学習（生活科・総合学習）は三〇年という歴史をもっている。教育研究全国集会の生活科分科会は、一九九四年一月に「教育課程・教科書分科会」の「生活科小分科会」としてはじまり、一九九六年一月に「生活科分科会」として独立した。そして、二〇〇三年一月に総合学習を加えて、「生活科・総合学習分科会」と名称を変更して現在に至っている。

二〇一九年八月の教育研究全国集会までの二六年間に報告された実践レポートは二八四本となっている。毎年、各地域において、レポーターは子どもたちと向き合って創造した豊かな実践を交流しあい、真の教育のあり方を学び合ってきた。

本書では、そのなかから二五本の教育実践を紹介し、日本の教師たちが自主的・主体的に切り拓いた「生活科・総合学習」の実践を一冊にまとめ、日本における教育の息苦しさに風穴を開け、子どもたちとともに希望を拓くための書物として刊行したものである。なお、刊行にあたって児童・生徒名は仮名で表している。

生活科・総合学習の実践研究は、単なる教育方法としての総合的手法ではなく、人間を丸ごと育てる「学校教育の内容と方法を構成する教育課程のあり方」とかかわって探究されてきた。そして、各教科や他の領域の教育がバラバラでなく、子どもの人格形成に統一する「学校の教育課程のあり方」を求めてきた。

子どもを「知の受け手」ではなく「知を獲得する」主体としてとらえ、注入型ではなく体験重視の発見・思考・問題解決型の学習と知のリアリティーを追求する探究型の学習として追究してきたわけだが、その際、学習対象（教材）は教科書のなかに留まらず、子どもの生活現実と身の周りの事物、すなわち子どもたちが出会う「モノ、コト、人」のすべてが対象となった。

このように、本書に掲載された「総合学習三〇年の教育実践」は、「旧来の教育」に代わる「新しい教育への挑戦」と言えるものであると考えている。

もともと、「教育実践」という用語は、国家統制の厳しい戦前・戦中の、たとえば「生活綴方」実践のように、現場の教師が、目の前の子どもの生活現実から教育の内容と方法を自主的に創造する実践を表す言葉として生まれたものである。私たちは、歴史的に日本の教師が拓いてきた教育実践の精神に学び、子どもの生活から出発する「子ども主体の教育」を一層発展させたいと考えている。「学校の息苦しさ」を変えるには、学校のあり方（学校と地域・教育課程・教師と子ども・子どもの学びと授業など）の子ども観・学力観・学校観の全体を見直した「新しい教育学」が必要である。本書が、多くの教師や保護者、教育関係者を励まし、これからの新しい教育づくりの礎になることができれば幸いである。

最後に、昨今の教育書発行が困難な時代に、株式会社新評論の武市一幸氏のご厚意に与り感謝している。

二〇二〇年七月七日

編集委員会　行田稔彦（代表委員）
小林桂子
笹ケ瀬浩人
中河原良子
船越　勝（代表委員）
和田　仁

執筆者と実践に取り組んだ学校一覧

第1章	藤原共子	山口県岩国市立愛宕小学校	
	片岡眞治	京都府城陽市立富野小学校	
	笹ケ瀬浩人	静岡県浜松市立萩丘小学校	＊実践ナビ4執筆
	広中真由美	広島県広島市立青崎小学校	
	小林桂子	大阪府東大阪市立孔舎衙小学校	＊実践ナビ3執筆
第2章	斎藤鉄也	北海道厚岸町立太田小学校	
	高尾由紀	高知県日高村立能津小学校	
	本郷佳代子	大阪府吹田市立北山田小学校	
	滝澤　圭	北海道乙部町立明和小学校	
	寺下之雄	青森県南部町立剣吉小学校	
第3章	小川修一	埼玉県川越市立今成小学校	
	品田　勝	群馬県高崎市立東部小学校	
	岸本清明	兵庫県加東市立東条西小学校	
	田中　博	岐阜県飛弾市立宮川小学校	
	是恒高志	広島県安芸郡行政組合立明徳中学校	
第4章	浦沢朱実	埼玉県越谷市立大沢北小学校	
	中河原良子	東京都青梅市立第二小学校	＊実践ナビ2執筆
	神崎和広	和歌山市立和歌浦小学校	
	徳水博志	宮城県石巻市立雄勝小学校	
	高尾和伸	高知県四万十町立北ノ川小学校	
第5章	山本　民	北海道中頓別町立中頓別小学校	
	河野修三	愛媛県西予市立野村小学校	
	和田　仁	東京都町田市私立和光鶴川小学校	＊実践ナビ1執筆
	入澤佳菜	奈良県奈良教育大学付属小学校	
	青山陽子	千葉県流山市勤医会東葛看護専門学校	
	山田かおる	千葉県流山市勤医会東葛看護専門学校	
第6章	行田稔彦	奥付参照	＊はじめに・実践ナビ5執筆
	三石初雄	東京学芸大学名誉教授	
	船越　勝	奥付参照	

編者紹介

行田稔彦（こうだ・としひこ）

1947年生まれ。和光小学校・和光鶴川小学校元校長（兼務）、元和光大学心理教育学科元特任教授。日本生活教育連盟委員長。
主著として、『生と死いのちの証言——沖縄戦』（新日本出版社）、『なるほど算数』（大月書店）、『学力を育てる』（旬報社）、『和光小学校の総合学習』（民衆社）、『和光鶴川小学校の総合学習——計画と実践』（旬報社）『あっ！こんな教育もあるんだ』（新評論）などがある。

船越　勝（ふなごし・まさる）

1961年生まれ。和歌山大学教育学部教授。
主著として、『学びのディスコース』（八千代出版）、『あっ！こんな教育もあるんだ』（新評論）、『学びをデザインする子どもたち』（東洋館出版）、『生活教育』（ミネルヴァ書房）などがある。

今だからこそ「子ども発」の学びを
——バーチャルからリアルに——

2020年８月10日　初版第１刷発行

編　者　行田稔彦
　　　　船越　勝

発行者　武市一幸

発行所　株式会社　新評論

〒169-0051
東京都新宿区西早稲田３-16-28
http://www.shinhyoron.co.jp

電話　03(3202)7391
FAX　03(3202)5832
振替・00160-1-113487

落丁・乱丁はお取り替えします。
定価はカバーに表示してあります。

印刷　フォレスト
装丁　山田英春
製本　中永製本所

ISBN978-4-7948-1157-8

好 評 既 刊

中野光・行田稔彦・田村真広 編著

あっ！こんな教育もあるんだ

学びの道を拓く総合学習

「学ぶことと生きることを結ぶ」教育をめざす、
各地の総合学習の豊かな取り組みを集大成！

四六並製　304 頁　2200 円

ISBN978-4-7948-0704-X

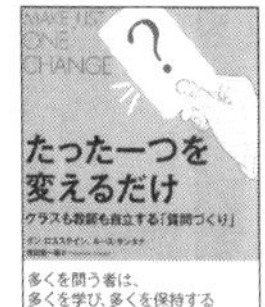

ダン・ロススタイン＋ルース・サンタナ／吉田新一郎 訳

たった一つを変えるだけ

クラスも教師も自立する「質問づくり」

質問をすることは、人間がもっている最も重要な知的ツール。
大切な質問づくりのスキルが容易に身につけられる方法を紹介！

四六並製　292 頁　2400 円　　ISBN978-4-7948-1016-8

ジョン・スペンサー＆A・J・ジュリアーニ／吉田新一郎 訳

あなたの授業が子どもと世界を変える

エンパワーメントのチカラ

生徒たちと学びつづけてきた誠実な“先輩”からの最良の助言。
「権限」「選択」「主体性」を軸とした最新・最良の授業法！

四六並製　228 頁　1800 円　　ISBN978-4-7948-1148-6

吉田新一郎

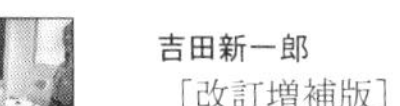

［改訂増補版］

読書がさらに楽しくなるブッククラブ

読書会より面白く、人とつながる学びの深さ

「楽しくて、読むことが好きになり、刺激に満ち、大きな学びが得られ、
人間関係の構築に寄与する」―いいことずくめの読書法を指南

A5 並製　252 頁　2200 円　　ISBN978-4-7948-1137-0

＊表示価格は税抜本体価格です。

好　評　既　刊

こんなすごい教育者がいた！

「梅根の前に梅根なし、梅根の後にも梅根なし」

と言われた教育界の巨人の決定版評伝！

梅根　悟

そ　の　生　涯　と　し　ご　と

中野　光 著

梅根　悟（1903～1980）
教育学者。西洋教育史を研究しつつ、
戦後の新教育運動を理論的に先導。
1966 年和光大学を創設、
初代学長に就任。

四六並製　236 頁
2200 円
ISBN978-4-7948-1116-5

＊表示価格は税抜本体価格です